U0105046

古典文獻研究輯刊

三八編

潘美月・杜潔祥 主編

第23冊

隋唐五代樂府詩題名的文獻考察

郭 麗 著

國家圖書館出版品預行編目資料

隋唐五代樂府詩題名的文獻考察／郭麗 著 -- 初版 -- 新北市：
花木蘭文化事業有限公司，2024〔民 113〕
序 4+ 目 2+208 面；19×26 公分
（古典文獻研究輯刊 三八編；第 23 冊）
ISBN 978-626-344-726-4（精裝）
1.CST：樂府 2.CST：中國詩
011.08 112022593

古典文獻研究輯刊
三八編 第二三冊 ISBN：978-626-344-726-4

隋唐五代樂府詩題名的文獻考察

作　者 郭　麗
主　編 潘美月、杜潔祥
總 編 輯 杜潔祥
副總編輯 楊嘉樂
編輯主任 許郁翎
編　輯 潘玟靜、蔡正宣 美術編輯 陳逸婷
出　版 花木蘭文化事業有限公司
發 行 人 高小娟
聯絡地址 235 新北市中和區中安街七二號十三樓
電話：02-2923-1455／傳真：02-2923-1452
網　址 http://www.huamulan.tw 信箱 service@huamulans.com
印　刷 普羅文化出版廣告事業
初　版 2024 年 3 月
定　價 三八編 60 冊（精裝）新台幣 156,000 元

隋唐五代樂府詩題名的文獻考察

郭麗 著

作者簡介

郭麗，陝西寶雞人，文學博士，現為首都師範大學文學院副教授、碩士生導師。兼任中國唐代文學學會副秘書長、常務理事，樂府學會理事，唐詩之路研究會理事，《唐代文學研究年鑒》編委、副主編，《唐代文學研究》編委。著有《唐代教育與文學》《漢唐樂府學典籍研究》《樂府續集・宋遼金元卷》《樂府文獻考論》《樂府詩史話》等。在《文學評論》《音樂研究》等期刊發表論文60餘篇。主持國家社科基金項目、教育部人文社科基金項目、北京市社科基金項目等10餘項。論著曾獲南開大學優秀博士學位論文獎、天津市優秀博士學位論文獎、上海古籍出版社典籍學術類十大好書、第二十三屆華東地區古籍優秀圖書獎一等獎等。

提　　要

樂府詩與其他詩歌不同的顯著特徵就是有相對固定的題名，題名也因此成為認定一首樂府詩的首要標誌。題名中包含著該題樂府詩的音樂特色、表演特點、文學特徵等諸多信息。隋唐五代時期是樂府詩發展的重要階段，這一時期的樂府詩題名不僅數量豐富，而且在流傳過程中還存在變異、衍生、消失、再造等複雜情形，對其進行全面考察和系統清理是一項很有必要的工作。

本書以全面考察隋唐五代的樂府詩題名為職事。凡見於《樂府詩集》和其他史料記載者，無論有無歌辭，均在考察範圍之列。同時，努力考定所見樂府詩題名的創制或首出時間，並對各代題名分《樂府詩集》已收和未收，有辭和無辭，確考和待考等諸種情形作出量化統計，以期盡可能清晰地呈現隋唐五代時期樂府詩題名的存在樣貌。

本書通過考察得出如下結論：《樂府詩集》已收隋代題名79題，其中確考有辭題名75題，確考無辭題名1題，待考有辭題名3題；《樂府詩集》未收而見於其他史料記載的隋代題名43題，均題存辭佚。《樂府詩集》已收唐代題名745題，其中確考有辭題名730題，待考有辭題名15題；《樂府詩集》未收而見於其他史料記載的唐代題名635題，其中有辭題名115題，無辭題名515題，另有疑似題名5題。《樂府詩集》已收五代題名9題，題辭均存；《樂府詩集》未收而見於其他史料記載的五代題名32題，均題存辭佚。

序

廖美玉

我認識郭麗，是在 2010 年 10 月南開大學舉辦的中國唐代文學學會第十五屆年會上，那時她還是博士生，才剛剛進入博士二年級，一邊發表論文，一邊參與學術服務工作，從容利落，讓我印象極為深刻。更多接觸以後，得知李浩、盧盛江兩位先生分別是她的碩士論文與博士論文指導教授，名師出高徒，她在兩位先生指導下得到了良好的學術訓練，閱讀了大量典籍，掌握了從事學術研究的紮實基本功，也深獲兩位先生讚賞。博士畢業後又得吳相洲先生賞識與引導，走上了樂府學研究之路，更因從事《唐代文學研究年鑒》和《樂府學》的編務，特別是《樂府續集．宋遼金元卷》的編撰，而得到了全方位的磨礪和鍛鍊。

李浩、盧盛江與吳相洲三位先生都曾到臺灣客座講學，是我熟識且敬佩的學者，每次參加唐代文學與樂府學學術會議，我們都會找時間敘舊，也都有郭麗在場，這成了學術交流中最美好的記憶。每次的學術會議，郭麗總能提交深具創新見解的論文，同時勤快地忙著會務、招呼師友，從未見有倦態。就一個年輕學者而言，很難想像郭麗為了兼顧教學、科研與學術服務，付出了多麼巨大的努力，而她所承擔的繁重工作量背後的刻苦自勵更是毋庸諱言。尤其難能可貴的是，郭麗能在繁忙的事務性工作中靜下心來處理龐雜的文獻典籍，從中發現並提出未見前人論及的學術見解，持續精進自己的學術研究，苟非有知之、好之且樂之不倦的學術熱忱，安得如此。

郭麗善於發現並清晰準確地把握問題，已出版的《唐代教育與文學》《漢唐樂府學典籍研究》《樂府文獻考論》等學術專著，已展現出優秀的理論思辨與文獻考據能力。2020年完成接續宋人郭茂倩《樂府詩集》的《樂府續集》，為宋遼金元樂府詩研究提供了可靠完善的文本。該書作品收錄齊全，認定有據；敘論議論宏通，清晰可信；解題豐富翔實，條分縷析。這部八大冊的著作必將與《樂府詩集》一起流傳後世，同時也展示出郭麗對原創性宏大課題的駕馭能力。此次這部樂府學研究新著，源於《樂府續集》的編撰但又回歸到隋唐五代時期，著力於樂府詩題名的考察。樂府詩與其他詩歌不同的顯著特徵就是有相對固定的題名，題名是認定一首樂府詩的首要標誌，其中包含著該題樂府詩的音樂特色、表演特點、文學特徵等諸多信息。隋唐五代時期是樂府詩發展的重要階段，這一時期的樂府詩題名數量本就極為豐富，加之題名在流傳過程中還會發生變異、衍生、消失、再造等種種複雜情形，由此可以生發拓展出許多與題名相關的研究課題。

本書以全面考察隋唐五代的樂府詩題名為職事。凡見於《樂府詩集》和其他史料記載的隋唐五代樂府詩題名，無論有無歌辭，都在考察範圍之列。同時，作者還努力考定所見樂府詩題名的創制或首出時間，並對所見各代題名分《樂府詩集》已收和未收、有辭和無辭、確考和待考等諸種情形作出量化統計，從數量上清晰呈現隋唐五代樂府詩題名的存在樣態。全書共分四章，以隋代、唐代、五代為三個時代斷限，考察每一時代的題名留存情況。通過考察後得出了明確的結論：《樂府詩集》已收隋代題名 79 題，其中確考有辭題名 75 題，確考無辭題名 1 題，待考有辭題名 3 題；《樂府詩集》未收而見於其他史料記載的隋代題名 43 題，均題存辭佚。《樂府詩集》已收唐代題名 745 題，其中確考有辭題名 730 題，待考有辭題名 15 題；《樂府詩集》未收而見於其他史料記載的唐代題名 635 題，其中有辭題名 115 題，無辭題名 515 題，另有疑似有辭題名 5 題。《樂府詩集》已收五代題名 9 題，題辭均存；《樂府詩集》未收而見於其他史料記載的五代題名 32 題，均題存辭佚。這樣全面的考察和精確的結論，尚未見於前人論著。對讀者而言，本書在隋唐五代樂府詩題名的留存狀況，每一題名的變異、衍生等發展變化方面，都提供了很好的指引和參考。

吳相洲先生於當代樂府學研究有開創之功，成立了樂府學會，創辦了《樂府學》輯刊，主持了多項樂府學研究項目，出版了多部樂府學著作，建構了當代樂府學研究體系。其在 2015 年出版的《樂府學概論》中提出了三個層面、五個要素的樂府學研究理論。三個層面指文獻、音樂、文學，五個要素指題名、本事、曲調、體式、風格。郭麗在相洲先生研究的基礎上更進一步，專門以樂府詩題名為研究對象，對隋唐五代時期的樂府詩題名進行了更為系統深入的研究。其最重要的貢獻有二：一是首次全面考察隋唐五代時期的樂府詩題名。近年來雖有學者注意到樂府詩題名研究，但迄今為止還沒有人對隋唐五代時期的樂府詩題名進行過系統研究，本書將改變這一局面。二是首次從樂府學角度全面清理隋唐五代時期的樂府詩題名。隋唐五代時期典籍眾多，內容豐富，記載樂府詩題名的典籍更是既多且雜。除《樂府詩集》所收隋唐五代樂府詩題名外，其他典籍中也有大量此類記載，至今尚乏學者從樂府學角度進行準確判定和全面清理。本書從樂府學三個層面、五個要素理論入手，搜羅認定這些典籍中記載的隋唐五代樂府詩題名並明確指出其屬於哪一時代，因唐代樂府繁盛、題名眾多，作者甚至具體到每一位帝王統治的時期，給每一個題名以清晰定位和準確座標。

在具體考察隋唐五代各個時期的樂府詩題名時，本書又各分兩大部分展開：

一是全面清理《樂府詩集》中已有的隋唐五代樂府詩題名。《樂府詩集》囊括了宋前大量樂府詩，本書先將《樂府詩集》已有題名分時代整理，借助解題、作者以及其他史料記載確定各題所屬時代，統計各代題名數量。其中有少量無法確定時代的題名，則依據郭茂倩的編排次序判斷其可能歸屬的時代，作者本著嚴謹求實的治學態度，將這部分題名作為待考題名單獨列出。

二是系統搜檢《樂府詩集》未收的隋唐五代樂府詩題名。隋唐五代時期還有一些樂府詩題名《樂府詩集》沒有收錄，但見於其他史料記載且可確認其樂府性質。這些題名分兩種情況：一種是有歌辭留存，一種是僅存題名而未見歌辭。對於這些題名，本書又分有辭題名和無辭題名分別考察。還有一些題名，無法完全確定其樂府性質，但根據詩歌內容、其他史料記載等旁證判斷其可能是樂府詩題名，本書將這些題名作為疑似題名另外收錄，以俟後考。

典籍文獻梳理是極為繁瑣的基本功，需要細緻的搜集與嚴格的辨析，本書既有具體分析，又有總體把握，探究出許多以往論述被遮蔽的面向，因而能有其深造獨得的原創性和新發現。

樂府學作為專門之學直到二十一世紀以來才真正進入學者視野，在這一領域有很多值得研究的問題，全面考察和系統清理樂府詩題名無疑對未來的樂府學研究而言意義重大。郭麗這些年專注於樂府學研究，於樂府學文獻建設用力尤勤，已取得不少引人矚目的成果。她還有一系列宏大的研究計劃，如《樂府詩集》整理、《樂府詩集》補編、《樂府續集》後續各卷的編撰，樂府學典籍的研究等，這些研究計劃都脫離不開樂府詩題名。顯然，她的研究並非零敲碎打的瑣細篇章，而是有著成熟思考和完整規劃的系統工程。以我對郭麗的瞭解，我有充分理由相信，未來這些研究計劃的深入展開和研究成果的陸續出版，不僅可將樂府學研究推向全新階段，同時足證樂府學研究之方興未艾。

我與郭麗更多的交流互動，緣於相洲先生創辦樂府學會、推動樂府學研究。相洲先生畢生致力於樂府學研究，可惜天不假年，不幸於前年四月二日辭世，郭麗輓聯有云「概論開新篇，樂府不憂知音少」，相洲先生不孤，樂府學的未竟之業，繼起有人。在郭麗身上，我看到了年輕學者的「青春無悔」，以她的勤奮聰慧持續深耕與生發，完全可以預期她將豐富並推進樂府學的研究格局。

廖美玉

2023 年 8 月 2 日於美國加州洛思阿圖斯

目次

緒　論

詞有詞牌，曲有曲牌，樂府詩也是如此。樂府詩與其他詩歌不同的顯著特徵就是有相對固定的名稱（即事名篇的新樂府是其中特殊情況），這些名稱可稱之為「題名」。一首樂府詩，一般由題名、本事、曲調、體式、風格五個要素構成。〔註1〕這些要素決定了該題樂府詩的性質，使其具有區別於其他詩歌的特性，約束著同題作品回歸和保持自身傳統。在五個要素中，題名是第一要素，是認定一首樂府詩的首要標誌。題名中包含著該題樂府詩的音樂特色、表演特點、文學特徵等諸多信息。隋唐五代時期是樂府詩發展的重要階段，這一時期的樂府詩題名數量本就極為豐富，加之題名在流傳過程中還會發生變異、衍生、消失、再造等種種複雜情形，由此可以生發拓展出許多與題名相關的研究課題。本書旨在全面普查隋唐五代的樂府詩題名，凡見於史料記載者，無論有無歌辭，都在考察範圍之列；同時，努力考定所見樂府詩題名的創製或首出時間及在後代的留存情況，並對各代題名作出量化統計，力求在數量上清晰呈現題名在隋唐五代不同時期的存在狀況，以期對其他學人開展相關研究有所助益。

一、選題意義

隋王朝統一南北，樂府活動進入了一個新的歷史階段。唐王朝國力強盛，樂府機構規模擴大，樂府活動空前繁榮，樂府名家層出不窮，樂府詩創作也臻於鼎盛。五代樂府雖然無法與唐代相比，但樂府活動仍未斷絕，且時有歌辭製

〔註1〕吳相洲《樂府學概論》，人民文學出版社，2015年版，第116～174頁。

作。全面考察和系統清理隋唐五代時期的樂府詩題名，對於《樂府詩集》整理、《樂府詩集》補編、《樂府續集》編撰以及隋唐五代樂府詩乃至整個樂府詩史研究都有著重要意義。

首先，為《樂府詩集》整理提供助益。宋人郭茂倩編撰的《樂府詩集》是樂府學集大成之作，對此前一千多年的樂府學成就做了一次總結。《樂府詩集》問世又已近千年，目前只有中華書局和上海古籍出版社兩個標點本，此外沒有任何整理本問世，這兩個標點本各有所長，但也都存在明顯缺陷。因此，理應對其展開全面整理，再做一次總結，為當代樂府學研究構築新起點。

《樂府詩集》整理包括校勘、標點、注釋、箋證、編年、集評等內容，其中的編年部分就與題名密切相關。對樂府詩進行編年有其實際困難，因樂府詩題名相同，從中難以看到可資編年的有效信息。且多數樂府詩又往往歌詠本事，雖然不排除借古諷今的內容，但其中畢竟缺少時代痕跡，這無疑大大增加了編年的難度。加之，在已有的詩人別集整理本中，樂府詩往往被置於未編年部分。所有這些，都讓樂府詩的編年困難重重。

儘管如此，也並非毫無解決之法。本書在對《樂府詩集》中所收題名和見載於其他史料且可確認為隋唐五代的樂府詩題名進行全面排查的基礎上，努力考定每個題名的創製或首出時間及在後代的留存情況，給每個題名以準確的時代歸屬和時間定位。如隋唐五代時期的郊廟歌辭，因屬朝廷重大禮樂事件，正史往往有清晰記載，極易確考時間。又如雜歌謠辭，大多與某個特定政治事件有關，史料中會有明確記載，創製時間也容易確定。再如舞曲歌辭、鼓吹曲辭，具有儀式作用，多為朝廷有組織地制作和施演，其制作和施演時間常見載於文獻。此外，有些文人在創作樂府歌辭時會有意無意的保留一些與創作時間相關的信息，這也為確定題名的時間坐標提供了便利。凡此種種，不一而足。本書綜合這些情況，先確定《樂府詩集》中收錄的分屬於隋、唐、五代三個時期的題名，同時又在其他史料記載中廣泛搜羅可確認為隋唐五代的樂府詩題名，每一時期按《樂府詩集》已收題名和未收題名進行區分，並分確考、待考、疑似等情形分類整理並盡力考察其創製或首出時間。其中確考的題名，就可為日後進行《樂府詩集》整理時開展樂府詩編年提供助益。

其次，為《樂府詩集》補編提供依據。郭茂倩編撰《樂府詩集》的主要依據是前代留存下來的宮廷歌錄。雖然郭茂倩所收宋代之前的樂府歌辭堪稱完備，但仍有缺漏。究其原因，可能有些作品未見於歌錄；有的同一首歌辭在流傳過程中題名會有所不同，遂使郭茂倩未能將其視作同一曲調的歌辭予以收錄；還有些作品可能郭茂倩未曾寓目以致未能收錄，等等。如《樂府詩集．舞曲歌辭》敘論中曾提及《劍器》，但《樂府詩集》中卻並未收錄《劍器》歌辭。現存史料中，《全唐詩》有姚合《劍器詞三首》，敦煌歌辭有《劍器詞三首》，這些都應該予以補錄。再如《行路難》，《樂府詩集》收錄歌辭 59 首，另有駱賓王《從軍中行路難》二首及王昌齡《變行路難》一首，但仍然有很多唐代詩人的《行路難》不見於《樂府詩集》，如《文苑英華》卷二〇〇所載王昌齡、王烈、孟雲卿、馮著《行路難》各一首，《全唐詩》卷二三六所載錢起《行路難》一首、卷二七三所載戴叔倫《行路難》一首、卷三一六所載武元衡《行路難》一首以及《太平廣記》卷二〇〇引《談藪》所載北齊高昂《行路難》一首，等等。此外，敦煌遺書中還有諸多《行路難》歌辭。這些歌辭《樂府詩集》都未收錄，應該予以補錄。

《樂府詩集》成書以後，已有不少學人注意到其誤收、漏收了一些詩作，並試圖做補編工作。如明人梅鼎祚的《古樂苑》，日本學者增田清秀的《樂府的歷史研究》，今人彭黎明、彭勃的《全樂府》等書中都增補了許多樂府詩，但這些補編工作又都各有局限，或補錄時間多限於唐前、不及唐代，或所補作品存在爭議，或兩個問題同時存在。《四庫全書總目》就曾指出《古樂苑》濫補、漏補等補編不當的問題稱：

> 其所補者，如琴曲歌詞龐德公之《於忽操》，見《宋文鑒》中。乃王令擬作，非真龐所自作也。雜歌曲詞之《劉勳妻》，其詩《藝文類聚》稱魏文帝作，《玉臺新詠》稱王宋自作，邢凱《坦齋通編》稱曹植作。然總為五言詩，不云樂府，亦不以「劉勳妻」三字為樂府題也。左思《嬌女詩》自詠其二女嬉戲之事，亦不云樂府也。至梁昭明太子、沈約、王錫、王規、王纘、殷鈞之《大言》《細言》，不過偶然遊戲，實宋玉《大言賦》之流。既非古調，亦未被新聲，強名之曰「樂府」。……溫子昇之《搗衣》本詠閨情，亦強名曰「樂府」，柳惲、謝惠連、曹毗所作亦同此題，何又見遺乎。梁簡文帝之《名士悅傾城》本題為《和湘東王》，亦偶拈成句，未必調名。沈約之《六憶詩》、隋煬帝之《雜憶詩》且明標詩字，以及閨思、閨怨、春思、秋思之類無不闌入，則又何詩不可入樂乎。〔註 2〕

〔註 2〕〔清〕永瑢等《四庫全書總目》卷一八九，中華書局，1965 年版，第 1720 頁。

可見《樂府詩集》補編確實是一項難度極大的工作。這同時也說明，根據傳世文獻對《樂府詩集》進行全面補編，有其必要性和合理性。在補編《樂府詩集》時，題名至為重要，避免補編中出現濫補、漏補等問題的關鍵就在於題名。從科學嚴謹的角度出發，《樂府詩集》補編應以同題補錄為主要原則；對於《樂府詩集》未收題名，凡有確鑿史料證明是樂府曲目的，方可補錄。如唐人崔令欽《教坊記》中有《鸚鵡杯》一題，《樂府詩集》未錄，但其確為唐代宮廷表演曲目，因此唐人的同題詩作便可補錄。本書不僅系統清理了《樂府詩集》中收錄的隋唐五代樂府詩題名，而且還全面考察了《樂府詩集》未收又可確認為當時樂府曲目的題名，這些題名，既為《樂府詩集》補編工作的順利展開提供了切實保障，也是提高所補作品準確性的可靠依據。

再次，為《樂府續集》編撰奠定基礎。《樂府詩集》為宋前樂府詩研究提供了極大便利。近年雖有學者注意到宋遼金元樂府詩研究，但在《樂府詩集》之後，收錄完備且具有嚴密體系的宋遼金元樂府詩總集尚未見到，有鑑於此，《樂府續集》編撰便成為唐後樂府學研究所必須。然而，面對唐後浩如煙海的詩歌，認定樂府詩卻成為最大難題。

郭茂倩《樂府詩集》主要根據前代留存下來的宮廷歌錄編撰而成，宮廷歌錄是宮廷音樂表演的歌辭集，其樂府性質毋庸置疑。因此，《樂府續集》的編撰必須要遵循的首要原則就是以與《樂府詩集》所收詩作同題為收錄依據。除《樂府詩集》以外，還有很多見於其他文獻記載的宋前樂府曲名在編撰《樂府續集》時也要考慮進來。最典型的例證就是唐人崔令欽的《教坊記》，該書記錄了 278 題樂府曲名，其中很多未見於《樂府詩集》，但這些曲名的樂府性質同樣無可置疑。如前述《鸚鵡杯》一題，《樂府詩集》未錄，但其確為唐代樂府曲名，在編撰《樂府續集》時該題在唐後的同題詩作就應當收錄。緣此之故，本書在考察隋唐五代的樂府詩題名時，分《樂府詩集》已收題名和未收題名兩類清理，這為唐後樂府詩的認定提供了可靠依據，也為《樂府續集》的編撰工作奠定了堅實基礎。

最後，有助於深入認識隋唐五代的樂府詩乃至整個樂府詩史。樂府詩的題名在表演和流傳過程中會發生變異、衍生、消失、再造等種種複雜情形。題名變異如《想夫憐》是從《相府蓮》變異而來，《渭城曲》又名《陽關曲》《陽關三疊》等。衍生是樂府詩題名變化的重要形式，如《樂府詩集》中《雞鳴》之後有《雞鳴篇》《雞鳴高樹巔》《晨雞高樹鳴》、《銅雀臺》之後有《銅雀妓》《雀臺怨》、《古別離》之後有《生別離》《長別離》《遠別離》《久別離》《新別離》《今別離》《暗別離》《潛別離》《別離曲》，等等。樂府詩題名在流傳過程中不免失傳，如《通典》就記載了清商樂曲逐漸失傳的情況曰：

> 清樂者，其始即清商三調是也，並漢氏以來舊曲。……先遭梁、陳亡亂，所存蓋尠。隋室以來，日益淪缺。大唐武太后之時，猶六十三曲。今其辭存者有：《白雪》……《泛龍舟》等共三十二曲。《明之君》《雅歌》各二首，《四時歌》四首，合三十七曲。又七曲有聲無辭……自長安以後，朝廷不重古曲，工伎轉缺，能合於管絃者，唯《明君》《楊叛》《驍壺》《春歌》《秋歌》《白雪》《堂堂》《春江花月夜》等八曲。舊樂章多或數百言，武太后時《明君》尚能四十言，今所傳二十六言……開元中，有歌工李郎子……自郎子亡後，清樂之歌闕焉。〔註3〕

清商樂曲歷經梁、陳、隋多朝，到武后時遺存63曲，至杜佑撰寫《通典》時尚存32曲，題名丟失過半，到長安年間僅存8曲。樂府詩題名在長期流傳過程中不斷消失的情形於此清晰可見。消失後的樂府詩題名後世有時會進行再造，再造時有的就使用固有題名，如黃帝時的樂舞《雲門》早已失傳，但從晉代開始就有人再造，傅玄就曾作有《雲門篇》，北周郊祀時仍有《雲門舞》表演；有的再造是原有題名已經無法確考，所以依據古意新創題名，如人們根據《尚書》中「百獸率舞」的記載再造《百獸舞》。鑒於題名的上述複雜情況，考察隋唐五代時期的樂府詩題名就顯得意義重大，這不僅有助於人們清晰掌握每題樂府詩在表演流傳過程中所發生的複雜變化和發展演變脈絡，深入研究每一題樂府詩；同時，也有助於進一步探討這一時期樂府詩創作的具體情境、文學特色和詩學主張等，甚至對深入認識整個樂府詩史也不無裨益。

二、研究現狀

目前關於題名的研究成果不在少數，角度也較為多樣。但其中專門研究隋唐五代樂府詩題名的專著尚未見到，大多是在樂府詩的相關論述中涉及到部分或個別隋唐五代的樂府詩題名。總體看來，有系統架構的宏觀研究較少，針對具體問題的專題討論則相對豐富。

〔註3〕〔唐〕杜佑撰，王文錦等點校《通典》卷一四六，中華書局，1988年版，第3716～3718頁。

有關樂府詩題名的研究專著目前僅見張煜《樂府詩題名研究》一書。該書側重於分析題名的依據、含義、類屬和演變歷程，全書分「類名」和「個名」兩部分展開討論。類名部分考察了「歌」「行」「曲」「謠」「樂」「篇」「引」「吟」「辭」九個常見題名的本義；個名部分則考察了《樂府詩集》中郊廟歌辭、燕射歌辭、鼓吹曲辭、橫吹曲辭、相和歌辭五類歌辭中部分具體題名的命名依據、所屬類別、演變情況或所含之義等。其中，類名的考察結合了音樂學、文字學等交叉學科知識，時有新見；個名的討論則以徵引前代文獻記載為主。〔註 4〕

有關樂府詩題名的專題論文數量較多，概括起來，主要涉及如下四方面問題：

首先，對某一類樂府詩題名的研究。因郭茂倩在《樂府詩集》中將樂府詩分為十二大類且這樣的分類迄今無可替代，所以現有的樂府學研究成果凡涉及樂府詩分類通常都據此而言，樂府詩題名的分類研究亦是如此。如周仕慧《樂府琴歌題名考辨》一文，該文首先分析《樂府詩集·琴曲歌辭》題名包含的信息，比如題名類型化特點，題名新創情況，題名反映的琴樂演變，題名包含的體制因素、社會道德因素、樂歌因素，並進而揭示了「操」「引」「弄」等題名的內涵。〔註 5〕王小盾《關於〈樂府詩集·琴曲歌辭〉的幾題問題》主要討論了古代琴曲與琴歌的類別、琴歌的託名習慣、琴歌的句式和句逗、《樂府詩集·琴曲歌辭》的結構和編纂原則、古代歌辭文體的命名與分類標準等問題，其中也涉及琴曲歌辭的題名，主要分析了琴曲歌辭中的「暢」「操」「引」「弄」等題名。〔註 6〕

其次，對某一個樂府詩題標記的研究。樂府詩的題名中有很多固定的標記，如歌、行、吟、謠、樂、引、篇等，這些可稱之為詩題標記。〔註 7〕在現

〔註 4〕張煜《樂府詩題名研究》，北京大學出版社，2013 年版。

〔註 5〕周仕慧《樂府琴歌題名考辨》，吳相洲主編《樂府學》第一輯，學苑出版社，2006 年版。

〔註 6〕王小盾《關於〈樂府詩集·琴曲歌辭〉的幾個問題》，《中國詩歌與音樂關係研究——第一屆與第二屆「中國詩歌與音樂關係」學術研討會論文集》，首都師範大學中國詩歌研究中心，《文藝研究編輯部》，北京，2002 年 4 月。

〔註 7〕筆者曾將樂府詩固定題名之外所加的「擬」「當」「代」「賦」「係」「補」等稱為詩題標記。事實上，樂府詩題名中的「歌」「行」「吟」「謠」「樂」「引」「篇」等，也應屬於詩題標記之列。關於詩題標記，可參看拙文《從詩題標記看漢唐樂府詩創作方式的演變》，吳相洲主編《樂府學》第十七輯，社會科學文獻出版社，2018 年 6 月，收入拙著《樂府文獻考論》，鳳凰出版社，2020 年版，第 385 頁。

有樂府詩題名的研究成果中，有不少就是考察這些詩題標記。如「歌」題研究的相關論文有王立增《漢唐樂府詩中歌辭性題目的詩體意義——以「歌」體詩為中心》、〔註8〕尚麗新《中古時期的「歌」「謠」觀——以〈樂府詩集〉「雜歌謠辭」為例》；〔註9〕「行」題研究的相關論文有葛曉音《關於「行」之釋義的補正》、〔註10〕李會玲《「歌行」本義考》、〔註11〕王立增《樂府詩題「行」「篇」的音樂含義與詩體特徵》、〔註12〕李慶《歌行之「行」考——關於郭茂倩〈樂府詩集〉中「行」的文獻學研究》、〔註13〕趙敏俐《如何利用出土文獻進行古代文學研究——從清水茂的〈樂府「行」的本義〉說起》等；〔註14〕「樂」題研究的相關論文如周武彥《為樂字正義》、〔註15〕王秀明《樂字初義研究述評》、〔註16〕張國安《「樂」名義之語言學辨析》等；〔註17〕「引」題研究的相關論文有張煜《樂府「引」題本義考》；〔註18〕「篇」題研究的相關論文有傅江《「篇」詩論》等。〔註19〕這些樂府詩題名中詩題標記的研究，主要集中於考察詩題標記的本義、題名緣起、音樂形態、詩體特徵等，有的也兼及詩題標記所反映的樂府觀念。

再次，從題名角度探討樂府詩創作的整體發展趨勢。如拙文《從詩題標記看漢唐樂府詩創作方式的演變》就通過考察詩人在固定題名之外所加的「擬」「當」「代」「賦」「條」「補」等詩題標記，探討漢唐樂府詩創作方式

〔註8〕王立增《漢唐樂府詩中歌辭性題目的詩體意義——以「歌」體詩為中心》，吳相洲主編《樂府學》第三輯，學苑出版社，2009年版。

〔註9〕尚麗新《中古時期的「歌」「謠」觀——以〈樂府詩集〉「雜歌謠辭」為例》，《雲南藝術學院學報》2003年第3期。

〔註10〕葛曉音《關於「行」之釋義的補正》，《文學遺產》1999年第4期。

〔註11〕李會玲《「歌行」本義考》，《武漢大學學報》2006年第6期。

〔註12〕王立增《樂府詩題「行」「篇」的音樂含義與詩體特徵》，《文學遺產》2007年第3期。

〔註13〕李慶《歌行之「行」考——關於郭茂倩〈樂府詩集〉中「行」的文獻學研究》，趙敏俐主編《中國詩歌研究》第二十四輯，社會科學文獻出版社，2008年版。

〔註14〕趙敏俐《如何利用出土文獻進行古代文學研究——從清水茂的〈樂府「行」的本義〉說起》，《中州學刊》2009年第5期。

〔註15〕周武彥《為樂字正義》，《音樂研究》1993年第1期。

〔註16〕王秀明《樂字初義研究述評》，《黃鍾（武漢音樂學院學報）》2005年第4期。

〔註17〕張國安《「樂」名義之語言學辨析》，《黃鍾（武漢音樂學院學報）》2005年第1期。

〔註18〕張煜《樂府「引」題本義考》，《文藝研究》2011年第4期。

〔註19〕傅江《「篇」詩論》，新疆師範大學2006年碩士學位論文。

的演變歷程。〔註 20〕又如吳蔚《古題樂府衍生現象探析》一文，該文主要討論樂府古題的傳承衍生情況。作者認為，題名衍生有分化式、疊加式，也有從古辭、本事和詩句而來的新題名，且指出題名衍生如果脫離母題太遠又會有回歸母題的趨向。〔註 21〕王立增《漢唐樂府詩題目的創製》則分析了漢唐時期樂府詩題目創製的不同情況，指出漢代樂府詩的題目多是曲調名，多取該曲調歌辭首句的前二三字或整句作為題目，並非以主旨擬題；魏晉時樂府詩題目則又加上歌辭性題目如「行」「篇」「歌」，使樂府詩的製題明顯區別於徒詩；南朝樂府民歌製題大量使用「歌」「曲」「樂」等歌辭性題目，藝術化傾向更為明顯；北朝樂府民歌數量少，多為「虜音」音譯而來，這時期的文人擬樂府詩的題目有用「當」「代」「效」「擬」之詞，也有從舊題目中衍生的情況；唐朝時由舊題衍生新題目的情況多見，也有完全自創的樂府詩新題目。文章最後指出，樂府詩製題在演變過程中逐漸從音樂意義上的曲調名向文學意義的詩題轉變，樂府詩題區別於一般詩歌的獨特性逐漸淡化，這加速了樂府詩的衰落。〔註 22〕

最後，還有一些研究成果在考察樂府解題類典籍時偶爾涉及題名問題。如喻意志《唐宋樂府解題類典籍考辨》一文考辨了唐宋時期九種樂府解題類典籍，內容包括作者、成書、內容、亡佚、佚文等多個方面，其中也涉及樂府詩題名的產生和創作情況。〔註 23〕

總體看來，這些樂府詩題名的研究成果在文獻、音樂、文學不同層面都有所創獲，這無疑為本書的研究奠定了堅實基礎，但仍然留有較大開掘空間。首先，已有研究多注重發掘樂府詩題名的起源、含義、特點、流變等情況，且多集中在某一類或某一個題名上，是「點」的研究，連「點」成「線」，連「線」成「篇」，具有完整體系的隋唐五代樂府詩題名研究成果，目前尚未見到；其次，相較於眾多樂府詩題名而言，已有研究成果涉及的題名仍在少數，很多題名尚未被納入學者研究視野；再次，已有研究僅限於《樂府詩集》所收題名範圍之內，《樂府詩集》未收的眾多隋唐五代樂府詩題名尚未被論及。因此，有必要對隋唐五代時期的樂府詩題名做一次全面考查。

〔註 20〕《樂府文獻考論》，第 385 頁。

〔註 21〕吳蔚《古題樂府衍生現象探析》，吳相洲主編《樂府學》第二十二輯，社會科學文獻出版社，2018 年 6 月。

〔註 22〕王立增《漢唐樂府詩題目的創製》，《上饒師範學院學報》2007 年第 1 期。

〔註 23〕喻意志《唐宋樂府解題類典籍考辨》，《音樂研究》2011 年第 2 期。

三、研究思路

要對隋唐五代的樂府詩題名做全面考查，自然脫離不開宋人郭茂倩編撰的《樂府詩集》。《樂府詩集》收錄上古至唐五代的樂府詩極為完備，全書收詩五千餘首，分十二類，共一百卷，是宋代以來樂府詩研究的核心文獻，四庫館臣稱「宋以來考樂府者，無能出其範圍」，〔註 24〕所論符合事實。《樂府詩集》收錄了大量宋前樂府詩，是本書考察隋唐五代樂府詩題名的重要文獻來源。雖然《樂府詩集》所收樂府歌辭堪稱完備，但也有缺漏，其他史料中仍可見到不少樂府詩題名，最值得注意的便是《教坊記》中所記 278 題曲名，這些題名大多未見於《樂府詩集》。有鑑於此，本書便不限於《樂府詩集》，同時也將其他史料納入考察視野。

本書的主要目的是全面普查隋唐五代的樂府詩題名，同時努力確定每個題名的創製或首出時間及在後代的留存情況，在此基礎上對隋、唐和五代每一時期的題名做出量化統計，以求在數量上做到心中有數。基於這樣的目的，本書的主要內容便根據時代劃分為隋、唐、五代三個部分，但因唐代樂府鼎盛，樂府詩創作空前繁榮，題名極多，為求各章體量平衡起見，唐代樂府詩題名則分為上下兩章考察。

在具體考察隋唐五代各個時期的樂府詩題名時，又各分兩大部分展開：

一是全面清理《樂府詩集》中已有的隋唐五代樂府詩題名。《樂府詩集》囊括了宋前大量樂府詩，所以要先將《樂府詩集》已有題名分時代整理，借助解題、作者及其他史料記載確定各題所屬時代，統計各代題名數量。其中有少量無法確定時代的題名，則依據郭茂倩的編排次序判斷其可能歸屬的時代，為嚴謹起見，這部分題名本書單列為待考之樂府詩題名。

需要說明的是，《樂府詩集》中所收部分樂府詩在其他史料中也會有記載，有的題名與《樂府詩集》所載存在差異。對此，本書將其他史料所載題名作為「異名」記錄於《樂府詩集》的相關題名之下，以便其他學人研究之用。

二是盡力搜檢《樂府詩集》未收的隋唐五代樂府詩題名。隋唐五代時期還有一些樂府詩題名《樂府詩集》沒有收錄，但見載於其他史料且可確認其樂府性質。這些題名分兩種情況：一種是有歌辭留存，一種是僅存題名而未見歌辭。對於這些題名，本書又分有辭之樂府詩題名和無辭之樂府詩題名分別考察。還

〔註 24〕《四庫全書總目》卷一八七，第 1696 頁。

有一些題名，無法完全確定其樂府性質，但根據詩歌內容、史料記載等其他旁證判斷其可能是樂府詩題名，本書將這些題名作為疑似題名另外收錄，以俟後考。

第一章　隋代樂府詩題名的文獻考察

隋文帝統一南北，讓歷經近400年戰亂動盪的中國歷史重回大一統，樂府詩又重新擁有了穩定發展的政治背景和寬鬆空間，但由於隋王朝享國年短，所以這一時期的樂府詩題名總量較少，本章分《樂府詩集》已收和未收兩類分別考察。

第一節　《樂府詩集》已收之隋代樂府詩題名

郭茂倩在《樂府詩集》中將隋唐以來的雜曲單列為一類，稱為近代曲辭，故從隋代開始又新增了一類樂府詩。隋代樂府詩種類豐富，除唐代新出現的新樂府辭一類之外，《樂府詩集》其餘十一類中皆有隋代樂府詩。

一、確考之隋代樂府詩題名

（一）郊廟歌辭

第一類是郊廟歌辭，共涉及如下12題：

《隋圜丘歌》。此題下有《昭夏》《皇夏》《登歌》《諴夏》《文舞》《需夏》《武舞》《昭夏》八首。其中，《諴夏》在《初學記·禮部上》中題為隋牛弘《郊祀昊天上帝歌辭》。〔註1〕

《隋五郊歌》五首。此題下有《角音》《徵音》《宮音》《商音》《羽音》五首。

《隋感帝歌》。此題下僅《諴夏》一首。

《隋雩祭歌》。此題下僅《諴夏》一首。

〔註1〕〔唐〕徐堅《初學記》卷十三，中華書局，2004年版，第322頁。

《隋蠟祭歌》。此題下僅《諴夏》一首。

《隋朝日夕月歌》二首。此題下有《朝日諴夏》《夕月諴夏》二首。

《隋方丘歌》。此題下有《昭夏》《登歌》《諴夏》《昭夏》四首。

《隋神州歌》。此題下僅《諴夏》一首。

《隋社稷歌》。此題下有《春祈社諴夏》《春祈稷諴夏》《秋報社諴夏》《秋報稷諴夏》四首。《春祈社諴夏》《春祈稷諴夏》在《初學記·禮部上》中分別題為《春祈社歌辭》《春祈稷歌辭》。〔註2〕

《隋先農歌》。此題下僅《諴夏》一首。

《隋先聖先師歌》。此題下僅《諴夏》一首。

《隋太廟歌》。此題下有《迎神歌》《登歌》《俎入歌》《太原府君歌》《康王歌》《獻王歌》《太祖歌》《飲福酒歌》《送神歌》九首。

（二）燕射歌辭

第二類是燕射歌辭，共涉及如下4題：

《隋元會大饗歌》。此題下有《皇夏》《肆夏》《食舉歌》（八首）《上壽歌》十一首。

《隋宴群臣登歌》一首。

《隋皇后房內歌》一首。《隋書·音樂下》詳述其創製過程曰：「弘又修皇后房內之樂，據毛萇、侯苞、孫毓故事，皆有鐘聲，而王肅之意，乃言不可。又陳統云：『婦人無外事，而陰教尚柔，柔以靜為體，不宜用於鍾。』弘等採肅、統以取正焉。高祖龍潛時，頗好音樂，常倚琵琶，作歌二首，名曰《地厚》《天高》，託言夫妻之義。因即取之為房內曲。命婦人並登歌上壽並用之。職在宮內，女人教習之。」〔註3〕此處意指隋文帝曾作《地厚》《天高》二曲，託言夫妻之義，而牛弘以此作為房內曲，故可以將此二曲視為《隋皇后房內歌》的前身，本書僅記於此以述其原委，題名不計入補錄題名之列。

《隋大射登歌》一首。

（三）鼓吹曲辭

第三類是鼓吹曲辭，共涉及如下6題：

《述帝德》《述諸軍用命》《述天下太平》3題是隋代新創，此3題在《樂

〔註2〕《初學記》卷十三，第327頁。

〔註3〕〔唐〕魏徵《隋書》卷十五，中華書局，1999年版，第354頁。

府詩集・鼓吹曲辭》中總稱為《隋凱樂歌辭》。又有隋代詩人擬作漢代鼓吹舊曲 3 題，分別是：《上之回》，隋蕭慤、陳子良各一首；《有所思》，隋盧思道一首；《臨高臺》，隋蕭慤一首。

（四）橫吹曲辭

第四類是橫吹曲辭，共涉及如下 5 題：

《出塞》。隋楊素一首，薛道衡、虞世基各二首。

《入塞》。隋何妥一首。

《長安道》。隋何妥一首。

《驄馬》。隋王由禮一首。

《劉生》。隋弘執恭一首。

（五）相和歌辭

第五類是相和歌辭，共涉及如下 11 題：

《日出東南隅行》。隋盧思道一首。

《昭君詞》。隋何妥、薛道衡各一首。

《蜀國弦》。隋盧思道一首。

《短歌行》。隋辛德源一首。

《從軍行》。隋盧思道、明餘慶各一首。

《豫章行》。隋薛道衡一首。

《相逢狹路間》。隋李德林一首。

《飲馬長城窟行》。隋煬帝一首。

《野田黃雀行》。隋蕭轂一首。

《門有車馬客行》。隋何妥一首。

《棹歌行》。隋蕭岑、盧思道各一首。

（六）清商曲辭

第六類是清商曲辭，共涉及如下 4 題：

《春江花月夜》。隋煬帝二首、諸葛穎一首。

《泛龍舟》。隋煬帝一首。

《採蓮曲》。隋盧思道、殷英童各一首。

《陽春歌》。隋柳顧言一首。

（七）舞曲歌辭

第七類是舞曲歌辭，共涉及如下 2 題：

舞曲歌辭中，屬於隋代的題名首先有《文舞歌》《武舞歌》2 首，總題為《隋文武舞歌》二首。其次有《四時白紵歌》1 題，隋煬帝作，包括《東宮春》《江都夏》2 首；又有隋虞茂所作，包括《江都夏》《長安秋》2 首。但由於《四時白紵歌》是由白紵舞衍生而來的一個題名，且唐代也有同題詩作，唐時其下各曲有《春歌》《夏歌》《秋歌》《冬歌》，或直接簡稱《春》《夏》《秋》《冬》，可見《四時白紵歌》作為組詩題名時，其下各曲題名的時間意義更強，以呼應「四時」二字，獨立性較弱，故本書不以其分題名計數，而只以《四時白紵歌》1 題計。

（八）琴曲歌辭

第八類是琴曲歌辭，共涉及如下 4 題：

《霹靂引》。隋辛德源一首。

《猗蘭操》。隋辛德源一首。

《飛龍引》。隋蕭慤一首。

《成連》。隋辛德源一首。

（九）雜曲歌辭

第九類是雜曲歌辭，共涉及如下 19 題：

《美女篇》。隋盧思道一首。

《白馬篇》。隋王胄、辛德源各一首。

《升天行》。隋盧思道一首。

《神仙篇》。隋盧思道、魯範各一首。

《結客少年場行》。隋孔紹安一首。

《遊俠篇》。隋陳良一首。

《東飛伯勞歌》。隋辛德源一首。

《鳴雁行》。隋李元操一首。

《自君之出矣》。隋陳叔達一首。

《棗下何纂纂》。隋王胄二首。

《濟黃河》。隋蕭慤一首。

《芙蓉花》。隋辛德源一首。

《浮遊花》。隋辛德源一首。

《錦石搗流黃》。隋煬帝一首。

《河曲遊》。隋盧思道一首。

《城南隅宴》。隋盧思道一首。

《喜春遊歌》。隋煬帝二首。

《敦煌樂》。隋王胄二首。

《步虛詞》。隋煬帝二首、諸葛穎一首。

（十）近代曲辭

第十類是近代曲辭，共涉及如下 4 題：

《紀遼東》。隋煬帝、王胄各一首。

《昔昔鹽》。隋薛道衡一首。

《江都宮樂歌》。隋煬帝一首。

《十索》。隋丁六娘四首。

（十一）雜歌謠辭

第十一類是雜歌謠辭，共涉及如下 4 題：

《長白山歌》。《樂府詩集》解題云：「《北史》曰：『來整，榮國公護之子也。尤驍勇，善撫御，討擊群賊，所向皆捷。諸賊歌之。』」〔註4〕據《隋書・來護兒傳》可知，來護兒為隋代將領，來整是其子，亦為隋代人，故將此歌繫於隋代。《古謠諺》據《隋書・來護兒傳》收錄該詩，題為《群盜為來整歌》。〔註5〕

《東征歌》。隋王通一首。《古謠諺》據《全唐文》收錄該詩，題為《文中子東征歌》。〔註6〕

《玉漿泉謠》。《樂府詩集》解題云：「《隋書》曰：『豆盧勣，為渭州刺史，甚有惠政，華夷悅服，大致祥瑞。鳥鼠山俗呼為高武隴，其下渭水所出，其山絕壁千尋，由來乏水，諸羌苦之。勣馬足所踐，忽飛泉湧出。有白烏翔止廳前，乳子而後去。民為之謠，後因號其泉曰玉漿泉。』」〔註7〕豆盧勣為

〔註4〕〔宋〕郭茂倩編，聶世美、倉陽卿校點《樂府詩集》卷八六，上海古籍出版社，1998 年版，第 918 頁。

〔註5〕〔清〕杜文瀾撰，周紹良校點《古謠諺》卷八七，中華書局，1958 年版，第 950 頁。

〔註6〕《古謠諺》卷八一，第 897 頁。

〔註7〕《樂府詩集》卷八七，930 頁。

隋代人，可知該題為隋時樂歌。《古謠諺》亦收此詩，題為《渭州民為豆盧勣謠》。〔註 8〕

《隋煬帝大業中童謠》，《古謠諺》據《隋書‧五行志》收錄此詩，題為《大業中童謠》；〔註 9〕又據《大唐創業起居注》收錄《桃李子歌》，歌辭云：「桃李子，莫浪語。黃鵠繞山飛，宛轉花園裏。桃花園，宛轉屬旌旛。」〔註 10〕而《隋煬帝大業中童謠》云：「桃李子，鴻鵠繞陽山，宛轉花林裏。莫浪語，誰道許。」〔註 11〕二者歌辭內容極相似，當是同一樂歌在傳唱中歌辭稍有訛變。據此可知，《隋煬帝大業中童謠》或又名《桃李子歌》。又，《舊唐書‧后妃上》載：「昔高祖未受命時，天下歌《桃李子》」。〔註 12〕既云唐高祖未受命時，故仍屬隋代，可知此謠確實又名《桃李子》。

此外還有郭茂倩在《樂府詩集》敘論中論及但未錄歌辭的隋代題名。

這類題名僅《水調河傳》1 題。《樂府詩集‧近代曲辭》中《水調》解題云：

> 《水調河傳》，隋煬帝幸江都時所製。曲成奏之，聲韻怨切。王令言聞而謂其弟子曰：「但有去聲而無回韻，帝不返矣。」後竟如其言。按唐曲凡十一疊，前五疊為歌，後六疊為入破。其歌，第五疊五言調，聲最為怨切。故白居易詩云：「五言一遍最殷勤，調少情多似有因。不會當時翻曲意，此聲腸斷為何人！」唐又有新水調，亦商調曲也。〔註 13〕

據此可知，隋煬帝時有樂府曲調《水調河傳》，乃煬帝幸江都時所制，風格怨切，其辭已佚。《樂府詩集》所收無名氏之《水調》，有歌五疊，入破六疊，當為唐時作品。

綜上所述，《樂府詩集》中已收可確考為隋代樂府詩題名者凡 77 題。

二、待考之隋代樂府詩題名

《樂府詩集》中有些樂府詩未見作者信息，亦無解題可供考索所屬時代，

〔註 8〕《古謠諺》卷十，第 190 頁。
〔註 9〕《古謠諺》卷十，第 188 頁。
〔註 10〕《古謠諺》卷十五，第 279 頁。
〔註 11〕《樂府詩集》卷八九，第 951 頁。
〔註 12〕〔五代〕劉昫《舊唐書》卷五一，中華書局，1975 年版，第 2173 頁。
〔註 13〕《樂府詩集》卷七九，第 838 頁。

故只能憑藉其在《樂府詩集》中前後作品的時代信息來判斷其大致年代，有些可能是隋代樂府詩，本書暫且列出待考。

《長相思》。屬雜曲歌辭，在《樂府詩集》中位於同題的南朝陳江總和唐代郎大家宋氏同題詩之間，暫將其繫於隋代，待考。

《于闐採花》。屬雜曲歌辭，該題下的第一首詩未記作者，其下又有唐代李白同題詩。《李太白全集》在李白所作《于闐採花》下有注云：「胡震亨曰：《于闐採花》，陳、隋時曲名。」〔註 14〕據此判斷，《于闐採花》當為陳、隋時樂府詩題名，暫列於隋代，待考。

《飲酒樂》。屬雜曲歌辭，有一首無名氏之作，位於西晉陸機和唐代聶夷中同題詩之間，暫將其繫於隋代，待考。

此外還有無名氏《十索》二首，屬近代曲辭，因近代曲辭所收均為隋唐以來雜曲，《樂府詩集》將其排在隋丁六娘《十索》後，故暫將其繫於隋代，待考。因上文已將丁六娘《十索》計入隋代確考樂府詩題名之列，故此處不再計入待考題名中。如此，則《樂府詩集》所收題名中，待考的隋代題名共 3 題。

第二節　《樂府詩集》未收之隋代樂府詩題名

隋代還有一些《樂府詩集》未收但見載於其他史料的樂府詩題名，這些題名大都歌辭已佚，屬於無辭題名，這類題名主要見於《隋書》《舊唐書》和《樂府雜錄》。

其中，見於《隋書》者 40 題。分別是：

《高祖廟歌》。《隋書・音樂志》載：「大業元年，煬帝又詔修高廟樂……諸郊廟歌辭，亦並依舊制，唯新造《高祖廟歌》九首。今亡。」〔註 15〕可知《高祖廟歌》為大業元年隋煬帝新造之郊廟歌辭，所憾歌辭已佚。

《並契》。《隋書・音樂志》載：

> 《清樂》其始即《清商三調》是也，並漢來舊曲。……及平陳後獲之。高祖聽之，善其節奏，曰：「此華夏正聲也。昔因永嘉，流於江外，我受天明命，今復會同。雖賞逐時遷，而古致猶在。可以

〔註 14〕〔唐〕李白撰，〔清〕王琦注《李太白全集》卷四，中華書局，1977 年版，第 230 頁。

〔註 15〕《隋書》卷十五，第 373 頁。

此為本，微更損益，去其哀怨，考而補之。以新定律呂，更造樂器。」其歌曲有《陽伴》，舞曲有《明君》《並契》。〔註 16〕

隋文帝以清商樂為華夏正聲，《樂府詩集·清商曲辭》敘論中亦引述這段記載。其中所云歌曲《陽伴》以及舞曲《明君》《並契》中《並契》均未見歌辭，亦未見收錄於《樂府詩集》。

《神白馬》《萬世豐》《于闐佛曲》。《隋書·音樂志》載：

及大業中，煬帝乃定清樂、西涼、龜茲、天竺、康國、疎勒、安國、高麗、禮畢，以為九部。樂器工衣創造既成，大備於茲矣。……《西涼》者，起苻氏之末，呂光、沮渠蒙遜等，據有涼州，變龜茲聲為之，號為秦漢伎。魏太武既平河西得之，謂之《西涼樂》。至魏、周之際，遂謂之《國伎》。……《楊澤新聲》《神白馬》之類，生於胡戎。胡戎歌非漢魏遺曲，故其樂器聲調，悉與書史不同。其歌曲有《永世樂》，解曲有《萬世豐》，舞曲有《于闐佛曲》。〔註 17〕

《西涼樂》是隋九部樂之一，其中《神白馬》《萬世豐》《于闐佛曲》均未見歌辭，《樂府詩集》雖未收錄，但確屬樂府詩題名無疑，故《西涼樂》題存辭佚者凡 4 題。又，《通典·樂六》中《萬世豐》題作《萬代豐》。〔註 18〕

《萬歲樂》《藏鉤樂》《七夕相逢樂》《投壺樂》《舞席同心髻》《玉女行觴》《神仙留客》《擲磚續命》《鬥雞子》《鬥百草》《還舊宮》《長樂花》《十二時》《聖明樂》《善善摩尼》《婆伽兒》《小天》《疏勒鹽》。《隋書·音樂志》載：

《龜茲》者，起自呂光滅龜茲，因得其聲。……至隋有《西國龜茲》《齊朝龜茲》《土龜茲》等，凡三部。……煬帝不解音律，略不關懷。後大制豔篇，辭極淫綺。令樂正白明達造新聲，創《萬歲樂》《藏鉤樂》《七夕相逢樂》《投壺樂》《舞席同心髻》《玉女行觴》《神仙留客》《擲磚續命》《鬥雞子》《鬥百草》《泛龍舟》《還舊宮》《長樂花》及《十二時》等曲，掩抑摧藏，哀音斷絕。……（開皇）六年，高昌獻《聖明樂》曲，帝令知音者，於館所聽之，歸而肄習。及客方獻，先於前奏之，胡夷皆驚焉。其歌曲有《善善摩尼》，解曲

〔註 16〕《隋書》卷十五，第 377～378 頁。
〔註 17〕《隋書》卷十五，第 378 頁。
〔註 18〕〔唐〕杜佑撰，王文錦等點校《通典》卷一四六，中華書局，1988 年版，第 3731 頁。

有《婆伽兒》，舞曲有《小天》，又有《疏勒鹽》。〔註19〕

在隋煬帝時樂正白明達所創14首新聲樂曲中，除《泛龍舟》1曲《樂府詩集》收錄隋煬帝歌辭外，《萬歲樂》《藏鉤樂》《七夕相逢樂》《投壺樂》《舞席同心髻》《玉女行觴》《神仙留客》《擲磚續命》《鬥雞子》《鬥百草》《還舊宮》《長樂花》《十二時》13題皆未見其辭，亦未收錄於《樂府詩集》。開皇六年高昌所獻《聖明樂》亦未見隋代歌辭，《樂府詩集》中有唐代張仲素所作《聖明樂》三首。歌曲《善善摩尼》，解曲《婆伽兒》，舞曲《小天》《疏勒鹽》4題均未見歌辭。據此，則隋代龜茲樂共有18題無辭題名。

《通典・樂五》也記載白明達造新聲樂曲事曰：「《泛龍舟》，煬帝幸江都宮所作。又令太樂令白明達造新聲《期萬歲樂》《藏鉤樂》《七夕樂》《相逢樂》《舞席同心髻》《玉女行觴》《神仙留客》《擲磚縛命》《鬥雞子》《鬥百草》《還舊宮樂》，掩抑摧藏，哀音斷絕。」〔註20〕從記載可知，《七夕相逢樂》又作《七夕樂》《相逢樂》二曲，本書暫且依《隋書》記為一曲。此外，還有二曲與《隋書》所記略有差異，即《擲磚續命》題作《擲磚縛命》，《還舊宮》題作《還舊宮樂》。

《沙石疆》《天曲》。《隋書・音樂志》載：「《天竺》者，起自張重華據有涼州，重四譯來貢男伎，《天竺》即其樂焉。歌曲有《沙石疆》，舞曲有《天曲》。」〔註21〕《沙石疆》《天曲》2曲皆未見歌辭。

《戢殿農和正》《賀蘭缽鼻始》《末奚波地》《農惠缽鼻始》《前拔地惠地》。《隋書・音樂志》載：「《康國》，起自周武帝娉北狄為後，得其所獲西戎伎，因其聲。歌曲有《戢殿農和正》，舞曲有《賀蘭缽鼻始》《末奚波地》《農惠缽鼻始》《前拔地惠地》等四曲。」〔註22〕此5曲皆未見歌辭。

《亢利死讓樂》《遠服》《鹽曲》《附薩單時》《末奚》《居和祗》《芝棲》《歌芝棲》。《隋書・音樂志》載：「《疏勒》《安國》《高麗》，並起自後魏平馮氏及通西域，因得其伎。後漸繁會其聲，以別於太樂。《疏勒》，歌曲有《亢利死讓樂》，舞曲有《遠服》，解曲有《鹽曲》。《安國》，歌曲有《附薩單時》，舞曲有《末奚》，解曲有《居和祗》。《高麗》，歌曲有《芝棲》，舞曲有《歌芝棲》。」

〔註19〕《隋書》卷十五，第378～379頁。
〔註20〕《通典》卷一四五，第3705頁。
〔註21〕《隋書》卷十五，第379頁。
〔註22〕《隋書》卷十五，第379頁。

〔註23〕以上歌曲、舞曲、解曲共8題，皆未見歌辭。

《單交路》《散花》。《隋書・音樂志》載：

> 《禮畢》者，本出自晉太尉庾亮家。亮卒，其伎追思亮，因假為其面，執翳以舞，象其容，取其謚以號之，謂之為《文康樂》。每奏九部樂終則陳之，故以《禮畢》為名。其行曲有《單交路》，舞曲有《散花》。〔註24〕

從記載可知，《禮畢》最初名《文康樂》，為東晉太尉庾亮家伎所製，因隋時常置於九部樂末尾演奏，故名為《禮畢》。《文康樂》既為東晉樂府詩題名，則隋代不再重複計入。而至於行曲《單交路》《散花》2題，則當屬隋代題名，所憾未見其辭。

《通典・樂六》也有與前引《隋書》相似的記載：「《禮畢》者，本自晉太尉庾亮家。亮卒，其伎追思亮，因假為其面，執翳以舞，象其容，取其謚以號之，謂《文康樂》。每奏《九部樂》，終則陳之，故以禮畢為名。其曲有《散華樂》等。隋平陳，得之，入《九部樂》。」〔註25〕其中所記《散華樂》，或即舞曲《散花》之異名。

以上40題為見於《隋書》者，這類題名見於《舊唐書》者2題，分別是《白淨皇太子》和《踏謠娘》：

《白淨皇太子》。《舊唐書・音樂志》載：「隋鼓吹有《白淨皇太子》曲，與北歌校之，其音皆異。」〔註26〕可知隋代鼓吹曲有《白淨皇太子》，所憾未見歌辭。

《踏謠娘》。關於此題創製時間，文獻記載頗有差異，目前存在北齊、北周、隋末、後周四種說法。《舊唐書・音樂志》載：「《踏謠娘》，生於隋末。隋末河內有人貌惡而嗜酒，常自號郎中，醉歸必毆其妻。其妻美色善歌，為怨苦之辭。河朔演其曲而被之絃管，因寫其妻之容。妻悲訴，每搖頓其身，故號《踏謠娘》。」〔註27〕可知《踏謠娘》為隋末所製樂曲。《通典・樂六》《劉賓客嘉話》所記時代與本事皆與《舊唐書》相同。而《教坊記》又言出於北齊：

> 《踏謠娘》，北齊有人姓蘇，鮑鼻。實不仕，而自號為「郎中」。

〔註23〕《隋書》卷十五，第380頁。
〔註24〕《隋書》卷十五，第380頁。
〔註25〕《通典》卷一四六，第3731頁。
〔註26〕《舊唐書》卷二九，第1072頁。
〔註27〕《舊唐書》卷二九，第1074頁。

嗜飲，酗酒，每醉，輒毆其妻。妻銜悲，訴於鄰里。時人弄之：丈夫著婦人衣，徐步入場行歌。每一疊，旁人齊聲和之云：「踏謠和來，踏謠娘苦和來」。以其且步且歌，故謂之「踏謠」；以其稱冤，故言「苦」。及其夫至，則作毆鬥之狀，以為笑樂。今則婦人為之，遂不呼郎中，但云「阿叔子」；調弄又加典庫，全失舊旨。或呼為「談容娘」，又非。〔註 28〕

《教坊記》云《踏謠娘》本事出自北齊，既存於《教坊記》中，則其確為唐代仍存的樂府題名無疑。《樂府雜錄》又謂出自後周，但題作《蘇中郎》：

蘇中郎，後周士人蘇葩，嗜酒落魄，自號「中郎」。每有歌場，輒入獨舞。今為戲者，著緋袍，戴席帽。面正赤，蓋狀其醉也。即有《踏謠娘》。〔註 29〕

顯然，本事中的男主人公「蘇中郎」當是前引《舊唐書》和《教坊記》中《踏謠娘》本事中毆打妻子的「郎中」，《蘇中郎》的得名當源於此。可以看出，不同文獻所載本事約略相同，惟有曲調創製時間不同。亓娟莉在《樂府雜錄校注》中採用了相對融通的說法，稱蘇郎中「大約是北朝至隋時人」。至於此題創製時間，因再無其他史料可資確考，故本書姑且存疑。

以上 2 題為見於《舊唐書》者，這類題名見於《樂府雜錄》者僅《安公子》1 題。《樂府雜錄》記載《安公子》曲名並釋其本事曰：「隋煬帝遊江都時，有樂工笛中吹之。其父老廢，於臥內聞之，問曰：『何得此曲子？』對曰：『宮中新翻也。』父乃謂其子曰：『宮為君，商為臣，此曲宮聲往而不返，大駕東巡，必不回矣。汝可託疾勿去也。』精鑒如此。」〔註 30〕可知此題出於隋代，歌辭已佚。

綜上所述，隋代樂府詩題名中，《樂府詩集》已收隋代題名 79 題，其中確考題名 76 題，待考題名 3 題；《樂府詩集》未收而見於其他史料記載的隋代題名 43 題，均題存辭佚。

〔註 28〕〔唐〕崔令欽撰，任半塘箋訂《教坊記箋訂》，中華書局，1962 年版，第 173 頁。

〔註 29〕〔唐〕段安節撰，亓娟莉校注《樂府雜錄校注》，上海古籍出版社，2015 年版，第 32 頁。

〔註 30〕《樂府雜錄校注》，第 128 頁。

第二章　唐代樂府詩題名的文獻考察(上)

唐代是中國歷史上文化極為繁盛的時期，承平日久，萬邦來朝，禮樂文化也得到了極大發展。這一時期，出現了補樂府、系樂府、新樂府等概念，給樂府詩擴展出新的空間。加之唐代國祚綿延，從時間上保證了樂府詩的逐漸豐富和趨於完善。這一時期的樂府詩種類齊全，數量龐大，所以本章把能夠確定具體時間的樂府詩題名按時間排列，以期能較好地呈現各類樂府詩在有唐一代的發展態勢。

第一節　《樂府詩集》已收之確考唐代樂府詩題名

《樂府詩集》中收錄的唐代樂府詩數量極為豐富，除燕射歌辭一類未收唐代作品以外，其他十一類中都有唐代樂府詩。以下就按照《樂府詩集》十二大類的順序依次考察。

（一）郊廟歌辭

第一類是郊廟歌辭。《樂府詩集》中的唐代郊廟歌辭數量較多，且多為同題組詩，從中可以看出唐代不同時期的樂章創作和發展情況，故下文將以時間為序介紹唐代郊廟樂章。需要說明的是，這些以同題組詩出現的郊廟歌辭，本書只在首次出現時計入題名數量。

唐代有的些郊廟歌辭是太樂舊詞，不詳所起，歌辭大多較為簡單，其下所列分題樂曲也較少，筆者推測這些太樂舊詞可能是唐代較早時期的樂詞。這類郊廟歌辭有如下 2 題：

《唐郊天樂章》。其下有《豫和》一首，為太樂舊詞。

《唐享孔子廟樂章》。其下有《迎神》《送神》二首，亦為太樂舊詞。

太宗朝政局穩定，尤著力於禮樂建設，開始有意識的創作郊廟歌辭，現存太宗朝郊廟歌辭幾乎全為貞觀中褚亮、魏徵等人所作。《樂府詩集》收錄如下 14 題：

《唐祀圜丘樂章》。其下有《豫和》《太和》《肅和》《雍和》《壽和》《舒和》《凱安》《豫和》八曲。《舊唐書．音樂志》載：「冬至祀昊天於圜丘樂章八首，貞觀二年，祖孝孫定雅樂。貞觀六年，褚亮、虞世南、魏徵等作此詞，今行用。」〔註 1〕貞觀二年，祖孝孫定大唐雅樂「十二和」。冬至祀昊天於圜丘樂章八首所用樂曲就出自「十二和」樂，貞觀六年褚亮、虞世南、魏徵等為之作辭。

《唐祈穀樂章》。《舊唐書．音樂志》載：「正月上辛祈穀於南郊樂章八首，貞觀中褚亮作，今行用。」〔註 2〕可知《唐祈穀樂章》為貞觀中褚亮所作，不計辭同冬至圜丘者，其下還有《肅和》《雍和》《舒和》3 首歌辭。

《唐明堂樂章》。《舊唐書．音樂志》載：「季秋享上帝於明堂樂章八首，貞觀中褚亮等作，今行用。」〔註 3〕可知《唐明堂樂章》仍為貞觀中褚亮等人所作，不計辭同冬至圜丘者，其下還有《肅和》《雍和》《舒和》3 首歌辭。

《唐雩祀樂章》。《舊唐書．音樂志》載：「《孟夏雩祀上帝於南郊樂章》八首，貞觀中褚亮等作，今行用。」〔註 4〕可知《唐雩祀樂章》亦為貞觀中褚亮等人所作，不計辭同冬至圜丘者，其下還有《肅和》《雍和》《舒和》3 題。此外，另有一組《唐雩祀樂章》，為太樂舊詞，其下有《豫和》2 首。

《唐五郊樂章》。《舊唐書．音樂志》載：「祀五方上帝於五郊樂章四十首，貞觀中魏徵等作，今行用。」〔註 5〕可知《唐五郊樂章》為貞觀中魏徵等人所作。四十首中，不計辭同冬至圜丘者，這組詩中還有《黃帝宮音》《肅和》《雍和》《舒和》《青帝角音》《肅和》《雍和》《舒和》《赤帝徵音》《肅和》《雍和》《舒和》《白帝商音》《肅和》《雍和》《舒和》《黑帝羽音》《肅和》《雍和》《舒和》20 首。此外，另有一組《唐五郊樂章》，為太樂舊詞，其下有《黃郊迎神》《送神》《青郊迎神》《送神》《赤郊迎神》《送神》《白郊迎神》《送神》《黑郊

〔註 1〕《舊唐書》卷三〇，第 1090 頁。
〔註 2〕《舊唐書》卷三〇，第 1099 頁。
〔註 3〕《舊唐書》卷三〇，第 1100 頁。
〔註 4〕《舊唐書》卷三〇，第 1102 頁。
〔註 5〕《舊唐書》卷三〇，第 1103 頁。

迎神》《送神》10 首歌辭。

《唐朝日樂章》。《舊唐書・音樂志》載：「祀朝日樂章八首，貞觀中作，今行用。」〔註 6〕可知《唐朝日樂章》亦為貞觀中褚亮等人所作，不計辭同冬至圜丘者，其下還有《肅和》《雍和》《舒和》3 題。此外，另有一組《唐朝日樂章》，為太樂舊詞，其下有《迎神》《送神》2 首歌辭。

《唐夕月樂章》。《舊唐書・音樂志》載：「祀夕月樂章八首貞觀中作，今行用。」〔註 7〕可知《唐夕月樂章》亦為貞觀中褚亮等人所作，不計辭同冬至圜丘者，其下還有《肅和》《雍和》《舒和》3 題。

《唐蠟百神樂章》。《舊唐書・音樂志》載：「蠟百神樂章八首貞觀中作，今行用。」〔註 8〕可知《唐蠟百神樂章》亦為貞觀中所作，不計辭同冬至圜丘者，其下還有《肅和》《雍和》《舒和》3 題。此外，另有一組《唐蠟百神樂章》，為太樂舊詞，其下有《迎神》《送神》2 首歌辭。

《唐祭方丘樂章》。《舊唐書・音樂志》載：「夏至祭皇地祇於方丘樂章八首，貞觀中褚亮等作。」〔註 9〕可知《唐祭方丘樂章》亦為貞觀中褚亮等人所作，不計辭同冬至圜丘者，其下還有《順和》《肅和》《雍和》《舒和》《順和》5 題。

《唐祭神州樂章》。《舊唐書・音樂志》載：「祭神州於北郊樂章八首，貞觀中褚亮作。」〔註 10〕可知《唐祭神州樂章》亦為貞觀中褚亮所作，不計辭同冬至圜丘、夏至方丘者，其下還有《肅和》《雍和》《舒和》3 題。此外，另有一組《唐祭神州樂章》，為太樂舊詞，其下有《迎神》《送神》2 首歌辭。

《唐祭太社樂章》。《舊唐書・音樂志》載：「祭太社樂章八首，貞觀中褚亮等作。」〔註 11〕可知《唐祭太社樂章》亦為貞觀中褚亮等人所作，不計辭同冬至圜丘、夏至方丘者，其下還有《肅和》《雍和》《舒和》3 題。此外，另有一組《唐祭太社樂章》，為太樂舊詞，其下有《迎神》《送神》2 首歌辭。

《唐享先農樂章》。《舊唐書・音樂志》載：「享先農樂章，貞觀中褚亮等作。」〔註 12〕可知《唐享先農樂章》亦為貞觀中褚亮等人所作，不計辭同冬至

〔註 6〕《舊唐書》卷三〇，第 1109 頁。
〔註 7〕《舊唐書》卷三〇，第 1110 頁。
〔註 8〕《舊唐書》卷三〇，第 1111 頁。
〔註 9〕《舊唐書》卷三〇，第 1112 頁。
〔註 10〕《舊唐書》卷三〇，第 1119 頁。
〔註 11〕《舊唐書》卷三〇，第 1120 頁。
〔註 12〕《舊唐書》卷三〇，第 1121 頁。

圜丘者，其下還有《咸和》《肅和》《雍和》《舒和》4 題。此外，另有一組《唐享先農樂章》，為太樂舊詞，僅存《承和》1 首歌辭。〔註 13〕

《唐享太廟樂章》。《舊唐書・音樂志》載：「享太廟樂章十三首，貞觀中，魏徵、褚亮等作。」〔註 14〕可知這組樂章仍為貞觀中魏徵、褚亮等人所作，不計辭同冬至圜丘者，其下還有《永和》《肅和》《雍和》《長髮舞》《大基舞》《大成舞》《大明舞》《壽和》《舒和》《雍和》《永和》11 題。此外，另有一組《唐享太廟樂章》，為太樂舊詞，其下有《迎神》《金奏》《送神》3 首歌辭。

《唐享隱太子廟樂章》。《舊唐書・音樂志》載：「享隱太子廟樂章六首，貞觀中撰。」〔註 15〕可知《唐享隱太子廟樂章》為貞觀中作。其下收錄《誠和》《肅和》《雍和》《舒和》《凱安》5 首歌辭，〔註 16〕送神所用《誠和》同迎神辭《誠和》，故以 1 首歌辭計。又有一組太樂舊詞《唐享隱太子廟樂章》，其下有《迎神》《送神》2 首歌辭。

高宗朝所製郊廟歌辭數量不多，可確認的僅《唐享先蠶樂章》和《唐享太廟樂章》2 組樂章：

《唐享先蠶樂章》。其下包括《永和》（亦曰《順德》）《肅和》《展敬》《潔誠》《昭慶》5 題。《舊唐書・音樂志》載：「享先蠶樂章五首，顯慶中，皇后親蠶，奉敕內出此詞。」〔註 17〕顯慶為高宗年號，可知這組歌辭作於高宗時期。

《唐享太廟樂章》。《樂府詩集》中有六組以《唐享太廟樂章》為題的組詩，這是第二組，其下有《崇德舞》《鈞天舞》《太和舞》《景雲舞》《光大舞》5 題。《舊唐書・音樂志》記載其歌辭製作過程云：

> 又享太廟樂章五首，永徽已後續撰，不詳撰者。太宗文皇帝酌獻用《崇德》，夷則宮，永徽元年造；高宗天皇大帝酌獻用《鈞天》，

〔註 13〕〔宋〕郭茂倩編撰《樂府詩集》卷七，中華書局，1979 年版，第 97 頁。筆者按，《唐享先農樂章》太樂舊詞所存 1 首歌辭，上海古籍出版社本《樂府詩集》作《誠和》，據《舊唐書・音樂志》記載的「十二和」樂名，當作《承和》，中華書局本《樂府詩集》已據《舊唐書》記載訂正此題題名，故此處從之。又，因本書所引《樂府詩集》內容都出自上海古籍出版社本，故凡引自中華書局本《樂府詩集》者，均明確標注版本。

〔註 14〕《舊唐書》卷三一，第 1129 頁。

〔註 15〕《舊唐書》卷三一，第 1144 頁。

〔註 16〕〔宋〕郭茂倩編撰《樂府詩集》卷十一，中華書局，1979 年版，第 164～166 頁。按，中華書局本《樂府詩集》已據《舊唐書》記載訂正，故此處從其已訂正的分題名。

〔註 17〕《舊唐書》卷三〇，第 1122 頁。

> 黃鍾宮，光宅元年造；中宗孝和皇帝酌獻用《太和》，太簇宮，景雲元年造；睿宗大聖真皇帝酌獻用《景雲》，黃鍾宮，開元四年造；皇祖宣皇帝酌獻用《光大》，無射宮，舊樂章宣、光二宮同用《長發》，其詞亦同；開元十年，始定宣皇帝用《光大》，詞更別造。〔註 18〕

永徽是高宗年號，光宅和景云是睿宗年號，開元是玄宗年號，可知這組樂曲和歌辭分別作於不同時期。

可確認作於武后時期的郊廟歌辭數量雖不多，今僅存 5 題。但值得注意的是，這些歌辭多為武后親製。

《唐享昊天樂》。武后所作。

《唐明堂樂章》。武后所作，其下有《外辦將出》《皇帝行》《皇嗣出入升降》《迎送王公》《登歌》《配饗》《宮音》《角音》《徵音》《商音》《羽音》11 題。《舊唐書・音樂志》有「則天大聖皇后享明堂樂章十二首，御撰」〔註 19〕的記載，但歌辭也僅存《樂府詩集》所載這 11 首。

《唐大享拜洛樂章》。武后所作，其下有《昭和》《致和》《咸和》《九和》《顯和》《顯和》《昭和》《敬和》《齊和》《德和》《禋和》《通和》《歸和》《歸和》14 題。

《唐武后享清廟樂章》十首，撰者未知。

《唐武氏享先廟樂章》一首，武后所作。

中宗時期郊廟歌辭數量不多，可確考者有《唐享太廟樂章》《唐享章懷太子廟樂章》《唐享懿德太子廟樂章》《唐享懿德太子廟樂章》《唐韋氏褒德廟樂章》《唐祀昊天樂章》6 組歌辭。

《唐享太廟樂章》。《樂府詩集》有解題云：

> 《唐書・樂志》曰：「中宗神龍元年，享太廟樂：迎神用《嚴和》，九變詞同，皇帝行用《升和》，登歌祼鬯用《虔和》，迎俎用《歆和》，光皇帝酌獻用《長發》，景皇帝酌獻用《大基》，元皇帝酌獻用《大成》，高祖酌獻用《大明》，太宗酌獻用《崇德》，五室舞詞並同貞觀，高宗酌獻用《鈞天》，舞詞同光宅，孝敬皇帝酌獻用《承光》，皇帝飲福用《延和》，送文舞出、迎武舞入用《同和》，武舞用《寧和》，撤俎用《恭和》，送神用《通和》，皇后助享、皇后行用《正和》，詞

〔註 18〕《舊唐書》卷三一，第 1131～1132 頁。

〔註 19〕《舊唐書》卷三〇，第 1101 頁。

同貞觀中宮朝會，登歌奠卺用《昭和》，皇后酌獻、飲福用《誠敬》，撤俎用《肅和》，送神用《昭感》。」〔註20〕

《樂府詩集》解題中這段記載出自《舊唐書．音樂志》，但查檢《舊唐書．音樂志》卻發現其中所記與此不同。《舊唐書．音樂志》載：

> 中宗孝和皇帝神龍元年享太廟樂章二十首，不詳所撰。迎神用《嚴和》，黃鍾宮三成，大呂角三成，太簇徵三成，應鍾羽二成，同用此詞；皇帝行用《升和》，黃鍾宮；登歌稞鬯用《虔和》大呂均之無射羽；送文舞出迎武舞入用《同和》太簇羽；武舞用《寧和》林鍾徵；徹俎用《恭和》大呂均之無射羽；送神用《通和》黃鍾宮；皇后助享、皇后行用《正和》黃鍾宮，詞同貞觀中宮朝會《正和》；登歌奠卺用《昭和》大呂均之無射羽；皇后酌獻飲福用《誠敬》黃鍾宮；徹俎用《肅和》大呂均之無射羽；送神用《昭感》黃鍾羽。〔註21〕

從記載可以看出，其中僅有12首樂章。而《樂府詩集》中則有21首樂章。兩相比對發現，《樂府詩集》解題中在《虔和》和《同和》之間增加了《歆和》《長發》《大基》《大成》《大明》《崇德》《鈞天》《承光》《延和》9首。而這9首在《舊唐書．音樂志》中其實記錄在「開元十一年玄宗祀昊天於圜丘樂章十一首」中，用於圜丘祭祀：

> 開元十一年玄宗祀昊天於圜丘樂章十一首，降神用《豫和》圜鍾宮三成，黃鍾角一成，太簇徵一成，姑洗羽一成，已上六變詞同；迎神用《歆和》；皇祖光皇帝室酌獻用《長發》黃鍾宮，詞同貞觀《長發》；太祖景皇帝室酌獻用《大基》太簇宮，詞同貞觀《大基》；代祖元皇帝室酌獻用《大成》姑洗宮，詞同貞觀《大成》；高祖神堯皇帝室酌獻用《大明》蕤賓宮，詞同貞觀《大明》；太宗文武聖皇帝室酌獻用《崇德》夷則宮，詞同貞觀《崇德》；高宗天皇大帝室酌獻用《鈞天》黃鍾宮，詞同光宅鈞天；義宗孝敬皇帝室酌獻用《承光》黃鍾宮；皇帝飲福用《延和》黃鍾宮；皇帝行用《太和》；登歌奠玉帛用《肅和》；迎俎入用《雍和》；皇帝酌獻天神用《壽和》；酌獻配座用《壽和》；飲福酒用《壽和》；送文舞出迎武舞入用《舒和》；武

〔註20〕《樂府詩集》卷十，第130～132頁。
〔註21〕《舊唐書》卷三一，第1134～1136頁。

舞用《凱安》；禮畢送神用《豫和》；皇帝還大次用《太和》。〔註 22〕

記載中云「開元十一年玄宗祀昊天於圜丘樂章十一首」，然而細檢其後所列樂章，並非 11 首，而為 20 首，若將前述 9 首刪去，則樂章數量正好符合 11 首之數。但是，《樂府詩集》在《唐祀圜丘樂章》中卻並未收錄這 9 首樂章。對此，本書下文將會論及。筆者以為，祀圜丘與享宗廟用途殊異，所用樂章不可混同，《舊唐書・音樂志》此條記載當有舛誤。

據前引《舊唐書・音樂志》所載可知，中宗孝和皇帝神龍元年享太廟樂章應有 20 首，但其中所記樂章僅 12 首。無論是這 12 首，還是郭茂倩《唐享太廟樂章》解題中所記載的 21 首，皆不符合 20 首之數。筆者懷疑郭茂倩解題所記當更符合原貌，但其中多了哪一首卻無其他史料可資佐證，故暫存於此，以俟後考。

另外需要說明的是，郭茂倩因 7 首樂章使用舊辭而未重複收錄，分別是「光皇帝酌獻用《長發》，景皇帝酌獻用《大基》，元皇帝酌獻用《大成》，高祖酌獻用《大明》，太宗酌獻用《崇德》，五室舞詞並同貞觀，高宗酌獻用《鈞天》，舞詞同光宅」「皇后助享、皇后行用《正和》，詞同貞觀中宮朝會」。因此，這組《唐享太廟樂章》下僅有《嚴和》《升和》《虔和》《歆和》《承光》《延和》《同和》《寧和》《恭和》《通和》《昭和》《誠敬》《肅和》《昭感》14 首歌辭。

《唐享章懷太子廟樂章》。《舊唐書・音樂志》載：「章懷太子廟樂章六首，神龍初作。」〔註 23〕神龍為中宗年號，可知《唐享章懷太子廟樂章》作於中宗神龍初年。其下有《迎神》《登歌酌鬯》《迎俎酌獻》《送文舞迎武舞》《武舞作》5 首歌辭，因《送神》辭同《唐享隱太子廟樂章》，故不重複計入。

《唐享懿德太子廟樂章》。《舊唐書・音樂志》載：「懿德太子廟樂章六首，神龍初作。」〔註 24〕可知《唐享懿德太子廟樂章》亦作於中宗神龍初年。其下各題名均與《唐享章懷太子廟樂章》同，但歌辭不同，僅《送神》辭同《唐享隱太子廟樂章》，故亦不重複計入。

《唐韋氏褒德廟樂章》。《舊唐書・音樂志》載：「褒德廟樂章五首，神龍中為皇后韋氏祖考所立，詞並內出。」〔註 25〕可知《唐韋氏褒德廟樂章》為中宗神龍中作。其下有《昭德》《進德》《褒德》《武舞作》《彰德》5 題。

〔註 22〕《舊唐書》卷三〇，第 1095～1097 頁。
〔註 23〕《舊唐書》卷三一，第 1145 頁。
〔註 24〕《舊唐書》卷三一，第 1146 頁。
〔註 25〕《舊唐書》卷三一，第 1148 頁。

《唐祀昊天樂章》。《舊唐書・音樂志》載：「景龍三年中宗親祀昊天上帝樂章十首。」〔註26〕可知這組詩為中宗景龍三年所作，其下有《豫和》《太和》《告謝》《肅和》《雍和》《福和》《中宮助祭升壇》《亞獻》《舒和》《凱安》10首歌辭。

睿宗朝僅有3組郊廟樂章，分別是《唐儀坤廟樂章》《唐享節愍太子廟樂章》《唐祭方丘樂章》。

《唐儀坤廟樂章》。其下有 12 首歌辭，分別是：《永和》，徐彥伯作；《金奏》，作者不詳；《太和》，邱說作；《肅和》，張齊賢作；《雍和》，鄭善玉作；《昭升》，薛稷作；《坤貞》，作者不詳；《壽和》，徐堅作；《舒和》，胡雄作；《安和》，劉子玄作；《雍和》，員半千作；《永和》，祝欽明作。從作者身份看，這些作者都曾擔任學士，唐代學士多參與樂府歌辭製作；從作者擔任學士的時間看，多在睿宗朝。據此判斷，這組歌辭或亦作於睿宗時期。此外，《樂府詩集》中又有一組《唐儀坤廟樂章》，為太樂舊詞，其下有《迎神》《送神》2首歌辭。

《唐享節愍太子廟樂章》。《舊唐書・音樂志》載：「節愍太子廟樂章六首，景雲中作。」〔註27〕景云是睿宗年號，可知這組樂章作於睿宗景雲中期。其下5曲題名均與《唐享章懷太子廟樂章》同，但歌辭不同。《送神》歌辭與《唐享隱太子廟樂章》中《送神》歌辭相同，故不重複計入。

《唐祭方丘樂章》。《舊唐書・音樂志》載：「睿宗太極元年祭皇地祇於方丘樂章八首，不詳撰者。」〔註28〕可知《唐祭方丘樂章》作於睿宗太極元年。因其中同貞觀冬至圜丘辭、同貞觀太廟辭、同皇帝朝群臣辭皆不錄，故僅錄《順和》《金奏》《順和》3題。

玄宗朝國力強盛，文化昌明，加之玄宗本人精通音樂，在宮廷中親自指導梨園弟子排練，在樂府活動中起到了重要的示範和引領作用。這一時期的樂府歌辭製作和表演均盛極一時，其中就包括大量郊廟歌辭的製作，見於《樂府詩集》者有如下11組樂章：

《唐享龍池樂章》。《舊唐書・音樂志》載：

> 享龍池樂章十首：第一章紫微令姚崇作也；第二章左拾遺蔡孚作；第三章太府少卿沈佺期作；第四章黃門侍郎盧懷慎作；第五章

〔註26〕《舊唐書》卷三〇，第1093頁。
〔註27〕《舊唐書》卷三一，第1147頁。
〔註28〕《舊唐書》卷三〇，第1115頁。

殿中監姜皎作；第六章吏部尚書崔日用作；第七章紫微侍郎蘇頲作；第八章黃門侍郎李乂作；第九章工部侍郎姜晞作；第十章兵部郎中裴璀作。〔註29〕

所記《唐享龍池樂章》十首的作者與《樂府詩集》所載一致，後者又有解題云：「《會要》曰：『開元元年，內出祭《龍池樂》章。十六年，築壇於興慶宮，以仲春月祭之。』」〔註30〕可知《唐享龍池樂章》作於開元元年。

《唐享太廟樂章》。此題下有《永和》（三首）《太和》《肅和》《雍和》（二首）《文舞》《光大舞》《長髮舞》《大政舞》《大成舞》《大明舞》《崇德舞》《鈞天舞》《太和舞》《景雲舞》《福和》《舒和》《凱安》（四首）《登歌》《永和》，共25首。《舊唐書・音樂志》記載這組樂章的施用過程曰：

玄宗開元七年享太廟樂章十六首，特進、行尚書左丞相燕國公張說作。迎神用《永和》三章；皇帝行用《太和》一章；登歌酌瓚用《肅和》一章；迎俎用《雍和》二章；皇帝酌醴齊用《文舞》一章；獻祖宣皇帝室奠獻用《光大》之舞一章；懿祖光皇帝室奠獻用《長發》之舞一章；太祖景皇帝室奠獻用《大政》之舞一章；代祖元皇帝室奠獻用《大成》之舞一章；高祖神堯皇帝室奠獻用《大明》之舞一章；太宗文武聖皇帝室奠獻用《崇德》之舞一章；高宗天皇大帝室奠獻用《鈞天》之舞一章；中宗孝和皇帝室奠獻用《太和》之舞一章；睿宗大聖真皇帝室奠獻用《景雲》之舞一章。

又享太廟樂章十四首：……皇帝飲福受脤用《福和》一章；送文舞出、迎武舞入用《舒和》一章；亞獻、終獻行事、武舞用《凱安》四章；徹豆登歌一章；送神用《永和》一章，吏部尚書、平章事、彭城郡公劉晏撰。〔註31〕

可知這組樂章為玄宗開元七年由張說所作。其中所云「玄宗開元七年享太廟樂章十六首」，實為17首，皇帝酌醴齊用《文舞》一章未被計入。《樂府詩集》中的《唐享太廟樂章》25首其實是郭茂倩將上述第一組的17首和第二組的8首合併而成的一組樂歌。

《唐祀圜丘樂章》。此題下有《豫和》《太和》《肅和》《雍和》《壽和》（三

〔註29〕《舊唐書》卷三〇，第1124～1126頁。

〔註30〕《樂府詩集》卷七，第90頁。

〔註31〕《舊唐書》卷三一，第1136～1139頁。

首）《舒和》《凱安》《豫和》《太和》，共 11 首。前文已有同題組詩，故不再重複計入題名數量。《舊唐書・音樂志》記載這組樂章的施用過程曰：

> 開元十一年玄宗祀昊天於圜丘樂章十一首，降神用《豫和》圜鍾宮三成，黃鍾角一成，太簇徵一成，姑洗羽一成，已上六變詞同；迎神用《歆和》；皇祖光皇帝室酌獻用《長發》黃鍾宮，詞同貞觀《長發》；太祖景皇帝室酌獻用《大基》太簇宮，詞同貞觀《大基》；代祖元皇帝室酌獻用《大成》姑洗宮，詞同貞觀《大成》；高祖神堯皇帝室酌獻用《大明》蕤賓宮，詞同貞觀《大明》；太宗文武聖皇帝室酌獻用《崇德》夷則宮，詞同貞觀《崇德》；高宗天皇大帝室酌獻用《鈞天》黃鍾宮，詞同光宅鈞天；義宗孝敬皇帝室酌獻用《承光》黃鍾宮；皇帝飲福用《延和》黃鍾宮；皇帝行用《太和》；登歌奠玉帛用《肅和》；迎俎入用《雍和》；皇帝酌獻天神用《壽和》；酌獻配座用《壽和》；飲福酒用《壽和》；送文舞出迎武舞入用《舒和》；武舞用《凱安》；禮畢送神用《豫和》；皇帝還大次用《太和》。〔註 32〕

可知這組樂章作於開元十一年。其中「開元十一年玄宗祀昊天於圜丘樂章十一首」的 11 首之數是不包括《歆和》至《延和》9 首而言，這 9 首上文已有討論，應為《舊唐書・音樂志》記載舛誤。

《唐祭汾陰樂章》。此題下有《順和》（四首）《太和》《肅和》《雍和》《壽和》《舒和》《凱安》《順和》，共 11 首。《舊唐書・音樂志》載：「玄宗開元十一年祭皇地祇於汾陰樂章十一首」，〔註 33〕可知這組樂章作於開元十一年。

《唐封泰山樂章》。張說所作，此題下有《豫和》（六首）《太和》《肅和》《雍和》《壽和》《壽和》《舒和》《凱安》《豫和》，共 14 首。《舊唐書・音樂志》載：「玄宗開元十三年封泰山祀天樂章十四首，中書令燕國公張說作，今行用。」〔註 34〕可知這組樂章作於開元十三年。

《唐禪社首樂章》。此題下有《順和》《太和》《肅和》《雍和》《壽和》《福和》《太和》《靈具醉》，共 8 首。《舊唐書・音樂志》載：「玄宗開元十三年禪社首山祭地祇樂章八首。」〔註 35〕可知這組樂章亦作於開元十三年。

〔註 32〕《舊唐書》卷三〇，第 1095～1097 頁。
〔註 33〕《舊唐書》卷三〇，第 1116 頁。
〔註 34〕《舊唐書》卷三〇，第 1097 頁。
〔註 35〕《舊唐書》卷三〇，第 1118 頁。

《唐釋奠文宣王樂章》。同冬至圜丘辭不錄；迎送神所用樂章相同，僅錄迎神所用一首，故有《誠和》《承和》《肅和》《雍和》《舒和》5 首。唐開元二十七年，玄宗封孔子為「文宣王」，這是皇太子釋奠孔子所用樂章，則這組樂章也當作於開元二十七年。

《唐讓皇帝廟樂章》。李舒所作，此題下有《迎神》《奠幣》《迎俎》《酌獻》《亞獻終獻》《送神》6 首。據《舊唐書·讓皇帝憲傳》，唐睿宗長子李憲，本為太子，後讓太子位與其弟李隆基，歷任太子太師、太尉，封寧王。恭謹自守，不妄交結，不預朝政，為玄宗所重。開元二十九年薨，敬追謚為「讓皇帝」。〔註 36〕據此可知，這組樂章當作於開元二十九年。

《唐太清宮樂章》。此題下有《煌煌》《沖和》《香初上》《再上》《終上》《紫極舞》《序入破第一奏》《第二奏》《第三奏》《登歌》《真和》11 首。《樂府詩集》解題云：「《唐書·禮儀志》曰：『玄宗開元二十九年正月，詔兩京諸州置玄元廟。天寶二年三月，以西京玄元廟為太清宮。』」〔註 37〕據此可知，這組樂章當作於天寶二年三月或之後。

《唐德明興聖廟樂章》。李舒所作，此題下有《迎神》《登歌奠幣》《迎俎》《德明酌獻》《興聖酌獻》《亞獻終獻》《送神》7 首。《樂府詩集》解題云：「《唐書·禮儀志》曰：『玄宗天寶二年三月，追尊皋繇為德明皇帝，涼武昭王為興聖皇帝。其廟樂：第一迎神，第二登歌奠幣，第三迎俎，第四酌獻，第五亞獻、終獻，第六送神。』」〔註 38〕據此可知，這組樂章當作於天寶二年三月或之後。

《唐祀九宮貴神樂章》。此題下有《豫和》（六首）《太和》《肅和》《雍和》《壽和》《福和》《舒和》《凱安》《肅和》《豫和》，共 15 首。《樂府詩集》有解題云：「唐天寶中，祀九宮貴神樂。」〔註 39〕可知這組樂章作於唐天寶中期。

玄宗朝之後，樂府活動與盛唐時期相比已不可同日而語，所作郊廟歌辭數量銳減，現存如下 7 題：

《唐享太廟樂章》。此題下有《廣運舞》《惟新舞》《保大舞》《文明舞》《大順舞》《象德舞》《和寧舞》《大定舞》《宣宗舞》《懿宗舞》《咸寧舞》11 題。《舊唐書·音樂志》記載這組樂章的施用過程曰：

〔註 36〕《舊唐書》卷九五，第 3009～3013 頁。
〔註 37〕《樂府詩集》卷十一，第 139 頁。
〔註 38〕《樂府詩集》卷十一，第 141 頁。
〔註 39〕《樂府詩集》卷六，第 72 頁。

> 寶應二年六月，有司奏：玄宗廟樂請奏《廣運》之舞，肅宗廟樂請奏《惟新》之舞。大曆十四年，代宗廟樂請奏《保大》之舞。永貞元年十月，德宗廟樂請奏《文明》之舞。元和元年，順宗廟樂請奏《大順》之舞。元和十五年，憲宗廟樂請奏《象德》之舞。穆宗廟樂請奏《和寧》之舞。敬宗廟樂請奏《大鈞》之舞。文宗廟樂請奏《文成》之舞。武宗廟樂請奏《大定》之舞。〔註 40〕

寶應為代宗朝年號，可知這組《唐享太廟樂章》作於代宗寶應二年六月。

《唐祀風師樂章》。包佶所作，此題下有《迎神》《奠幣登歌》《迎俎酌獻》《亞獻終獻》《送神》5 首。據《唐會要・雅樂下》可知，這組樂章作於貞元六年。〔註 41〕

《唐祀雨師樂章》。包佶所作，此題下有《迎神》《奠幣登歌》《迎俎酌獻》《亞獻終獻》《送神》5 首。據《唐會要・雅樂下》可知，這組樂章亦作於貞元六年。〔註 42〕

《唐釋奠武成王樂章》。于邵所作，此題下有《迎神》《奠幣登歌》《迎俎酌獻》《亞獻終獻》《送神》6 首。《樂府詩集》解題云：「唐釋奠武成王，舊以文宣王樂章用之。德宗貞元中，詔于邵補造。」〔註 43〕可知這組樂章作於德宗貞元中。

《唐昭德皇后廟樂章》。此題下有《永和》《肅和》《雍和》《坤元》《壽和》《舒和》《凱安》《雍和》《永和》9 首。昭德皇后病逝於德宗貞元二年，這組樂章當作於此年。

《唐享文敬太子廟樂章》。此題下有 6 首歌辭，分別出自 5 位詩人之手：《請神》，許孟容作；《登歌》，陳京作；《迎俎酌獻》《退文舞迎武舞》，馮伉作；《亞獻終獻》，崔邠作；《送神》，張薦作。據《舊唐書・文敬太子謜傳》，文敬太子李謜為順宗之子，德宗愛之，命為子。貞元十五年十月薨，年十八，贈文敬太子，其年十二月，葬於昭應。發引之日，百官送於通化門外，列位哭送。可知，這組樂章當作於貞元十五年。

《唐享惠昭太子廟樂章》。此題下有 6 首歌辭，分別出自 5 位詩人之手：

〔註 40〕《舊唐書》卷二八，第 1045 頁。

〔註 41〕〔宋〕王溥《唐會要》卷三三，上海古籍出版社，2006 年版，第 707 頁。

〔註 42〕《唐會要》卷三三，第 707 頁。

〔註 43〕《樂府詩集》卷七，第 89 頁。

《請神》，歸登作；《登歌》，杜羔作；《迎俎酌獻》，李逢吉作；《送文舞迎武舞》，孟簡作；《亞獻終獻》《送神》，裴度作。據兩《唐書》，李寧為憲宗長子，元和四年立為太子，六年薨，年十九歲，謚號惠昭太子，七年三月葬。據此可知，這組樂章作於元和七年三月。

此外，又有唐人擬作漢郊祀歌 2 題，分別是李白《天馬歌》一首，張仲素《天馬辭》二首。

以上所述唐代可考之郊廟歌辭共 52 題。其中，《唐享太廟樂章》1 題在太宗、高宗、中宗、玄宗以及玄宗朝之後均在使用，雖歌辭不同，但題名相同，屬同題不同辭的情形，故以 1 題計，如此則唐代郊廟歌辭共 47 題。

（二）鼓吹曲辭

第二類是鼓吹曲辭。《樂府詩集》中的唐代鼓吹曲辭數量遠遜郊廟歌辭，且從現存歌辭看，唐代新製鼓吹曲辭較少，唐人擬作漢代鼓吹舊題較多。

《唐凱樂歌辭》。此題下有《破陣樂》《應聖期》《賀朝歡》《君臣同慶樂》，共 4 首歌辭。《舊唐書‧音樂志》載：「大和三年八月，太常禮院奏：謹按凱樂，鼓吹之歌曲也。……謹檢《貞觀》《顯慶》《開元禮》書，並無儀注。今參酌今古，備其陳設及奏歌曲之儀如後。……將入都門，鼓吹振作，迭奏《破陣樂》等四曲。《破陣樂》《應聖期》兩曲，太常舊有辭。《賀朝歡》《君臣同慶樂》，今撰補之。」〔註 44〕可知這組歌辭中，《破陣樂》《應聖期》二曲歌辭為太常舊辭，《賀朝歡》《君臣同慶樂》二曲歌辭為大和三年八月新撰。

《唐凱歌》。岑參六首。

《唐鼓吹鐃歌》。柳宗元所作，此題下有《晉陽武》《獸之窮》《戰武牢》《涇水黃》《奔鯨沛》《苞枿》《河右平》《鐵山碎》《靖本邦》《吐谷渾》《高昌》《東蠻》，凡 12 首歌辭。

以上 3 題皆是唐人新製，此外，又有唐人對前代鼓吹舊題的擬作，主要有如下 16 題：

《朱鷺》。唐張籍一首。

《艾如張》。唐李賀一首。

《上之回》。唐盧照鄰、李白、李賀各一首。

《戰城南》。唐盧照鄰、李白、劉駕各一首，僧貫休二首。

〔註 44〕《舊唐書》卷二八，第 1053～1054 頁。

《巫山高》。唐鄭世翼、盧照鄰、張循之、劉方平、皇甫冉、李端、于濆、李賀、僧齊己各一首，沈佺期、孟郊各二首。孟郊所作二首在《孟郊集》中題作《巫山曲》。〔註45〕

《將進酒》。唐李白、元稹、李賀各一首。李白所作在《李太白全集》中題作《惜空酒樽》。〔註46〕

《君馬黃》。唐李白一首。

《芳樹》。唐沈佺期、盧照鄰、徐彥伯、韋應物、元稹、羅隱各一首。

《有所思》。唐沈佺期、李白、孟郊、盧仝、韋應物、劉氏雲各一首。李白所作在《李太白全集》中題作《古有所思》。〔註47〕

《雉子班》。唐李白作，《李太白全集》題作《設辟邪伎鼓吹雉子斑曲辭》。〔註48〕

《臨高臺》。唐褚亮、王勃、僧貫休各一首。

《黃雀行》。唐莊南傑一首。

《釣竿篇》。唐沈佺期一首。

以上13題，均為唐人擬作漢鼓吹鐃歌舊題。此外，唐人也曾擬作南齊鼓吹舊題，分別是如下3題：

《入朝曲》。唐李白一首，《李太白全集》題作《鼓吹入朝曲》。〔註49〕

《送遠曲》。唐張籍一首。

《泛水曲》。唐王建一首。

綜上所述，《樂府詩集·鼓吹曲辭》中屬於唐鼓吹曲辭的共19題。其中，創製於唐代的鼓吹曲3題，唐人擬作前代鼓吹舊題16題。

（三）橫吹曲辭

第三類是橫吹曲辭。《樂府詩集·橫吹曲辭》包括兩大部分：一是漢橫吹曲，一是梁鼓角橫吹曲。其中前者最為大宗。《樂府詩集·橫吹曲辭》所收唐橫吹曲辭均是唐人擬作這兩大部分前代橫吹曲而來，涉及如下28題：

〔註45〕〔唐〕孟郊撰，韓泉欣校注《孟郊集校注》卷一，浙江古籍出版社，2012年版，第30頁。

〔註46〕《李太白全集》卷三，第179頁。

〔註47〕《李太白全集》卷四，第240頁。

〔註48〕《李太白全集》卷四，第238頁。

〔註49〕《李太白全集》卷五，第307頁。

《隴頭》。唐張籍一首，《張籍集》題作《隴頭行》。〔註 50〕

《隴頭吟》。唐王維、翁綬各一首。

《隴頭水》。唐楊師道、盧照鄰、王建、于濆、鮑溶、羅隱各一首，僧皎然二首。

《出關》，唐魏徵一首。

《入關》。唐賈馳、張祜各一首。

《出塞》。唐竇威、陳子昂、張易之、沈佺期、王維、馬戴各一首，王昌齡二首。

《前出塞》。唐杜甫九首。

《後出塞》。唐杜甫五首。

《出塞》。唐皇甫冉、王之渙、耿湋、張籍、劉駕各一首。郭茂倩在《樂府詩集・橫吹曲辭》中兩次收錄《出塞》：前者是由漢橫吹曲《出塞》發展而來，與漢代《出塞》一脈相承，收錄自無名氏、梁劉孝標至唐馬戴 13 人詩作，詩歌內容多言戰鬥、軍旅生活，呈現出一種昂揚豪邁的精神狀態；後者則僅錄唐人詩作，即從皇甫冉到劉駕 5 人詩作，詩歌內容多涉及塞外風景，凸顯邊地苦寒，抒發思鄉之情。或因二者在內容、風格上有明顯差異，故郭茂倩於同一大類中分列兩次，本書亦以兩題視之。此外，王之渙所作《出塞》在《全唐詩》中題作《涼州詞》。〔註 51〕

《出塞曲》。唐劉濟一首、于鵠二首、僧貫休三首。

《入塞》。唐劉希夷一首。

《入塞曲》。唐耿湋一首、僧貫休三首、沈彬二首。

《折楊柳》。唐盧照鄰、沈佺期、喬知之、劉憲、崔湜、韋承慶、歐陽瑾、張祜、張九齡、余延壽、李白、李端、翁綬各一首，孟郊二首。

《望行人》。唐王建、張籍各一首。

《關山月》。唐盧照鄰、沈佺期、李白、長孫左輔、耿湋、崔融、李端、王建、張籍、翁綬、鮑氏君微各一首，戴叔倫二首。

《洛陽道》。唐于武陵、鄭渥各一首。

《洛陽陌》。唐李白一首。

〔註 50〕〔唐〕張籍撰，徐禮節、余恕誠校注《張籍集繫年校注》卷七，中華書局，2011 年版，第 803 頁。

〔註 51〕〔清〕彭定求《全唐詩》卷二五三，中華書局，1960 年版，第 2849 頁。

《長安道》。唐崔顥、孟郊、顧況、聶夷中、韋應物、白居易、薛能、僧貫休、沈佺期各一首。

《梅花落》。唐盧照鄰、沈佺期、劉方平各一首。

《紫騮馬》。唐盧照鄰、李白、李玉、秦韜玉各一首。

《驄馬》。唐李群玉一首。

《驄馬曲》。唐紀唐夫一首。

《雨雪曲》。唐李端、翁綬各一首。

《劉生》。唐盧照鄰一首。

《雍臺歌》。唐溫庭筠一首。

《捉搦歌》。唐張祜一首。

《幽州胡馬客歌》。唐李白一首。

《白鼻騧》。唐李白、張祜各一首。

（四）相和歌辭

第四類是相和歌辭。《樂府詩集・相和歌辭》下分相和六引、相和曲、吟歎曲、四絃曲、平調曲、清調曲、瑟調曲、楚調曲、大曲十五曲九個小類。除大曲十五曲外，其他八類中都有唐人作品，共涉及如下 81 題：

《箜篌引》。唐李賀一首。

《公無渡河》。唐李白、王建、溫庭筠、王叡各一首。

《江南曲》。唐宋之問、劉眘虛、丁仙芝、于鵠、李益、李賀、李商隱、韓竑、溫庭筠、張籍、羅隱各一首，劉希夷八首，陸龜蒙六首。李商隱所作在《李義山詩集》中題作《又效江南曲》。〔註 52〕

《度關山》。唐李端一首。

《關山曲》。唐馬戴二首。

《登高丘而望遠》。唐李白一首，《李太白全集》題作《登高丘而望遠海》。〔註 53〕

《蒿里》。唐僧貫休一首，僧貫休《禪月集》題作《蒿里曲》。〔註 54〕

〔註 52〕〔唐〕李商隱撰，劉學鍇、余恕誠集解《李商隱詩歌集解》，中華書局，2004 年版，第 1950 頁。

〔註 53〕《李太白全集》卷四，第 222 頁。

〔註 54〕〔唐〕釋貫休撰，陸永峰校注《禪月集校注》卷一，巴蜀書社，2012 年版，第 10 頁。

《輓歌》。唐趙微明一首、于鵠二首，孟雲卿、白居易各一首。趙微明所作在元結選編的《篋中集》中題作《輓歌詩》，〔註55〕孟雲卿所作在《篋中集》中題作《古樂府輓歌》。〔註56〕

《對酒》。唐崔國輔一首、李白二首。

《陌上桑》。唐李白、常建、陸龜蒙各一首。

《採桑》。唐郎大家宋氏、劉希夷、李彥遠、王建各一首。

《日出行》。唐李白、李賀各一首。李白所作在《李太白全集》中題作《日出入行》。〔註57〕

《王昭君》，唐盧照鄰、駱賓王、沈佺期、梁獻、上官儀、董思恭、顧朝陽、劉長卿、儲光羲、僧皎然、李商隱各一首，崔國輔二首，東方虬、郭元振各三首，李白、白居易、令狐楚各二首。劉長卿所作在《劉長卿詩編年箋注》中題作《王昭君歌》。〔註58〕李白所作在《李太白全集》中雖題名相同，但有題注云：「一作《昭君怨》」。〔註59〕盧照鄰所作在《盧照鄰集》中題作《昭君怨》。〔註60〕

《明君詞》。唐王偃一首。

《昭君詞》。唐張文琮、陳昭、戴叔倫、李端各一首。

《楚妃歎》。唐張籍一首。

《楚妃怨》。唐張籍一首。

《王子喬》。唐宋之問一首。

《蜀國弦》。唐李賀一首。

《長歌行》。唐李白、王昌齡各一首。

《短歌行》。唐聶夷中、李白、王建、張籍、陸龜蒙、僧皎然各一首，顧況六首，白居易二首。

《銅雀臺》。唐王無競、鄭愔、劉長卿、賈至、羅隱、薛能、張氏琰、梁

〔註55〕〔唐〕元結撰，傅璇琮、陳尚君、徐俊編《篋中集》，中華書局，2014年版，第375頁。

〔註56〕《篋中集》，第370頁。

〔註57〕《李太白全集》卷三，第211頁。

〔註58〕〔唐〕劉長卿撰，儲仲君箋注《劉長卿詩編年箋注》，中華書局，1996年版，第78頁。

〔註59〕《李太白全集》卷四，第235頁。

〔註60〕〔唐〕盧照鄰撰，李雲逸校注《盧照鄰集校注》卷二，中華書局，1998年版，第94頁。

氏瓊各一首。劉長卿此詩在《王建詩集》中誤收入王建名下。〔註 61〕

《銅雀妓》。唐王勃、沈佺期、喬知之、高適、歐陽詹、袁暉、劉商、李賀、吳燭、朱光弼、朱放、僧皎然各一首。李賀所作在《李長吉歌詩》中題作《追和何謝銅雀妓》。〔註 62〕

《雀臺怨》。唐馬戴、程氏長文各一首。

《置酒行》。唐李益、陸龜蒙各一首。

《長歌續短歌》。唐李賀一首。

《猛虎行》。唐儲光羲、李白、韓愈、張籍、李賀、僧齊己各一首。李白所作在《李太白全集》中題名相同，但有題注曰「一作吟」，〔註 63〕可知李白此詩又名《猛虎吟》。

《君子行》。唐僧齊己一首。

《燕歌行》。唐高適、賈至、陶翰各一首。

《從軍行》。唐虞世南二首，駱賓王、劉希夷、喬知之、李頎各一首，李約三首，戎昱、厲玄各一首，李白二首，王維一首，王昌齡四首，盧綸一首，劉長卿六首，杜頠一首，僧皎然五首，王建、張祜各一首，令狐楚五首，王涯三首。劉長卿所作在《劉長卿詩編年箋注》中題作《從軍》。〔註 64〕

《從軍有苦樂行》。唐李益一首。

《苦哉遠征人》。唐鮑溶一首。

《苦哉行》。唐戎昱五首。

《鞠歌行》。唐李白一首。

《前苦寒行》。唐杜甫二首。

《後苦寒行》。唐杜甫二首。

《苦寒行》。唐劉駕、僧貫休、僧齊己各一首。

《北上行》。唐李白一首。

《豫章行》。唐李白一首。

《董逃行》。唐元稹、張籍各一首。

〔註 61〕〔唐〕王建撰，尹占華校注《王建詩集校注》卷二，巴蜀書社，2006 年版，第 93 頁。

〔註 62〕〔唐〕李賀撰，吳企明箋注《李長吉歌詩編年箋注》卷二，中華書局，2012 年版，第 177 頁。

〔註 63〕《李太白全集》卷六，第 360 頁。

〔註 64〕《劉長卿詩編年箋注》，第 84 頁。

《相逢行》。唐崔顥一首、李白二首、韋應物一首。

《三婦豔詩》。唐董思恭、王紹宗各一首。

《中婦織流黃》。唐虞世南一首。

《難忘曲》。唐李賀一首。

《塘上行》。唐李賀一首。

《苦辛行》。唐戎昱一首。

《秋胡行》。唐高適一首。

《善哉行》。唐僧貫休、僧齊己各一首。

《來日大難》。唐李白一首。

《當來日大難》。唐元稹一首，《元稹集》題作《當來日大難行》。〔註65〕

《隴西行》。唐王維、耿湋、長孫左輔各一首。

《東門行》。唐柳宗元一首。

《飲馬長城窟行》。唐太宗、虞世南、袁朗、王翰、王建、僧子蘭各一首。王建所作在《王建詩集》中題為《飲馬長城窟》。〔註66〕

《上留田行》。唐李白、僧貫休各一首。李白所作在《李太白全集》中題作《上留田》，〔註67〕貫休所作在其《禪月集》中題作《上留田》。〔註68〕

《新城安樂宮》。唐陳子良一首。

《安樂宮》。唐李賀一首。

《放歌行》。唐王昌齡一首。

《野田黃雀行》。唐李白、儲光羲、僧貫休、僧齊己各一首。

《雁門太守行》。唐李賀、張祜、莊南傑各一首。

《飛來雙白鶴》。唐虞世南一首。

《門有車馬客行》。唐虞世南一首。

《蜀道難》。唐張文琮、李白各一首。

《棹歌行》。唐駱賓王、徐堅各一首。

《胡無人行》。唐徐彥伯、聶夷中、李白、僧貫休各一首。李白所作在《李太白全集》中題作《塞上曲》。〔註69〕筆者按，《樂府詩集·新樂府辭》亦有《塞

〔註65〕〔唐〕元稹撰，冀勤點校《元稹集》卷二三，中華書局，2010年版，第301頁。
〔註66〕《王建詩集校注》卷一，第32頁。
〔註67〕《李太白全集》卷三，第194頁。
〔註68〕《禪月集校注》卷一，第6頁。
〔註69〕《李太白全集》卷五，第291頁。

上曲》，與此不同。

《白頭吟》。唐劉希夷一首、李白二首、張籍一首。

《反白頭吟》。唐白居易一首。

《決絕詞》。唐元稹作三首。

《梁甫吟》。唐李白一首。

《東武吟》。唐李白一首，《李太白全集》題名與此相同，但有題注曰：「一作《出金門後書懷留別翰林諸公》」。〔註 70〕

《怨詩》。唐薛奇童二首，張汯、劉元濟各一首，李暇三首、崔國輔二首，孟郊、劉叉、鮑溶、白居易各一首，姚氏月華二首。孟郊所作在《孟郊集》中題作《古怨》。〔註 71〕

《怨歌行》。唐虞世南、李白、吳少微各一首。李白所作在《李太白全集》中題名與此相同，但有題注曰：「一作《長安見內人出嫁令子代為怨歌行》」。〔註 72〕

《明月照高樓》。唐雍陶一首。

《長門怨》。唐徐賢妃、沈佺期、吳少微、張修之、裴交泰、劉皁、袁暉、劉言史各一首，李白二首，李華、岑參、齊瀚、劉長卿、僧皎然、盧綸、戴叔倫、劉駕各一首，高蟾二首、張祜一首，鄭谷、劉氏媛各二首。

《阿嬌怨》。唐劉禹錫一首。

《班婕妤》。唐徐彥伯、嚴識玄各一首，王維三首。

《婕妤怨》。唐崔湜、崔國輔、張烜、劉方平、王沈、皇甫冉、陸龜蒙、翁綬、劉氏雲各一首。

《長信怨》。唐王諲一首、王昌齡二首、李白一首。

《蛾眉怨》。唐王翰一首。

《玉階怨》。唐李白一首。

《宮怨》。唐長孫左輔、李益、于濆各一首，柯宗二首。

《雜怨》。唐聶夷中、孟郊各三首。孟郊所作在《孟郊集》中題作《古樂府雜怨》。〔註 73〕

〔註 70〕《李太白全集》卷五，第 311 頁。
〔註 71〕《孟郊集校注》卷一，第 15 頁。
〔註 72〕《李太白全集》卷五，第 283 頁。
〔註 73〕《孟郊集校注》卷一，第 7 頁。

（五）清商曲辭

第五類是清商曲辭。《樂府詩集・清商曲辭》分為吳聲歌曲、西曲歌和江南弄三個小類，三小類中均有唐人作品，共涉及如下 51 題：

《子夜春歌》。唐王翰一首。

《子夜冬歌》。唐崔國輔、薛耀各一首。

《子夜四時歌》。唐郭元振六首，包括《春歌》二首、《秋歌》二首、《冬歌》二首；李白四首，包括《春歌》《夏歌》《秋歌》《冬歌》；陸龜蒙四首，包括《春歌》《夏歌》《秋歌》《冬歌》。李白所作在《李太白全集》中題為《子夜吳歌》。〔註 74〕

《丁督護歌》。唐李白一首，《李太白全集》題作《丁都護歌》。〔註 75〕

《團扇郎》。唐張祜、劉禹錫各一首。劉禹錫所作在《劉禹錫全集》中題作《團扇歌》。〔註 76〕

《碧玉歌》。唐李暇一首。

《懊惱曲》。唐溫庭筠一首。

《讀曲歌》。唐張祜五首。

《春江花月夜》。唐張子容二首，張若虛、溫庭筠各一首。溫庭筠所作在《溫庭筠全集》中題作《春江花月夜詞》。〔註 77〕

《玉樹後庭花》。唐張祜一首。

《堂堂》。唐溫庭筠一首。溫庭筠詩集舊本有題作《錢塘曲》者，劉學鍇《溫庭筠全集校注》按語曰：「詩有『一曲《堂堂》』語，故題為《堂堂曲》。作《錢塘曲》者，殆因首句『錢塘岸上春如織』而有此題。」〔註 78〕

《三閣詞》。唐劉禹錫四首。

《黃竹子歌》。《樂府詩集》解題云：「唐李康成曰：『《黃竹子歌》《江陵女歌》，皆今時吳歌也。』」〔註 79〕可知此二題為唐時吳歌。

《江陵女歌》。見上文《黃竹子歌》。

〔註 74〕《李太白全集》卷六，第 351 頁。
〔註 75〕《李太白全集》卷六，第 331 頁。
〔註 76〕〔唐〕劉禹錫撰，陶敏、陶紅雨校注《劉禹錫全集編年校注》卷三，中華書局，2019 年版，第 313 頁。
〔註 77〕《溫庭筠全集校注》卷二，第 172 頁。
〔註 78〕《溫庭筠全集校注》卷二，第 164 頁。
〔註 79〕《樂府詩集》卷四七，第 529 頁。

《神弦曲》。唐李賀一首。

《神弦別曲》。唐李賀一首。

《祠漁山神女歌》。唐王維一首。

《祠神歌》。唐王叡一首。

《烏夜啼》。唐楊巨源、李白、李群玉、聶夷中、白居易、王建、張祜各一首，顧況二首。《教坊記》將《烏夜啼》歸入軟舞，〔註 80〕可知此曲亦為舞曲。

《烏棲曲》。唐李白、李端、王建、張籍各一首。

《棲烏曲》。唐劉方平二首。

《莫愁樂》。唐張祜一首。

《莫愁曲》。唐李賀一首。

《估客樂》。唐李白、元稹各一首。

《賈客樂》。唐張籍一首。

《賈客詞》。唐劉禹錫一首。

《襄陽樂》。唐張祜一首。

《襄陽曲》。唐崔國輔二首，施肩吾、李端各一首。

《大堤曲》。唐張柬之、楊巨源、李白、李賀各一首。

《大堤行》。唐孟浩然一首，《孟浩然詩集》題作《大堤行寄萬七》。〔註 81〕

《三洲歌》。唐溫庭筠一首，《溫庭筠全集》題作《三洲詞》。〔註 82〕

《拔蒲歌》。唐張祜一首。

《楊叛兒》。唐李白一首。

《常林歡》。唐溫庭筠一首，《溫庭筠全集》題作《常林歡歌》。〔註 83〕

《江南弄》。唐王勃、李賀各一首。

《採蓮曲》。唐崔國輔、徐彥伯、李白、賀知章、儲光羲、張籍、白居易、僧齊己各一首，王昌齡三首，戎昱、鮑溶各二首。

《採蓮歸》。唐王勃一首。

〔註 80〕《教坊記箋訂》，第 34 頁。

〔註 81〕〔唐〕孟浩然撰，佟培基箋注《孟浩然詩集箋注》卷上，上海古籍出版社，2000 年版，第 117 頁。

〔註 82〕〔唐〕溫庭筠撰，劉學鍇校注《溫庭筠全集校注》卷二，中華書局，2007 年版，第 183 頁。

〔註 83〕《溫庭筠全集校注》卷一，第 74 頁。

《採蓮女》。唐閻朝隱一首。

《湖邊採蓮婦》。唐李白一首。

《張靜婉採蓮曲》。唐溫庭筠一首。

《鳳笙曲》。唐沈佺期一首。

《鳳吹笙曲》。唐李白一首，《李太白全集》題作《鳳笙篇》。〔註 84〕

《採菱曲》。唐儲光羲一首。

《採菱行》。唐劉禹錫一首。

《陽春歌》。唐李白一首。

《陽春曲》。唐溫庭筠、莊南傑、僧貫休各一首。

《朝雲引》。唐郎大家宋氏一首。

《上雲樂》。唐李白、李賀各一首。

《鳳臺曲》。唐王無競、李白各一首。

《鳳凰曲》。唐李白一首。

《君道曲》。唐李白一首。

（六）舞曲歌辭

第六類是舞曲歌辭。《樂府詩集・舞曲歌辭》分雅舞和雜舞兩小類，其中雅舞中未收唐代舞曲歌辭，故唐人舞曲歌辭僅限於雜舞一類。雜舞中既有唐人對前代舞曲歌辭的擬作，也有唐人新制的舞曲歌辭。共涉及如下 18 題：

《劍俞》。唐陸龜蒙一首。

《矛俞》。唐陸龜蒙一首。

《弩俞》。唐陸龜蒙一首。

《東海有勇婦》。唐李白一首。

《章和二年中》。唐李賀一首。

《公莫舞歌》。唐李賀一首。

《拂舞辭》。唐李賀一首，《李長吉歌詩》題作《拂舞歌辭》。〔註 85〕

《白鳩辭》。唐李白一首，《李太白全集》題作《白鳩拂舞辭》。〔註 86〕

《獨漉篇》。唐李白一首。

《獨漉歌》。唐王建一首。

〔註 84〕《李太白全集》卷五，第 281 頁。

〔註 85〕《李長吉歌詩編年箋注》卷二，第 212 頁。

〔註 86〕《李太白全集》卷三，第 209 頁。

《白紵辭》。唐崔國輔、楊衡各二首，李白三首。

《白紵歌》。唐王建二首，張籍、柳宗元各一首。

《冬白紵歌》。唐元稹一首，《元稹集》題作《冬白紵》。〔註 87〕

《唐功成慶善樂舞辭》。唐太宗一首。《新唐書・禮樂志》載：

> 《九功舞》者，本名《功成慶善樂》。太宗生於慶善宮，貞觀六年幸之，宴從臣，賞賜閭里，同漢沛、宛。帝歡甚，賦詩，起居郎呂才被之管絃，名曰《功成慶善樂》。以童兒六十四人，冠進德冠，紫袴褶，長袖，漆髻，屣履而舞，號《九功舞》。進蹈安徐，以象文德。〔註 88〕

可知此舞貞觀六年由呂才作曲、太宗親製歌辭，由 64 名童子演繹，後改名《九功舞》，以象文德，等同文舞。《舊唐書・音樂志》也有類似記載：

> 《慶善樂》，太宗所造也。太宗生於武功之慶善宮，既貴，宴宮中，賦詩，被以管絃。舞者六十四人。衣紫大袖裾襦，漆髻皮履。舞蹈安徐，以象文德洽而天下安樂也。〔註 89〕

從《慶善樂》的創製緣由和表演形態看，其與《功成慶善樂》是同一支舞曲。從題名看，《慶善樂》當是《功成慶善樂》的省稱。

《唐中和樂舞辭》。唐德宗一首。《樂府詩集》解題云：「《唐會要》曰：『貞元十四年，德宗以中和節自製《中和舞》，舞中成八卦。』」〔註 90〕可知該舞是貞元十四年德宗親製，因製於中和節，故又名《中和舞》。

《霓裳辭》。唐王建十首，《王建詩集》題作《霓裳詞》。〔註 91〕《樂府詩集》解題云：

> 一曰《霓裳羽衣曲》。《唐逸史》曰：「羅公遠多秘術，嘗與玄宗至月宮。初以拄杖向空擲之，化為大橋。自橋行十餘里，精光奪目，寒氣侵人。至一大城，公遠曰：『此月宮也。』仙女數百，皆素練霓衣，舞於廣庭。問其曲，曰《霓裳羽衣》。帝曉音律，因默記其音調而還。回顧橋梁，隨步而沒。明日，召樂工，依其音調，作《霓裳羽衣曲》。一說曰：開元二十九年中秋夜，帝與術士葉法善遊月宮，聽

〔註 87〕《元稹集》卷二三，第 294 頁。

〔註 88〕〔宋〕歐陽修、宋祁撰《新唐書》卷二一，中華書局，1975 年版，第 468 頁。

〔註 89〕《舊唐書》卷二九，第 1060 頁。

〔註 90〕《樂府詩集》卷五六，第 628 頁。

〔註 91〕《王建詩集校注》卷九，第 354 頁。

諸仙奏曲。後數日，東西兩川馳騎奏，其夕有天樂自西南來，過東北去。帝曰：『偶遊月宮聽仙曲，遂以玉笛接之，非天樂也。』曲名《霓裳羽衣》，後傳於樂部。」〔註92〕

其中所記該曲本事二說頗具神異色彩。《新唐書・禮樂志》亦記此曲來源曰：「河西節度使楊敬忠獻《霓裳羽衣曲》十二遍，凡曲終必遽，唯《霓裳羽衣曲》將畢，引聲益緩。」〔註93〕此處「楊敬忠」當為「楊敬述」，稱此曲為河西節度使楊敬述所獻符合當時史實。眾所周知，玄宗好音樂，當時邊將投其所好，紛紛獻樂，除楊敬述獻《霓裳羽衣曲》外，還有蓋嘉運獻《伊州》，郭知運獻《涼州》等，由此可知楊敬述獻曲說更易令人信服。

《柘枝詞》。唐薛能三首。《教坊記》有健舞曲《柘枝》。〔註94〕《樂府詩集・舞曲歌辭》於薛能《柘枝詞》三首之前尚有一首無名氏之作，但因《柘枝》本是唐代舞曲，則無名氏亦當為唐人。

《屈柘詞》。唐溫庭筠一首。《樂府雜錄》有軟舞曲《屈柘》。〔註95〕

（七）琴曲歌辭

第七類是琴曲歌辭。《樂府詩集・琴曲歌辭》收錄唐人所作琴曲歌辭51題，分別是：

《白雪曲》。唐僧貫休一首。

《湘妃》。唐劉長卿、李賀各一首。

《湘妃怨》。唐孟郊、陳羽各一首。孟郊所作在《孟郊集》中題名相同，但《孟郊集校注》詩題校注曰：「一作《湘靈祠》」。〔註96〕

《湘妃列女操》。唐鮑溶一首。

《湘夫人》。唐鄒紹先、李頎、郎士元各一首。

《霹靂引》。唐沈佺期一首。

《拘幽操》。唐韓愈一首。

《越裳操》。唐韓愈一首。

《岐山操》。唐韓愈一首。

〔註92〕《樂府詩集》卷五六，第628頁。
〔註93〕《新唐書》卷二二，第476頁。
〔註94〕《教坊記箋訂》，第34頁。
〔註95〕《樂府雜錄校注》，第61頁。
〔註96〕《孟郊集校注》卷一，第28頁。

《履霜操》。唐韓愈一首。

《雉朝飛操》。唐李白、韓愈、張祜各一首。李白所作在《李太白全集》中題為《雉朝飛》。〔註 97〕

《思歸引》。唐張祜一首。

《猗蘭操》。唐韓愈一首。

《幽蘭》。唐崔塗一首。

《將歸操》。唐韓愈一首。

《龜山操》。唐韓愈一首。

《殘形操》。唐韓愈一首。

《雙燕離》。唐李白一首。

《列女操》。唐孟郊一首。

《別鶴操》。唐韓愈一首。

《別鶴》。唐楊巨源、王建、張籍、杜牧各一首。

《走馬引》。唐李賀一首。

《四皓歌》。唐崔鴻一首。《古謠諺》據《高士傳》輯錄此詩，題為《四皓隱歌》。〔註 98〕

《昭君怨》。唐白居易、梁氏瓊各一首，張祜二首。

《明妃怨》。唐楊凌一首。

《遊春曲》。唐王涯二首。

《遊春辭》。唐王涯二首、令狐楚三首。

《渌水曲》。唐李白一首。

《渌水辭》。唐李賀一首，《李長吉歌詩》題作《綠水詞》。〔註 99〕

《幽居弄》。唐顧況一首。

《秋思》。唐李白二首，鮑溶三首，司空曙、司空圖各一首，王涯二首。

《胡笳十八拍》。唐劉商一首。

《飛龍引》。唐李白二首。

《烏夜啼引》。唐張籍一首，《張籍集》題作《烏啼引》。〔註 100〕

〔註 97〕《李太白全集》卷三，第 203 頁。

〔註 98〕《古謠諺》卷二〇，第 335 頁。

〔註 99〕《李長吉歌詩編年箋注》卷五，第 670 頁。

〔註 100〕《張籍集繫年校注》卷一，第 116 頁。

《宛轉歌》。唐郎大家宋氏、劉方平各二首。

《宛轉行》。唐張籍一首。

《王敬伯歌》。唐李端一首。

《三峽流泉歌》。唐李季蘭一首。

《風入松歌》。唐僧皎然一首。

《秋風引》。唐劉禹錫一首。

《明月引》。唐盧照鄰一首。

《明月歌》。唐閆朝隱一首。

《綠竹引》。唐宋之問一首。

《山人勸酒》。唐李白一首。

《幽澗泉》。唐李白一首。

《龍宮操》。唐顧況一首。

《飛鳶操》。唐劉禹錫一首。

《升仙操》。唐李群玉一首。

《司馬相如琴歌》。唐張祜一首。

《霍將軍》。唐崔顥一首。

《琴歌》。唐顧況一首。

（八）雜曲歌辭

第八類是雜曲歌辭。《樂府詩集・雜曲歌辭》專收隋唐以來雜曲，故唐人所作數量極多，共涉及以下 123 題：

《秦女休行》。唐李白一首。

《出門行》。唐孟郊二首、元稹一首。

《出自薊北門行》。唐李白一首。

《薊門行》。唐高適五首、李希仲二首。

《君子有所思行》。唐李白一首、僧貫休二首。

《傷歌行》。唐張籍一首。

《傷哉行》。唐孟郊、莊南傑各一首。

《悲歌行》。唐李白一首。

《悲哉行》。唐孟雲卿、白居易、鮑溶各一首。

《妾薄命》。唐崔國輔、武平一、李百藥、杜審言、劉元淑、李白、孟郊、

張籍、盧綸、盧弼、胡曾、王貞白各一首，李端三首。孟郊所作在《孟郊集》中題為《古薄命妾》。〔註 101〕

《羽林行》。唐王建、孟郊、鮑溶各一首。

《白馬篇》。唐李白一首。

《升天行》。唐僧齊己一首。

《神仙曲》。唐李賀一首。

《北風行》。唐李白一首。

《苦熱行》。唐王維、王轂、僧皎然、僧齊己各一首。

《太行苦熱行》。唐劉長卿、獨孤及各一首。

《春日行》。唐李白、張籍各一首。

《朗月行》。唐李白一首，《李太白全集》題為《古朗月行》。〔註 102〕

《前有一樽酒行》。唐李白二首，《李太白全集》題作《前有樽酒行》。〔註 103〕

《緩歌行》。唐李頎一首。

《結客少年場行》。唐虞世南、虞羽客、盧照鄰、李白、沈彬各一首。

《少年子》。唐李百藥、李白各一首。

《少年樂》。唐李賀、張祜各一首。

《少年行》。唐李白三首，王維四首，王昌齡二首，張籍一首，李嶷三首，劉長卿一首，令狐楚四首，杜牧二首，杜甫三首，張祜、韓翃、施肩吾各一首，僧貫休三首，韋莊一首。《李太白全集》中收錄李白所作三首中的前二首，其二題下有注曰：「此首一作《小放歌行》」。〔註 104〕

《漢宮少年行》。唐李益一首。

《長樂少年行》。唐崔國輔一首。

《長安少年行》。唐李廓十首、僧皎然一首。

《渭城少年行》。唐崔顥一首。

《邯鄲少年行》。唐高適、鄭錫各一首。

《輕薄篇》。唐李益、僧貫休各一首。

《輕薄行》。唐僧齊己一首。

〔註 101〕《孟郊集校注》卷一，第 5 頁。
〔註 102〕《李太白全集》卷四，第 259 頁。
〔註 103〕《李太白全集》卷三，第 199 頁。
〔註 104〕《李太白全集》卷六，第 341 頁。

《灞上輕薄行》。唐孟郊一首。

《遊俠篇》。唐崔顥一首。

《遊俠行》。唐孟郊一首。

《俠客行》。唐李白、元稹、溫庭筠各一首。

《行行遊且獵篇》。唐李白一首。

《游子吟》。唐孟郊、顧況、李益各一首。

《壯士吟》。唐賈島一首。

《壯士行》。唐劉禹錫、鮑溶、施肩吾各一首。

《浩歌》。唐李賀一首。

《浩歌行》。唐白居易一首。

《歸去來引》。唐張熾一首。

《麗人曲》。唐崔國輔一首。

《麗人行》。唐杜甫一首。

《東飛伯勞歌》。唐張柬之、李嶠、李暇各一首。

《鳴雁行》。唐李白、韓愈、鮑溶、陸龜蒙各一首。

《空城雀》。唐李白、王建、聶夷中、劉駕各一首。聶夷中所作被《孟郊集》收入孟郊名下。〔註 105〕

《車遙遙》。唐孟郊、張籍、張祜、胡曾各一首。

《自君之出矣》。唐李康成、辛弘智、盧仝、雍裕之、張祜各一首。

《長相思》。唐郎大家宋氏、蘇頲、張繼、白居易各一首，李白三首，令狐楚二首。

《千里思》。唐李白、李端各一首。李白所作在《李太白全集》中題名相同，但有題注曰：「一作《千里曲》」。〔註 106〕

《行路難》。唐盧照鄰、張紘、崔顥各一首，賀蘭進明五首，李白、顧況各三首，李頎一首，高適二首，張籍、聶夷中、韋應物各一首，柳宗元三首，鮑溶一首，僧貫休五首，僧齊己二首，翁綬、薛能各一首。李白所作其三在《李太白全集》中有題注曰：「一作《古興》」〔註 107〕。

《從軍中行路難》。唐駱賓王、徐堅各一首。

〔註 105〕《孟郊集校注》卷一，第 38 頁。
〔註 106〕《李太白全集》卷六，第 335 頁。
〔註 107〕《李太白全集》卷三，第 191 頁。

《變行路難》。唐王昌齡一首。

《古別離》。唐沈佺期、孟雲卿、李益、王縉、僧皎然、聶夷中、吳融各一首，于濆、李端、施肩吾各二首。聶夷中所作被《孟郊集》收入孟郊名下。〔註 108〕

《古離別》。唐王適、常理、姚係、顧況、僧貫休、韋莊各一首，趙徵明、孟郊各二首。孟郊所作二首其一在《孟郊集》中題名相同，但題名有校注曰：「一作《對景離別》」。〔註 109〕其二在《孟郊集》中題作《古別曲》。〔註 110〕僧貫休所作在《禪月集》中題作《擬古離別》。〔註 111〕姚係所作在令狐楚選編的《御覽詩》中題作《古別離》。〔註 112〕

《生別離》。唐孟雲卿、白居易各一首。孟雲卿所作在元結選編的《篋中集》中題作《今別離》。〔註 113〕

《遠別離》。唐李白、張籍各一首，令狐楚二首。

《久別離》。唐李白一首。

《新別離》。唐戴叔倫一首。

《今別離》。唐崔國輔一首。

《暗別離》。唐劉氏瑤一首。

《潛別離》。唐白居易一首。

《別離曲》。唐張籍、陸龜蒙各一首。

《西洲曲》。唐溫庭筠一首。《溫庭筠全集》題為《西州曲》，清人曾益《溫飛卿詩集箋注》箋注曰：「『曲』一作『詞』」，故又名《西州詞》。〔註 114〕劉學鍇《溫飛卿詩集箋注》按語曰：「題當作《西州詞》。西州，東晉置，為揚州刺史治所。故址在今江蘇南京市。然詩言『西州風色好，遙見武昌樓』，當非指東晉所置之西州。頗疑此「西州」即泛指武昌一帶之西部州郡。題一作《西洲曲》，當因《樂府詩集》編者將其與六朝時民歌《西洲曲》同編而致誤。此詩

〔註 108〕《孟郊集校注》卷一，第 8 頁。
〔註 109〕《孟郊集校注》卷一，第 6 頁。
〔註 110〕《孟郊集校注》卷二，第 53 頁。
〔註 111〕《禪月集校注》卷一，第 12 頁。
〔註 112〕〔唐〕令狐楚撰，傅璇琮、陳尚君、徐俊編《御覽詩》，中華書局，2014 年版，第 595 頁。
〔註 113〕《篋中集》，第 371 頁。
〔註 114〕〔唐〕溫庭筠撰，〔清〕曾益等箋注《溫飛卿詩集箋注》卷三，中華書局，1980 年版，第 54 頁。

體制格調雖仿《西洲曲》，內容則詠女子對作客西州的情郎的思念。」〔註 115〕

《荊州歌》。唐李白一首、劉禹錫二首。

《荊州泊》。唐李端一首。

《紀南歌》。唐劉禹錫一首。

《宜城歌》。唐劉禹錫一首。

《長干曲》。唐崔顥四首。

《長干行》。唐李白二首、張潮一首。

《小長干曲》。唐崔國輔一首。

《杞梁妻》。唐僧貫休一首。

《盧女曲》。唐崔顥一首。

《盧姬篇》。唐崔顥一首。

《邯鄲才人嫁為廝養卒婦》。唐李白一首。

《楊白花》。唐柳宗元一首。

《茱萸女》。唐萬楚一首。

《于闐採花》。唐李白一首。

《秦女卷衣》。唐李白一首。

《愛妾換馬》。唐張祜二首。

《枯魚過河泣》。唐李白一首。

《飲酒樂》。唐聶夷中一首。

《王孫遊》。唐崔國輔一首。

《發白馬》。唐李白一首。

《結襪子》。唐李白一首。

《沐浴子》。唐李白一首。

《三臺》。唐韋應物二首。《樂府詩集》該曲解題中關於本事的記載多說並存，今人研究也眾說紛紜。概括起來，關於《三臺》本事主要有五種說法，分別是：蔡邕周歷三臺說、高洋重建三臺說、石季龍宴三臺說、曹操建三臺說和音樂特點說。其中，北齊高洋重建三臺說較為可靠。對此，筆者另有專文《〈三臺〉本事五說平議》討論。

《突厥三臺》。無名氏一首。該題是《三臺》的衍生題名，《教坊記》論及

〔註 115〕《溫庭筠全集校注》卷三，第 190～191 頁。

此題云：「《萬首唐人絕句》謂為玄宗時，蓋嘉運進。」〔註 116〕可知此曲為玄宗時樂曲。

《宮中三臺》。唐王建二首。

《江南三臺》。唐王建四首。

《築城曲》。唐張籍、元稹各一首，陸龜蒙二首。張籍所作在《張籍集》中題作《築城詞》。〔註 117〕元稹所作在《元稹集》中題為《古築城曲》。〔註 118〕陸龜蒙所作在《唐甫里先生文集》中題為《築城詞》。〔註 119〕

《湖陰曲》。唐溫庭筠一首，《溫庭筠全集》題作《湖陰詞》。〔註 120〕

《無愁果有愁曲》。唐李商隱一首。

《起夜來》。唐施肩吾一首。

《起夜半》。唐聶夷中一首。

《獨不見》。唐沈佺期、王訓、楊巨源、李白、戴叔倫、胡曾各一首。

《攜手曲》。唐田娥一首。

《大垂手》。唐聶夷中一首。

《夜夜曲》。唐王偃、僧貫休各一首。

《秋夜長》。唐王勃、張籍各一首。

《秋夜曲》。唐王建二首，王涯、張仲素各一首。

《夜坐吟》。唐李白、李賀各一首。

《寒夜吟》。唐鮑溶一首。

《定情篇》。唐喬知之一首。

《定情樂》。唐施肩吾一首。

《春江曲》。唐郭元振、張籍各一首，張仲素三首。

《江上曲》。唐李嘉祐一首。

《桃花曲》。唐顧況一首。

《樹中草》。唐李白、張祜各一首。

《春遊吟》。唐李章一首。

〔註 116〕《教坊記箋訂》，第 159 頁。

〔註 117〕《張籍集繫年校注》卷一，第 31 頁。

〔註 118〕《元稹集》卷二三，第 306 頁。

〔註 119〕〔唐〕陸龜蒙撰，何錫光校注《唐甫里先生文集》卷七，鳳凰出版社，2015 年版，第 434 頁。

〔註 120〕《溫庭筠全集校注》卷一，第 23 頁。

《春遊樂》。唐施肩吾一首、李端二首。

《春遊曲》。唐張仲素三首。

《樂府》。唐劉言史二首，顧況、權德輿各一首，孟郊三首，陸長源一首。權德輿所作在《權德輿詩文集》中題為《古樂府》。〔註 121〕

《雜曲》。唐王勃一首。

《古曲》。唐施肩吾五首。

《高句麗》。唐李白一首，《李太白全集》題作《高句驪》。〔註 122〕

《舍利弗》。唐李白一首。

《摩多樓子》。唐李白、李賀各一首。

《步虛詞》。唐陳羽、顧況各一首，吳筠十首、劉禹錫二首、韋渠牟十九首，僧皎然、高駢各一首。

《步虛引》。唐陳陶一首。

《舞媚娘》。《樂府詩集》解題云：「《唐書》曰：『高宗永徽末，天下歌《舞媚娘》。未幾，立武氏為皇后。』按陳後主已有此歌，則永徽所歌，蓋舊曲云。」〔註 123〕可知此曲陳後主時已歌，到唐高宗時仍然表演。又，《舊唐書・后妃撰》載：「天后未受命時，天下歌《武媚娘》。」〔註 124〕可知此曲又名《武媚娘》。

（九）近代曲辭

第九類是近代曲辭。《樂府詩集・近代曲辭》都是創製於隋唐時期的雜曲，唐人所作涉及如下 68 題：

《遼東行》。唐王建一首。

《渡遼水》。唐王建一首。

《垂柳覆金堤》。唐趙嘏一首。

《蘼蕪葉覆齊》。唐趙嘏一首。

《水溢芙蓉沼》。唐趙嘏一首。

《花飛桃李蹊》。唐趙嘏一首。

〔註 121〕〔唐〕權德輿撰，蔣寅箋，唐元校，張靜注《權德輿詩文集編年校注》，遼海出版社，2013 年版，第 767 頁。

〔註 122〕《李太白全集》卷六，第 345 頁。

〔註 123〕《樂府詩集》卷七三，第 784 頁。

〔註 124〕《舊唐書》卷五一，第 2173 頁。

《採桑秦氏女》。唐趙嘏一首。

《織錦竇家妻》。唐趙嘏一首。

《關山別蕩子》。唐趙嘏一首。

《風月守空閨》。唐趙嘏一首。

《恒斂千金笑》。唐趙嘏一首。

《長垂雙玉啼》。唐趙嘏一首。

《蟠龍隨鏡隱》。唐趙嘏一首。

《彩鳳逐帷低》。唐趙嘏一首。

《驚魂同夜鵲》。唐趙嘏一首。

《倦寢聽晨雞》。唐趙嘏一首。

《暗牖懸蛛網》。唐趙嘏一首。

《空梁落燕泥》。唐趙嘏一首。

《前年過代北》。唐趙嘏一首。

《今歲往遼西》。唐趙嘏一首。

《一去無還意》。唐趙嘏一首。

《那能惜馬蹄》。唐趙嘏一首。

以上趙嘏所作自《垂柳覆金堤》至《那能惜馬蹄》20首總題為《昔昔鹽》，故以1題計。《昔昔鹽》是創製於隋代的曲調，今存薛道衡歌辭，共20句。《樂府詩集》解題云：「隋薛吏部有《昔昔鹽》，唐趙嘏廣之為二十章。」〔註125〕上述趙嘏所作20題題名即是以薛道衡20句歌辭依次為題而來。

《水調》。無名氏一組、唐吳融一首。《樂府詩集》解題云：「《水調河傳》，隋煬帝幸江都時所製。曲成奏之，聲韻怨切。王令言聞而謂其弟子曰：『但有去聲而無回韻，帝不返矣。』後竟如其言。按唐曲凡十一疊，前五疊為歌，後六疊為入破。其歌，第五疊五言調，聲最為怨切。故白居易詩云：『五言一遍最殷勤，調少情多似有因。不會當時翻曲意，此聲腸斷為何人！』唐又有新水調，亦商調曲也。」〔註126〕據此可知，唐曲《水調》共十一疊，前五疊為歌，後六疊為入破。《樂府詩集》所收無名氏之作有歌五疊，入破六疊，為唐曲《水調》體制，且位於唐吳融一首之前，可知亦為唐人歌辭。

《堂堂》。唐李義府二首、李賀一首。

〔註125〕《樂府詩集》卷七九，第834頁。

〔註126〕《樂府詩集》卷七九，第838頁。

《涼州》。無名氏六首。此曲以邊地名，開元九年之前由西涼府都督郭知運進獻，屬胡部。開元二十四年，玄宗升胡部於堂上，使之獲得了與坐部伎相同的地位。《涼州》本為正宮調，傳入宮廷後隨著藝人演繹不斷發生變化，在唐代的常用調式為黃鍾、道調、高宮三調。貞元初，《涼州》由樂工康崑崙翻入琵琶，奏於玉宸殿，故又名《玉宸宮調》。到宋代，該曲出現黃鍾宮、道調宮、無射宮、中呂宮、南呂宮、仙呂宮、高宮七個宮調。《涼州》音樂風格愁苦悲涼；所用樂器有觱篥、琵琶、胡笳、羌笛、箏、橫笛、笙、方響；配有舞蹈，屬軟舞；歌唱、舞蹈、演奏者甚眾；很多著名詩人為之作辭。〔註 127〕

《涼州詞》。唐耿湋一首、張籍三首、薛逢一首。

《伊州》。無名氏十首。此曲亦以邊地名，源自龜茲，為西涼節度使蓋嘉運進獻，屬胡部，商調曲。關於此曲曲名、進獻過程、歌辭流傳及歌舞表演，可參看雷喬英《論〈伊州〉》一文。〔註 128〕

《蓋羅縫》。無名氏二首。事實上，無名氏二首其一為王昌齡《從軍行》，當為樂人選王昌齡詩《從軍行》唱入《蓋羅縫》曲調而來；其二歌辭不知撰者。此曲又名《合羅縫》《閤羅鳳》。任半塘《教坊記》《合羅縫》箋訂稱：

> 「合」應作「閤」。《樂府詩集》作《蓋羅縫》，乃七言聲詩。李匡乂《資暇集》上，紀當時人讀音訛誤云：「呼曲子名《下兵》為《下平》，《閣羅鳳》為《閤羅鳳》。似謂曲名本作《閣羅鳳》。但此曲分明用南詔王閤羅鳳名，仍以作『閤』為正。閤於天寶九載攻陷雲南，此曲之創，應在其未叛唐室之前。〔註 129〕

可知此曲所詠本事乃南詔王閣羅鳳事，創調時間在天寶九載之前。

《崑崙子》。無名氏一首。事實上，這首歌辭出自王維《從岐王過楊氏別業應教》，是從原詩八句中截取前四句而成，顯然也是樂人選詩入樂的結果。

《祓禊曲》。無名氏三首。《樂府詩集》解題云：「《西京雜記》曰：『漢宮三月上巳張樂於流水』是也，晉宋已後皆因之，至唐傳以為曲。」〔註 130〕可知此曲源於漢代宮廷三月上巳節流水張樂，晉宋以後因襲，到唐代方成為樂府曲調。

〔註 127〕參看拙文《唐代邊地民族樂府〈涼州〉考論》，《民族文學研究》2016 年第 6 期，收入拙著《樂府文獻考論》，鳳凰出版社，2020 年版，第 48 頁。

〔註 128〕雷喬英《論〈伊州〉》，首都師範大學 2007 年碩士學位論文。

〔註 129〕《教坊記箋訂》，第 115 頁。

〔註 130〕《樂府詩集》卷八〇，第 846 頁。

《上巳樂》。唐張祜一首。

《金殿樂》。無名氏一首。《教坊記》亦記該曲，並云：「名又見於《高麗史．樂志》所列唐樂之小曲中。」〔註131〕可知為唐代樂曲。

《胡渭州》。無名氏二首。《教坊記》亦記該曲。〔註132〕

《戎渾》。無名氏一首，歌辭乃是截取王維《觀獵》前四句而成，當由唐時樂人選詩入樂而來。

《牆頭花》。無名氏二首。《教坊記》亦記該曲。〔註133〕

《採桑》。無名氏一首。《教坊記》亦記該曲，本清商西曲。〔註134〕

《楊下採桑》。無名氏一首。當出自《採桑》，《教坊記》亦記該曲。〔註135〕

《破陣樂》。唐張說二首、無名氏一首。《樂府詩集》解題云：「按《破陣樂》本舞曲，唐太宗所造。」〔註136〕可知《破陣樂》本為舞曲，是唐太宗時創製的曲名。據此推斷，無名氏《破陣樂》亦為唐人詩作。上文論及鼓吹曲辭時已將《破陣樂》計入題名，《樂府詩集》又將其列入雜曲歌辭，當是郭茂倩根據施用場合不同而有所區分。

《劍南臣》。無名氏一首。《全唐詩》亦收此詩，歸入唐人崔湜名下，題為《婕妤怨》。

《徵步郎》。無名氏一首。《教坊記》亦記該曲。〔註137〕

《歎疆場》。無名氏一首。《教坊記》亦記該曲。〔註138〕

《婆羅門》。無名氏一首，歌辭實為李益《夜上受降城聞笛》，當是樂人選詩入樂的結果。《樂府詩集》解題云：「《樂苑》曰：『《婆羅門》，商調曲。開元中，西涼府節度楊敬述進。』」〔註139〕可知此曲為開元中西涼節度使楊敬述所獻。任半塘箋訂《教坊記》中所載《婆羅門》云：「《唐會要》三三於黃鍾商有《婆羅門》，改為《霓裳羽衣》，乃同名異曲。《婆羅門》是佛曲，《霓裳》是道曲。此《霓裳羽衣》既由《婆羅門》改名，可知其並非法曲《霓裳》，蓋亦同名

〔註131〕《教坊記箋訂》，第123頁。
〔註132〕《教坊記箋訂》，第111頁。
〔註133〕《教坊記箋訂》，第82頁。
〔註134〕《教坊記箋訂》，第155頁。
〔註135〕《教坊記箋訂》，第114頁。
〔註136〕《樂府詩集》卷八〇，第849頁。
〔註137〕《教坊記箋訂》，第110頁。
〔註138〕《教坊記箋訂》，第118頁。
〔註139〕《樂府詩集》卷八〇，第850頁。

異曲耳。」〔註 140〕他認為《婆羅門》是佛曲，與法曲《霓裳羽衣》並非一曲。

《鎮西》。無名氏二首。《教坊記》所記曲名中有《鎮西樂》，任半塘云：「七言四句聲詩，或無「樂」字；有「樂」字者，原為大曲名。」〔註 141〕據此可知，《鎮西》是唐代七言四句的聲詩，原為大曲名稱。

《長命女》。無名氏一首。《樂府詩集》解題云：「《樂府雜錄》曰：『大曆中，嘗有樂工自造一曲，即古曲《長命西河女》也。增損節奏，頗有新聲。』」〔註 142〕可知《長命女》是唐大曆年間樂工據古曲《長命西河女》改制而成。

《醉公子》。無名氏一首。《教坊記》亦記該曲。〔註 143〕

《甘州》。無名氏一首。此曲與前述《涼州》《伊州》均以邊地名，由龜茲傳入，可能於開元天寶年間通過進獻進入中原。《甘州》為唐教坊大曲、胡樂、軟舞曲。《甘州》流變複雜，在唐代是著名的樂府曲調，五代用為詞調，宋代作為詞調更加盛行，詞牌名《八聲甘州》便是由樂府曲調發展而來。《樂府詩集・近代曲辭》收錄的這首無名氏所作《甘州》，本是《甘州》大曲的一部分曲辭。關於《甘州》的來源、音樂形態、流傳情況和文學創作，可參看李可《近代曲辭考論》一文。〔註 144〕

《濮陽女》。無名氏一首。《教坊記》亦記此曲。〔註 145〕

《相府蓮》。無名氏一首。《樂府詩集》解題云：「《古解題》曰：『《相府蓮》者，王儉為南齊相，一時所辟皆才名之士。時人以入儉府為蓮花池，謂如紅蓮映綠水，今號蓮幕者自儉始。其後語訛為「想夫憐」，亦名之醜爾。又有《簇拍相府蓮》。』」〔註 146〕可知《相府蓮》又名《想夫憐》，所詠本事為南齊宰相王儉事。《教坊記》亦記此曲，可知此曲是唐代教坊樂曲。郭茂倩《樂府詩集》將無名氏這首歌辭收入專收隋唐以來雜曲的近代曲辭，則其當為隋唐人所作。《全唐詩》收錄李涉《聽多美唱歌》一詩言及此曲，詩云：「黃鶯慢轉引秋蟬，衝斷行雲直入天。一曲《梁州》聽初了，為君別唱《想夫憐》。」〔註 147〕李涉是元和年間的太子通事舍人，多美能為詩人專門演唱這首樂府曲調，可知此曲

〔註 140〕《教坊記箋訂》，第 103 頁。
〔註 141〕《教坊記箋訂》，第 123 頁。
〔註 142〕《樂府詩集》卷八〇，第 851 頁。
〔註 143〕《教坊記箋訂》，第 116 頁。
〔註 144〕李可《近代曲辭考論》，首都師範大學 2022 年碩士學位論文。
〔註 145〕《教坊記箋訂》，第 112 頁。
〔註 146〕《樂府詩集》卷八〇，第 852 頁。
〔註 147〕《全唐詩》卷四七七，第 5435 頁。

在元和年間仍然傳唱。

《簇拍相府蓮》。無名氏一首。此曲出自《相府蓮》。

《離別難》。無名氏一首、唐白居易一首。《樂府詩集》解題云:「《樂府雜錄》曰:『《離別難》,天后朝,有士人陷冤獄,沒家族,其妻配入掖庭。本初善吹觱篥,乃撰此曲以寄哀情。始名《大郎神》,蓋取良人行第也,畏人知,遂三易其名,亦名《悲切子》,終號《怨回鶻》。』」〔註148〕可知此曲創製於武則天朝,又名《大郎神》《悲切子》《怨回鶻》,故無名氏之作亦為唐人詩作。

《山鷓鴣》。無名氏二首。《教坊記》亦記此曲。〔註149〕

《鷓鴣詞》。唐李益一首、李涉二首。

《樂世》。唐白居易一首。《樂府詩集》解題云:

> 一曰《綠腰》。《琵琶錄》曰:「《綠腰》,即錄要也。貞元中,樂工進曲,德宗令錄出要者,因以為名,後語訛為綠腰。」《新唐書》曰:「《涼州》《胡渭》《錄要》,雜曲是也。」《樂府雜錄》曰:「《綠腰》,軟舞曲也。康崑崙嘗於琵琶彈一曲,即新翻羽調《綠腰》也。」《樂苑》曰:「《樂世》,羽調曲,又有急樂也。」〔註150〕

可以看出,《樂世》創製於德宗貞元中期,因錄樂工所進曲之要者,故以《錄要》為名,後訛為《綠腰》,故此曲又名《綠腰》《錄要》。《白居易詩集》於《樂世》題下有小注曰:「一名《六么》」,〔註151〕可知此曲又名《六么》。

《急樂世》。唐白居易一首。

《何滿子》。唐白居易、薛逢各一首。任半塘《教坊記箋訂》云:「《何滿子》……敦煌卷子中有辭四首,其同卷前後所列皆大曲,此四首疑亦大曲。」〔註152〕可知《何滿子》為大曲,敦煌曲中亦有四首歌辭留存。

《清平調》。唐李白三首,《李太白全集》題作《清平調詞》。〔註153〕

《回波樂》。唐李景伯一首。

《聖明樂》。唐張仲素三首。

〔註148〕《樂府詩集》卷八〇,第852頁。
〔註149〕《教坊記箋訂》,第116頁。
〔註150〕《樂府詩集》卷八〇,第853頁。
〔註151〕〔唐〕白居易撰,謝思煒校注《白居易詩集校注》卷三五,中華書局,2006年版,第2700頁。
〔註152〕《教坊記箋訂》,第137～138頁。
〔註153〕《李太白全集》卷五,第304頁。

《大酺樂》。無名氏一首，唐杜審言、張祜各二首。《樂府詩集》解題云：「《樂苑》曰：『《大酺樂》，商調曲，唐張文收造。』」〔註 154〕張文收為太宗朝協律郎，曾與祖孝孫一起參定雅樂，咸亨元年卒，此曲既為張文收所製，則製曲時間至遲亦在咸亨元年前。據此，則無名氏一首也當是唐人所作。

《千秋樂》，唐張祜一首。《樂府詩集》解題云：「《唐書》曰：『開元十七年八月癸亥，玄宗以降誕日，燕百僚於花萼樓下。百僚表請以每年八月五日為千秋節，王公已下獻鏡及承露囊，天下請咸令燕樂，仍著於令，從之。』《千秋樂》蓋起於此。」〔註 155〕可知《千秋樂》源自玄宗降誕日。唐時《千秋樂》有大曲名和曲名之分，任半塘《教坊記箋訂》在「曲名」和「大曲名」中皆列《千秋樂》，並在「曲名」《千秋樂》下云：「下文另有《千秋樂》大曲，乃此曲所本。又另列《千秋子》，應同出大曲，而異其遍，故分列。三曲皆專為玄宗生日千秋節而作，見《新唐書・禮樂志》。……張祜集中題《千秋樂》之七言四句，乃詠千秋節者，不類歌辭。」〔註 156〕《千秋樂》最初歌辭是為玄宗千秋節而作，張祜所作雖屬同題，但已非賀生之辭。又，因《千秋樂》大曲名和曲名相同，故僅以 1 題計。

《火鳳辭》。唐李百藥一首。

《熱戲樂》。唐張祜一首。

《春鶯囀》。唐張祜一首。

《達磨支》。唐溫庭筠一首。《教坊記》作《達摩支》，謂為健舞。〔註 157〕《唐會要》載：「《達摩支》改為《泛蘭叢》。」〔註 158〕可知《達摩支》又名《泛蘭叢》。

《如意娘》。唐武則天一首。

《雨霖鈴》。唐張祜一首。《雨霖鈴》作為樂府曲調首見於《教坊記》，然此書卻未記該曲本事。〔註 159〕郭茂倩《樂府詩集》該曲解題援引《明皇雜錄》《樂府雜錄》中關於本事的不同說法云：「《明皇別錄》曰：『帝幸蜀，南入斜谷。屬霖雨彌旬，於棧道雨中，聞鈴聲與山相應。帝既悼念貴妃，因採其聲為《雨霖鈴曲》，以寄恨焉。時獨梨園善觱篥樂工張徽從至蜀，帝以其曲授之。

〔註 154〕《樂府詩集》卷八〇，第 855 頁。
〔註 155〕《樂府詩集》卷八〇，第 856 頁。
〔註 156〕《教坊記箋訂》，第 70 頁。
〔註 157〕《教坊記箋訂》，第 34 頁。
〔註 158〕《唐會要》卷三三，第 719 頁。
〔註 159〕《教坊記》，第 6 頁。

洎至德中，復幸華清宮，從宮嬪御皆非舊人。帝於望京樓命張徽奏《雨霖玲曲》，不覺悽愴流涕。其曲後入法部。』《樂府雜錄》曰：『明皇自蜀反正，樂工製《還京樂》《雨霖鈴》二曲。』」〔註 160〕諸說有異，郭茂倩亦未作出決斷，故關於此曲本事，一直未有定論。細究起來，《雨霖鈴》本事主要存在兩方面的爭議：一是《雨霖鈴》作於何時何地，一是《雨霖鈴》的作者是誰。

關於《雨霖鈴》創作的時地有三種說法：一說是赴蜀途中，此說見於《明皇雜錄》《楊太真外傳》《唐音癸籤》等文獻，陳寅恪《元白詩箋證稿》，傅璇琮、陶敏《唐五代文學編年史》認可此說；一說是返京途中，如《樂府雜錄》《古今說海》等；一說是居蜀之時，見於白居易《長恨歌》。此三說各有所據，難定於一。有學者通過對《全唐詩》中「霖」字和唐代「霖雨」天氣的考證，認為此曲作於玄宗赴蜀或居蜀時的秋季可能性更大。〔註 161〕可作參考。

關於《雨霖鈴》的作者存在兩種說法：一是唐玄宗，此說見於《明皇雜錄》《楊太真外傳》等文獻；一是張徽（張野狐），此說見於《樂府雜錄》《古今說海》。唐玄宗和張徽都以精通音樂著稱，《雨霖鈴》是此二人中的任何一人在逃亡途中有感而發所作皆有可能。崔令欽《教坊記》曲名中雖有《雨霖鈴》，而最早記載《雨霖鈴》創作過程的卻是鄭處誨的《明皇雜錄》，其云：「明皇既幸西蜀，西南行，初入斜谷，屬雨霖旬，於棧道雨中聞鈴聲與山相應，上既悼念貴妃，採其聲為《雨霖鈴》曲以寄恨焉。時梨園子弟善吹觱篥者張野狐第一，此人從至蜀，上因以其曲授野狐。」〔註 162〕鄭處誨認為是唐玄宗因悼念楊貴妃而作《雨霖鈴》曲，並傳授給隨他入蜀的梨園弟子張徽。鄭處誨是大和年間進士，曾任校書郎，故《明皇雜錄》中所言似乎可信度更高。且玄宗因楊貴妃而作新曲並非孤例，《樂府雜錄》中就曾記載其作《得寶子》事曰：「明皇初納太真妃，喜謂後宮曰：『朕得楊氏，如得至寶也。』遂製曲名《得寶子》。」〔註 163〕加之唐玄宗在逃亡途中還作了新曲《謫仙怨》，竇弘余《廣謫仙怨並序》中就記載玄宗途經駱谷時作新曲懷念張九齡曰：「天寶十五載正月。……車駕幸蜀。途次馬嵬驛。六軍不發。賜貴妃自盡。然後駕行。次駱谷。上登高下馬望秦川。遙辭

〔註 160〕《樂府詩集》卷八〇，第 858 頁。

〔註 161〕李璐《「雨霖鈴」製曲時空考——與陳寅恪〈元白詩箋證稿〉商榷》，《西安石油大學學報》2021 年第 4 期。

〔註 162〕〔唐〕鄭處誨撰，田廷柱點校《明皇雜錄》，中華書局，1994 年，第 39 頁。

〔註 163〕《樂府雜錄校注》，第 40 頁。

陵廟。再拜。嗚咽流涕。左右皆泣。謂力士曰。吾聽九齡之言。不到於此。乃命中使往韶州。以太牢祭之。因上馬索長笛。吹笛。曲成。潸然流涕。佇立久之。時有司旋錄成譜。及鑾駕至成都。乃進此譜。請名曲。帝謂吾因思九齡。亦別有意。可名此曲為《謫仙怨》。其旨屬馬嵬之事。」〔註 164〕此曲雖是唐玄宗在赴蜀途中感懷張九齡而作，無關貴妃事。但據此推測，玄宗在逃亡途中作新曲抒發感懷創作《雨霖鈴》亦是可能之事。再就《雨霖鈴》的曲調風格而言，此曲哀怨淒婉，以致「上四顧淒涼，不覺流涕」，《碧雞漫志》也說此曲「頗極哀怨」，可見其風格淒婉。若非有此經歷、有此切膚之痛者，恐難成曲。綜括以上情形考量，《雨霖鈴》為唐玄宗悼念楊貴妃而作的可能性更大。

又，此曲在《教坊記》中題作《雨淋鈴》，任半塘認為：「《樂府詩集》列張祜七言四句詩，詠玄宗幸蜀事，非曲辭。」〔註 165〕則其與《千秋樂》一樣，曲辭皆已亡佚，現存詩作是唐人詠玄宗幸蜀題材的作品。

《桂華曲》。唐白居易一首。

《渭城曲》。唐王維一首。

《竹枝》。唐顧況一首、劉禹錫九首、劉禹錫二首，白居易、李涉各四首。顧況所作在《華陽集》中題為《竹枝詞》。〔註 166〕劉禹錫所作九首和二首在《劉禹錫集》中均題為《竹枝詞》。〔註 167〕

《楊柳枝》。唐白居易十首、盧貞一首、劉禹錫九首、劉禹錫三首、李商隱二首，韓琮、施肩吾各一首，溫庭筠八首、皇甫松二首、僧齊己四首、張祜二首、孫魴五首、薛能十九首。劉禹錫所作九首在《劉禹錫全集》中僅收前八首，劉禹錫所作三首在《劉禹錫集》僅收後二首，均題為《楊柳枝詞》。〔註 168〕

《浪淘沙》。唐劉禹錫九首、白居易六首、皇甫松二首。劉禹錫所作九首在《劉禹錫集》中題為《浪淘沙詞》。〔註 169〕

《紇那曲》。唐劉禹錫二首。

《瀟湘神》。唐劉禹錫二首。

〔註 164〕《全唐詩》卷八九〇，第 10057～10058 頁。

〔註 165〕《教坊記箋訂》，第 157 頁。

〔註 166〕〔唐〕顧況《華陽集》卷中，《影印文淵閣四庫全書》第 1072 冊，臺灣商務印書館，1986 年版，第 539 頁。

〔註 167〕〔唐〕劉禹錫撰，《劉禹錫集》整理組點校，卞孝萱校訂《劉禹錫集》卷二七，中華書局，1990 年版，第 358 頁。

〔註 168〕《劉禹錫集》卷二七，第 364 頁。

〔註 169〕《劉禹錫集》卷二七，第 361 頁。

《抛球樂》。唐劉禹錫二首，《劉禹錫集》題作《抛毬樂詞》。〔註 170〕

《太平樂》。唐白居易二首，王涯、張仲素各一首。《舊唐書·音樂志》載：「《太平樂》，亦謂之《五方師子舞》。」〔註 171〕《樂府雜錄》「龜茲部」下亦載：「樂有觱篥、笛、拍板、四色鼓、揩鼓、腰鼓、羯鼓、雞樓鼓。戲有《五方獅子》，高丈餘，各衣五色。每一獅子有十二人，戴紅抹額，衣畫衣，執紅拂子，謂之「獅子郎」。舞《太平樂》曲。」〔註 172〕可知，《太平樂》舞曲與龜茲的《五方獅子》戲共同表演，故其又名《五方獅子舞》。

《升平樂》。唐薛能十首。

《金縷衣》。唐李錡一首。

《鳳歸雲》。唐滕潛二首。任半塘《教坊記箋訂》云：「《鳳歸雲》，原為七言四句聲詩。敦煌曲有長短句調四首，又有舞譜。其前二首，《敦煌曲初探》已訂為盛唐之作；後二首曲辭作代言，問答，演故事，宜為戲曲。」〔註 173〕可知除唐滕潛二首外，另有兩首盛唐人所作敦煌曲子詞《鳳歸雲》。

《拜新月》。唐李端、吉中孚妻張氏各一首。

《憶江南》。唐白居易三首、劉禹錫二首。《樂府雜錄》曰：「始自朱崖李太尉鎮浙西日，為亡妓謝秋娘所撰。本名《謝秋娘》，後改此名。亦曰《夢江南》。」〔註 174〕《樂府詩集》《憶江南》解題稱：「一曰《望江南》」，〔註 175〕同時亦引述《樂府雜錄》這段記載。據此，則《憶江南》又名《望江南》《謝秋娘》《夢江南》。

《宮中調笑》。唐王建四首、韋應物二首。

《轉應詞》。唐戴叔倫作。

《宮中行樂辭》。唐李白八首，《李太白全集》題作《宮中行樂詞》。〔註 176〕

《宮中樂》。唐令狐楚、張仲素各五首。

《踏歌詞》。唐崔液二首、謝偃三首、張說二首。

《踏歌行》。唐劉禹錫四首，《劉禹錫集》題作《踏歌詞》。〔註 177〕

〔註 170〕《劉禹錫集》卷二七，第 363 頁。

〔註 171〕《舊唐書》卷二九，第 1059 頁。

〔註 172〕《樂府雜錄校注》，第 38 頁。

〔註 173〕《教坊記箋訂》，第 94 頁。

〔註 174〕《樂府雜錄校注》，第 145 頁。

〔註 175〕《樂府詩集》卷八二，第 875 頁。

〔註 176〕《李太白全集》卷五，第 296 頁。

〔註 177〕《劉禹錫集》卷二六，第 344 頁。

《天長地久詞》。唐盧綸五首。

《欸乃曲》。唐元結五首。

《十二月樂辭》。唐李賀十三首，《李長吉歌詩》題作《河南府試十二月樂詞》。〔註 178〕

（十）雜歌謠辭

第十類是雜歌謠辭。《樂府詩集》分十二大類編排，其他十一類收錄樂府詩務求其全，惟有雜歌謠辭一類極為特殊，只按時代選擇性的收錄了部分歌辭。《樂府詩集》於雜歌謠辭一類之下又分歌辭和謠辭兩小類。其中，歌辭部分題名固定，所收歌辭既有前人詩作，也有唐人詩作；謠辭部分除《獨酌謠》《箜篌謠》《鄴城童子謠》《白鼉鳴》5 題為詩人所作外，其他都是先秦至唐五代不同時期的部分謠辭，作者未知，且題名均已「時間＋（童）謠」的方式命名。在雜歌謠辭這一類中，唐人所作歌辭和唐時謠辭共有如下 46 題：

《漁父歌》。唐張志和五首。

《雞鳴曲》。唐王建、李廓各一首。

《吳楚歌》。唐張籍一首。

《李夫人歌》。唐李商隱三首，李賀、鮑溶、張祜各一首。李商隱所作在《李商隱詩歌集解》中題為《李夫人》。〔註 179〕李賀所作在《李長吉歌詩》中亦題為《李夫人》。〔註 180〕

《中山王孺子妾歌》。唐李白一首。

《臨江王節士歌》。唐李白一首。

《司馬將軍歌》。唐李白一首。

《鄭櫻桃歌》。唐李頎一首。

《襄陽歌》。唐李白一首。

《襄陽曲》。唐李白四首。

《蘇小小歌》。唐李賀、溫庭筠各一首，張祜三首。

《挾瑟歌》。唐陸龜蒙一首。

《敕勒歌》。唐溫庭筠一首，《溫庭筠全集》題作《敕勒歌塞北》。〔註 181〕

〔註 178〕《李長吉歌詩編年箋注》卷一，第 19 頁。

〔註 179〕《李商隱詩歌集解》，第 1362 頁。

〔註 180〕《李長吉歌詩編年箋注》卷三，第 435 頁。

〔註 181〕《溫庭筠全集校注》卷三，第 235 頁。

《薛將軍歌》。無名氏一首。《古謠諺》亦收此詩，題為《薛仁貴軍中歌》。〔註 182〕

《顏有道歌》。無名氏一首。《古謠諺》亦收此詩，題為《廉州邑里為顏遊秦歌》。〔註 183〕

《新河歌》。無名氏一首。《古謠諺》亦收此詩，題為《滄州百姓為薛大鼎歌》。〔註 184〕

《田使君歌》。無名氏一首。《古謠諺》亦收此詩，題為《郢州百姓為田仁會歌》。〔註 185〕

《黃獐歌》。無名氏一首。《古謠諺》亦收此詩，題為《如意初裏歌》。〔註 186〕

《得體歌》。無名氏一首。該曲本事現存二說，《樂府詩集》解題云：「《唐書》曰：「天寶初，韋堅為陝郡太守、水陸轉運使，於長安城東滻水傍，穿廣運潭以通吳會數十郡舟楫，若廣陵郡船，即堆積廣陵所出錦鏡銅器，餘郡皆然。舟人大笠寬衫芒屨，如吳楚之制。先是，民間戲唱《得體歌》。至開元末，田同秀上言，見玄元皇帝，云有寶符在陝州桃林縣古關令尹喜宅。遣中使求得之，以為殊祥，改縣為靈寶。及堅鑿新潭成，又致揚州銅器。陝縣尉崔成甫乃翻此詞為《得寶歌》，集兩縣官伎女子唱之。成甫又作歌詞十章，自衣缺胯綠衫錦半臂偏袒膊紅抹額，於第一船作號頭唱之，和者女子百人，皆鮮服靚妝，齊聲接影，鼓笛胡部以應之。」《樂府雜錄》曰：「《得寶歌》一曰《得寶子》，又曰《得鞛子》。明皇初得太真妃，喜而謂後宮曰：『予得楊氏，如得至寶。』樂府遂作此曲。」二說不同。」〔註 187〕可知該曲本事一為天寶初陝郡太守韋堅事，一為明皇納太真妃事。又，《教坊記》有《得蓬子》，任半塘稱：「《得蓬子》，應即《舊唐書・韋堅傳》之《得體歌》，亦即《樂府雜錄》之《得鞛子》。」〔註 188〕《古謠諺》據《舊唐書・韋堅傳》收錄此詩，題作《玄宗時人間唱得體歌》。〔註 189〕據此，則《得體歌》又名《得寶歌》《得寶子》《得鞛子》《得蓬子》。此曲本事雖然多說並存，但其為唐代樂府曲調當無

〔註 182〕《古謠諺》卷十二，第 218 頁。
〔註 183〕《古謠諺》卷十二，第 216 頁。
〔註 184〕《古謠諺》卷十二，第 214 頁。
〔註 185〕《古謠諺》卷十二，第 224 頁。
〔註 186〕《古謠諺》卷十二，第 213 頁。
〔註 187〕《樂府詩集》卷八六，第 920 頁。
〔註 188〕《教坊記箋訂》，第 130 頁。
〔註 189〕《古謠諺》卷十二，第 221 頁。

疑義。

《得寶歌》。無名氏一首。《古謠諺》亦收此詩，題為《崔成甫使婦人唱得寶歌》。〔註 190〕

《黃臺瓜辭》。唐章懷太子一首。

《古歌》。唐沈佺期一首、薛維翰二首。

《黃曇子歌》。唐溫庭筠一首。

《邯鄲郭公辭》。唐溫庭筠一首，《溫庭筠全集》題作《邯鄲郭公詞》。〔註 191〕

《箜篌謠》。唐李白一首。

《鄴城童子謠》。唐李賀一首，《李長吉歌詩》題作《古鄴城童子謠》。〔註 192〕

《唐天寶中京師謠》。無名氏一首。《古謠諺》亦收此詩，題為《京師為李峴謠》。〔註 193〕

《大麥行》。唐杜甫一首。

《白鼉鳴》。唐張籍一首。

《唐武德初童謠》。無名氏一首。《古謠諺》亦收此詩，題為《竇建德軍中謠》。〔註 194〕

《唐貞觀中高昌國童謠》。無名氏一首。《古謠諺》亦收此詩，題為《高昌童謠》。〔註 195〕

《唐永淳初童謠》。無名氏一首。《古謠諺》亦收此詩，題為《永淳中童謠》。〔註 196〕

《唐高宗永淳中童謠》。無名氏一首。《古謠諺》亦收此詩，題為《調露中嵩山謠》。〔註 197〕

《唐武后時童謠》。無名氏一首。

《唐神龍中謠》，無名氏一首。《古謠諺》亦收此詩，題為《神龍後民謠》。〔註 198〕

〔註 190〕《古謠諺》卷十二，第 221 頁。
〔註 191〕《溫庭筠全集校注》卷三，第 237 頁。
〔註 192〕《李長吉歌詩編年箋注》卷三，第 249 頁。
〔註 193〕《古謠諺》卷十二，第 222 頁。
〔註 194〕《古謠諺》卷十二，第 215 頁。
〔註 195〕《古謠諺》卷十二，第 226 頁。
〔註 196〕《古謠諺》卷十二，第 228 頁。
〔註 197〕《古謠諺》卷十二，第 213 頁。
〔註 198〕《古謠諺》卷十二，第 228 頁。

《唐中宗時童謠》。無名氏一首。《古謠諺》亦收此詩，題為《神龍後童謠》。〔註 199〕

《唐景龍中謠》。無名氏一首。《古謠諺》亦收此詩，題為《又景龍中謠》。〔註 200〕

《唐天寶中童謠》。無名氏一首。《古謠諺》亦收此詩，題為《安祿山未反時童謠》。〔註 201〕

《唐天寶中幽州謠》。無名氏一首。《古謠諺》亦收此詩，題為《幽州謠》。〔註 202〕

《唐德宗時童謠》。無名氏一首。《古謠諺》亦收此詩，題為《朱泚未敗前童謠》。〔註 203〕

《唐元和初童謠》。無名氏一首。《古謠諺》亦收此詩，題為《元和小兒謠》。〔註 204〕

《唐咸通中童謠》。無名氏一首。《古謠諺》亦收此詩，題為《咸通七年童謠》。〔註 205〕

《唐咸通末成都童謠》。無名氏一首。《古謠諺》亦收此詩，題為《咸通十四年成都童謠》。〔註 206〕

《唐僖宗時童謠》。無名氏一首。《古謠諺》亦收此詩，題為《乾符中謠言》。〔註 207〕

《唐乾符中童謠》。無名氏一首。《古謠諺》亦收此詩，題為《乾符六年童謠》。〔註 208〕

《唐中和初童謠》。無名氏一首。《古謠諺》亦收此詩，題為《中和初童謠》。〔註 209〕

〔註 199〕《古謠諺》卷十二，第 228 頁。
〔註 200〕《古謠諺》卷十二，第 229 頁。
〔註 201〕《古謠諺》卷十二，第 229 頁。
〔註 202〕《古謠諺》卷十二，第 230 頁。
〔註 203〕《古謠諺》卷十二，第 230 頁。
〔註 204〕《古謠諺》卷十二，第 214 頁。
〔註 205〕《古謠諺》卷十二，第 230 頁。
〔註 206〕《古謠諺》卷十二，第 230 頁。
〔註 207〕《古謠諺》卷十二，第 226 頁。
〔註 208〕《古謠諺》卷十二，第 230 頁。
〔註 209〕《古謠諺》卷十二，第 231 頁。

（十一）新樂府辭

第十一類是新樂府辭。《樂府詩集・新樂府辭》全為唐人創製的新題，以其題為新創，辭實樂府而不常行用得名。新樂府辭中收錄的唐人新題為如下198題：

《新曲》。唐謝偃一首、長孫無忌二首。

《湘川新曲》。唐杜易簡二首。

《小曲新辭》。唐白居易二首。

《公子行》。唐劉希夷、陳羽、韓琮、顧況、于鵠、雍陶、孟賓于各一首，聶夷中、張祜各二首。

《將軍行》。唐劉希夷、張籍各一首。

《老將行》。唐王維一首。

《燕支行》。唐王維一首。

《桃源行》。唐王維、劉禹錫各一首。

《春女行》。唐劉希夷、王翰各一首。

《洛陽女兒行》。唐王維一首。

《扶南曲》。唐王維五首。

《笑歌行》。唐李白一首。

《江夏行》。唐李白一首。

《橫江詞》。唐李白六首。

《靜夜思》。唐李白一首。

《黃葛篇》。唐李白一首。

《采葛行》。唐鮑溶一首。

《祖龍行》。唐常楚老一首。

《鄴都引》。唐張說一首。

《孟門行》。唐崔顥一首。

《邯鄲宮人怨》。唐崔顥一首。

《吳宮怨》。唐衛萬、張籍各一首。

《青樓曲》。唐王昌齡二首、于濆一首。

《中流曲》。唐崔國輔一首。

《聖壽無疆詞》。唐楊巨源十首。

《朝元引》。唐陳陶四首。

《平蕃曲》。唐劉長卿三首。

《悲陳陶》。唐杜甫一首。

《悲青阪》。唐杜甫一首。

《哀江頭》。唐杜甫一首。

《哀王孫》。唐杜甫一首。

《兵車行》。唐杜甫一首。

《來從竇車騎》。唐李益一首。

《憶長安曲》。唐岑參二首。

《九曲詞》。唐高適三首。

《情人玉清歌》。唐畢耀一首。

《湘中弦》。唐崔塗二首。

《湘弦怨》。唐孟郊一首。

《湘弦曲》。唐莊南傑一首。

《促促曲》。唐李益一首。

《促促詞》。唐王建、張籍各一首。王建所作在《王建詩集》中題為《促刺詞》，一作《促促行》。〔註210〕

《樓上女兒曲》。唐盧仝一首。

《青青水中蒲》。唐韓愈三首。

《塞上曲》。唐李白一首、王昌齡二首，耿湋、司空曙各一首，僧貫休九首，戎昱、王涯各二首，周樸、張祜各一首。

《塞上行》。唐歐陽詹、鮑溶、李昌符、周樸各一首。

《塞上》。唐高適、王建、鮑溶、李端、曹松、鄭渥、姚合、張喬、秦韜玉、戴師顏、江為各一首，譚用之、周樸、杜荀鶴各二首。關於姚合所作一首，明人毛晉《姚少監詩集跋》有云：「予梓姚少監集，十卷既成，又閱《唐文粹》得《新昌里》一篇，又閱《樂府詩集》得《出塞》一篇，深慨逸詩不知凡幾，因附載副葉。」〔註211〕跋後所記《出塞》一篇歌辭與《塞上》同，雖云其從《樂府詩集》中摘錄而得，但所記題名不同，故可知姚合所作《塞上》或又名《出塞》。

《塞下曲》。唐李白六首、郭元振一首，王昌齡、馬戴各二首，張籍、于

〔註210〕《王建詩集校注》卷一，第5頁。

〔註211〕〔唐〕姚合《姚少監詩集》卷十，上海古籍出版社，1994年版，第62頁。

瀆、陶翰各一首，李益二首。又有唐僧貫休十一首、盧綸六首、僧皎然二首，李賀、劉駕各一首，王涯、令狐楚各二首，張仲素五首、戎昱六首，丁稜、郎士元、許渾、周樸各一首，張祜二首。張籍所作在《張籍集繫年校注》中題為《塞上曲》。〔註 212〕

《塞下》。唐李宣遠一首、沈彬三首。

《交河塞下曲》。唐胡曾一首。

《汾陰行》。唐李嶠一首。

《大梁行》。唐堯客、高適各一首。

《洛陽行》。唐張籍一首。

《永嘉行》。唐張籍一首。

《田家行》。唐王建、元稹各一首。元稹所作在《元稹集》中題為《田家詞》。〔註 213〕

《思遠人》。唐王建、張籍各一首。

《憶遠曲》。無名氏、唐元稹各一首。

《望遠曲》。唐孟郊一首。

《夫遠征》。唐元稹一首。

《寄遠曲》。唐王建、張籍各一首。

《征婦怨》。唐孟郊四首、張籍一首。

《織婦詞》。唐孟郊、元稹、鮑溶各一首。孟郊所作在《孟郊集校注》中有詩題校注曰：「東野自製樂府辭。」〔註 214〕

《織錦曲》。唐王建一首。

《織錦詞》。唐溫庭筠一首。

《當窗織》。唐王建一首。

《擣衣曲》。唐王建、劉禹錫各一首。

《送衣曲》。唐王建一首。

《寄衣曲》。唐張籍一首。

《淮陰行》。唐劉禹錫五首。

《泰娘歌》。唐劉禹錫一首。

〔註 212〕《張籍集繫年校注》卷七，第 810 頁。

〔註 213〕《元稹集》卷二三，第 298 頁。

〔註 214〕《孟郊集校注》卷二，第 48 頁。

《更衣曲》。唐劉禹錫一首。

《視刀環歌》。唐劉禹錫一首。

《堤上行》。唐劉禹錫三首，《劉禹錫集》題作《隄上行》。〔註 215〕

《競渡曲》。唐劉禹錫一首。

《沓潮歌》。唐劉禹錫一首。

《北邙行》。唐王建、張籍各一首。

《野田行》。唐李益、張碧各一首。

《斜路行》。唐王建一首。

《雉將雛》。唐王建一首。

《長安羈旅行》。唐孟郊一首。

《羈旅行》。唐張籍一首。

《求仙曲》。唐孟郊一首。

《求仙行》。唐張籍一首。

《結愛》。唐孟郊一首。《全唐詩》題作《古結愛》。《孟郊集校注》中有詩題校注曰：「東野自製樂府辭。」〔註 216〕

《節婦吟》。唐張籍一首。

《楚宮行》。唐張籍一首。

《山頭鹿》。唐張籍一首。

《各東西》。唐張籍一首。

《湘江曲》。唐張籍一首。

《雀飛多》。唐張籍一首。

《夢上天》。唐元稹一首。

《君莫非》。唐元稹一首。

《田頭狐兔行》。唐元稹一首，《元稹集》題作《田野狐兔行》。〔註 217〕

《人道短》。唐元稹一首。

《苦樂相倚曲》。唐元稹一首。

《捉捕歌》。唐元稹一首。

《採珠行》。唐元稹、鮑溶各一首。

〔註 215〕《劉禹錫集》卷二六，第 341 頁。

〔註 216〕《孟郊集校注》卷一，第 23～24 頁。

〔註 217〕《元稹集》卷二三，第 300 頁。

《平戎辭》。唐王涯、張仲素各一首。

《望春辭》。唐令狐楚二首。

《思君恩》。唐令狐楚、張仲素、王涯各一首。

《漢苑行》。唐張仲素三首。

《燒香曲》。唐李商隱一首。

《房中曲》。唐李商隱一首。

《樓上曲》。唐李商隱一首。

《湖中曲》。李商隱、李賀各一首。李商隱《樓上曲》和《湖中曲》，在《樂府詩集》中被合為一首，題作《河內詩》。

《春懷引》。唐李賀一首。

《靜女春曙曲》。唐李賀一首。

《白虎行》。唐李賀一首。

《月漉漉篇》。唐李賀一首。

《黃頭郎》。唐李賀一首。

《倚瑟行》。唐鮑溶一首。

《江南別》。唐羅隱一首。

《思太古》。唐元結一首。

《隴上歎》。唐元結一首。

《頌東夷》。唐元結一首。

《賤士吟》。唐元結一首。

《欸乃曲》。唐元結一首。

《貧婦詞》。唐元結一首。

《去鄉悲》。唐元結一首。

《壽翁興》。唐元結一首。

《農臣怨》。唐元結一首。

《謝天龜》。唐元結一首。

《古遺歎》。唐元結一首。

《下客謠》。唐元結一首。

按，以上元結所作自《思太古》至《下客謠》12 題，在《樂府詩集》中總題為《系樂府》十二首，故本書以 1 題計。

《網罟》，唐元結一首。

《豐年》，唐元結一首。

《雲門》，唐元結一首。

《九淵》，唐元結一首。

《五莖》，唐元結一首。

《六英》，唐元結一首。

《咸池》，唐元結一首。

《大韶》，唐元結一首。

《大夏》，唐元結一首。

《大濩》，唐元結一首。

按，以上元結所作自《網罟》至《大濩》10 題為擬古歌辭，在《樂府詩集》中總題為《補樂歌》，故本書以 1 題計。

《王夏》，唐皮日休一首。

《肆夏》，唐皮日休一首。

《昭夏》，唐皮日休一首。

《納夏》，唐皮日休一首。

《章夏》，唐皮日休一首。

《齊夏》，唐皮日休一首。

《族夏》，唐皮日休一首。

《祴夏》，唐皮日休一首。

《鶩夏》，唐皮日休一首。

按，以上皮日休所作自《王夏》至《鶩夏》9 題，在《樂府詩集》中總題為《補九夏歌》，故本書以 1 題計。

《上陽白髮人》。唐元稹、白居易各一首。

《華原磬》。唐元稹、白居易各一首。

《五弦彈》。唐元稹、白居易各一首。

《西涼伎》。唐元稹、白居易各一首。

《法曲》。唐元稹、白居易各一首。

《馴犀》。唐元稹、白居易各一首。

《立部伎》。唐元稹、白居易各一首。

《驃國樂》。唐元稹、白居易各一首。

《胡旋女》。唐元稹、白居易各一首。

《蠻子朝》。唐元稹、白居易各一首。

《縛戎人》。唐元稹、白居易各一首。

《陰山道》。唐元稹、白居易各一首。

《八駿圖》。唐元稹、白居易各一首。

《七德舞》。唐白居易一首。《新唐書・禮樂志》載：

> 《七德舞》者，本名《秦王破陣樂》。太宗為秦王，破劉武周，軍中相與作《秦王破陣樂》曲。及即位，宴會必奏之……後令魏徵與員外散騎常侍褚亮、員外散騎常侍虞世南、太子右庶子李百藥更製歌辭，名曰《七德舞》。……其後更號《神功破陣樂》。〔註 218〕

《舊唐書・音樂志》又載：

> （貞觀）七年，太宗製《破陣舞圖》：左圓右方，先偏後伍，魚麗鵝貫，箕張翼舒，交錯屈伸，首尾回互，以象戰陣之形。令呂才依圖教樂工百二十人，被甲執戟而習之。凡為三變，每變為四陣，有來往疾徐擊刺之象，以應歌節，數日而就，更名《七德》之舞。……顯慶元年正月，改《破陣樂舞》為《神功破陣樂》。〔註 219〕

由上可知，《七德舞》本名《秦王破陣樂》。貞觀七年太宗親製《破陣舞圖》，呂才依圖教習樂工演練，所練即為《破陣樂舞》。魏徵、虞世南、褚亮、李百藥為之作歌辭，更名為《七德舞》。所憾未見魏徵、虞世南、褚亮、李百藥所作歌辭。顯慶元年，又改《破陣樂舞》為《神功破陣樂》。

此外，《舊唐書・音樂志》在介紹唐代立部伎時又論及此題曰：

> 《破陣樂》，太宗所造也。太宗為秦王之時，征伐四方，人間歌謠《秦王破陣樂》之曲。及即位，使呂才協音律，李百藥、虞世南、褚亮、魏徵等製歌辭。百二十人披甲持戟，甲以銀飾之。發揚蹈厲，聲韻慷慨。享宴奏之，天子避位，坐宴者皆興。〔註 220〕

其中《破陣樂》是《秦王破陣樂》的省稱，可知《七德舞》又名《破陣樂》。梳理《七德舞》的誕生和發展演變過程，可知其間題名發生多次改變，《秦王破陣樂》《破陣樂》《破陣樂舞》《神功破陣樂》均是《七德舞》在不同發展階段的名稱。

〔註 218〕〔宋〕歐陽修、宋祁《新唐書》卷二一，中華書局，1975 年版，第 467～468 頁。

〔註 219〕《舊唐書》卷二八，第 1046 頁。

〔註 220〕《舊唐書》卷二九，第 1059～1060 頁。

《二王後》。唐白居易一首。
《海漫漫》。唐白居易一首。
《新豐折臂翁》。唐白居易一首。
《太行路》。唐白居易一首。
《司天臺》。唐白居易一首。
《捕蝗》。唐白居易一首。
《昆明春水滿》。唐白居易一首，《白居易詩集》題為《昆明春》。〔註221〕
《城鹽州》。唐白居易一首。
《道州民》。唐白居易一首。
《驪宮高》。唐白居易一首。
《百鍊鏡》。唐白居易一首。
《青石》。唐白居易一首。
《兩朱閣》。唐白居易一首。
《澗底松》。唐白居易一首。
《牡丹芳》。唐白居易一首。
《紅線毯》。唐白居易一首。
《杜陵叟》。唐白居易一首。
《繚綾》。唐白居易一首。
《賣炭翁》。唐白居易一首。
《母別子》。唐白居易一首。
《時世妝》。唐白居易一首。
《李夫人》。唐白居易一首。
《陵園妾》。唐白居易一首。
《鹽商婦》。唐白居易一首。
《杏為梁》。唐白居易一首。
《井底引銀瓶》。唐白居易一首。
《官牛》。唐白居易一首。
《紫毫筆》。唐白居易一首。
《隋堤柳》。唐白居易一首。
《草茫茫》。唐白居易一首。

〔註221〕《白居易詩集校注》卷三，第324頁。

《古冢狐》。唐白居易一首。
《黑潭龍》。唐白居易一首。
《天可度》。唐白居易一首。
《秦吉了》。唐白居易一首。
《鴉九劍》。唐白居易一首。
《采詩官》。唐白居易一首。
《漢皇迎春辭》。唐溫庭筠一首，《溫庭筠全集》題為《漢皇迎春詞》。〔註 222〕
《夜宴謠》。唐溫庭筠一首。
《蓮浦謠》。唐溫庭筠一首。
《遐水謠》。唐溫庭筠一首。
《曉仙謠》。唐溫庭筠一首。
《水仙謠》。唐溫庭筠一首。
《東峰歌》。唐溫庭筠一首。
《罩魚歌》。唐溫庭筠一首。
《生禖屏風歌》。唐溫庭筠一首。
《湘宮人歌》。唐溫庭筠一首。
《太液池歌》。唐溫庭筠一首。
《雞鳴埭歌》。唐溫庭筠一首，《溫庭筠全集》題作《雞鳴埭曲》。〔註 223〕
《雉場歌》。唐溫庭筠一首。
《東郊行》。唐溫庭筠一首。
《春野行》。唐溫庭筠一首。
《吳苑行》。唐溫庭筠一首。
《塞寒行》。唐溫庭筠一首。
《臺城曉朝曲》。唐溫庭筠一首。
《走馬樓三更曲》。唐溫庭筠一首。
《春曉曲》。唐溫庭筠一首。
《惜春詞》。唐溫庭筠一首。
《春愁曲》。唐溫庭筠一首。
《春洲曲》。唐溫庭筠一首。

〔註 222〕《溫庭筠全集校注》卷一，第 93 頁。
〔註 223〕《溫庭筠全集校注》卷一，第 1 頁。

《晚歸曲》。唐溫庭筠一首。

《湘東宴曲》。唐溫庭筠一首。

《照影曲》。唐溫庭筠一首。

《舞衣曲》。唐溫庭筠一首。

《故城曲》。唐溫庭筠一首。

《蘭塘辭》。唐溫庭筠一首，《溫庭筠全集》題作《蘭塘詞》。〔註 224〕

《碌碌古辭》。唐溫庭筠一首。

《昆明池水戰辭》。唐溫庭筠一首，《溫庭筠全集》題作《昆明治水戰詞》。〔註 225〕

《獵騎辭》。唐溫庭筠一首，《溫庭筠全集》題作《獵騎》。〔註 226〕

《雙吹管》。唐陸龜蒙一首。

《東飛鳧》。唐陸龜蒙一首。

《花成子》。唐陸龜蒙一首。

《月成弦》。唐陸龜蒙一首。

《孤獨怨》。唐陸龜蒙一首。

《金吾子》。唐陸龜蒙一首。

按，以上陸龜蒙所作自《雙吹管》至《金吾子》6 題，在《樂府詩集》中總題為《樂府雜詠六首》，故本書以 1 題計。

《卒妻悲》。唐皮日休一首。

《橡媼歎》。唐皮日休一首。

《貪官怨》。唐皮日休一首。

《農父謠》。唐皮日休一首。

《路臣恨》。唐皮日休一首。

《賤貢士》。唐皮日休一首。

《頌夷臣》。唐皮日休一首。

《惜義鳥》。唐皮日休一首。

《誚虛器》。唐皮日休一首。

《哀隴民》。唐皮日休一首。

〔註 224〕《溫庭筠全集校注》卷二，第 99 頁。

〔註 225〕《溫庭筠全集校注》卷二，第 107 頁。

〔註 226〕《溫庭筠全集校注》卷三，第 187 頁。

按，以上皮日休所作自《卒妻悲》至《哀隴民》10 題，在《樂府詩集》中總題為《正樂府十篇》，故本書以 1 題計。

綜上所述，在《樂府詩集》十一大類（燕射歌辭一類除外，因該類不收唐人詩作）中，唐人擬作的前代樂府詩舊題和唐代新製的樂府詩新題總計 730 題。

在前代流傳到唐代的樂府詩題名中，有一部分清樂在不同史料記載中題名頗有差異，很值得注意。這部分清樂在《通典》《舊唐書》《新唐書》和《樂府詩集・清商曲辭》敘論中都曾被論及，為便討論，現將四處文獻記載列舉如下：

《通典・樂六》載：「（清樂）大唐武太后之時，猶六十三曲。今其辭存者有：《白雪》《公莫》《巴渝》《明君》《明之君》《鐸舞》《白鳩》《白紵》《子夜》《吳聲四時歌》《前溪》《阿子歡聞》《團扇》《懊儂》《長史變》《督護》《讀曲》《烏夜啼》《石城》《莫愁》《襄陽》《棲烏夜飛》《估客》《楊叛》《雅歌》《驍壺》《常林歡》《三洲採桑》《春江花月夜》《玉樹後庭花》《堂堂》《泛龍舟》等共三十二曲。《明之君》《雅歌》各二首，《四時歌》四首，合三十七曲。（其《吳聲四時歌》《雜歌》《春江花月夜》並未詳所起，余具前歌舞雜曲之篇。）又七曲有聲無辭：《上林》《鳳雛》《平調》《清調》《瑟調》《平摺》《命嘯》，通前為四十四曲存焉。……自長安以後，朝廷不重古曲，工伎轉缺，能合於管絃者，唯《明君》《楊叛》《驍壺》《春歌》《秋歌》《白雪》《堂堂》《春江花月夜》等八曲。舊樂章多或數百言，武太后時《明君》尚能四十言，今所傳二十六言，就之訛失，與吳音轉遠。」〔註 227〕

《舊唐書・音樂志》載：「《清樂》者，南朝舊樂也。……隋室已來，日益淪缺。武太后之時，猶有六十三曲，今其辭存者，惟有《白雪》《公莫舞》《巴渝》《明君》《鳳將雛》《明之君》《鐸舞》《白鳩》《白紵》《子夜》《吳聲四時歌》《前溪》《阿子》及《歡聞》《團扇》《懊儂》《長史》《督護》《讀曲》《烏夜啼》《石城》《莫愁》《襄陽》《棲烏夜飛》《估客》《楊伴》《雅歌》《驍壺》《常林歡》《三洲》《採桑》《春江花月夜》《玉樹後庭花》《堂堂》《泛龍舟》等三十二曲，《明之君》《雅歌》各二首，《四時歌》四首，合三十七首。又七曲有聲無辭：《上林》《鳳雛》《平調》《清調》《瑟調》《平摺》《命嘯》，通前為四十四曲存焉。……自長安已後，朝廷不重古曲，工伎轉缺，能合於管絃者，唯《明君》

〔註 227〕《通典》卷一四六，第 3716～3717 頁。

《楊伴》《驍壺》《春歌》《秋歌》《白雪》《堂堂》《春江花月》等八曲。舊樂章多或數百言。武太后時，《明君》尚能四十言，今所傳二十六言，就之訛失，與吳音轉遠。」〔註 228〕

《新唐書・禮樂志》載：「周、隋管絃雜曲數百，皆西涼樂也。鼓舞曲，皆龜茲樂也。唯琴工猶傳楚、漢舊聲及《清調》，蔡邕五弄、楚調四弄，謂之九弄。隋亡，清樂散缺，存者才六十三曲。其後傳者：《平調》《清調》，周《房中樂》遺聲也；《白雪》，楚曲也；《公莫舞》，漢舞也；《巴渝》，漢高帝命工人作也；《明君》，漢元帝時作也；《明之君》，漢《鞞舞》曲也；《鐸舞》，漢曲也；《白鳩》，吳《拂舞》曲也；《白紵》，吳舞也；《子夜》，晉曲也；《前溪》，晉車騎將軍沈玩作也；《團扇》，晉王珉歌也；《懊儂》，晉隆安初謠也；《長史變》，晉司徒左長史王廞作也；《丁督護》，晉、宋間曲也；《讀曲》，宋人為彭城王義康作也；《烏夜啼》，宋臨川王義慶作也；《石城》，宋臧質作也；《莫愁》《石城樂》所出也；《襄陽》，宋隨王誕作也；《烏夜飛》，宋沈攸之作也；《估客樂》，齊武帝作也；《楊叛》，北齊歌也；《驍壺》，投壺樂也；《常林歡》，宋、梁間曲也；《三洲》，商人歌也；《採桑》，《三洲曲》所出也；《玉樹後庭花》《堂堂》，陳後主作也；《泛龍舟》，隨煬帝作也。又有《吳聲四時歌》《雅歌》《上林》《鳳雛》《平折》《命嘯》等曲，其聲與其辭皆訛失，十不傳其一二。」〔註 229〕

《樂府詩集・清商曲辭》敘論曰：「唐貞觀中，用十部樂，清樂亦在焉。至武后時，猶有六十三曲。其後歌辭在者有《白雪》《公莫》《巴渝》《明君》《鳳將雛》《明之君》《鐸舞》《白鳩》《白紵》《子夜吳聲四時歌》《前溪》《阿子及歡聞》《團扇》《懊憹》《長史變》《丁督護》《讀曲》《烏夜啼》《石城》《莫愁》《襄陽》《棲烏夜飛》《估客》《楊伴》《雅歌驍壺》《常林歡》《三洲》《採桑》《春江花月夜》《玉樹後庭花》《堂堂》《泛龍舟》等三十二曲，《明之君》《雅歌》各二首，《四時歌》四首，合三十七首。又七曲有聲無辭，《上柱》《鳳雛》《平調》《清調》《瑟調》《平折》《命嘯》，通前為四十四曲存焉。長安已後，朝廷不重古曲，工伎浸缺，能合於管絃者唯《明君》《楊伴》《驍壺》《春歌》《秋歌》《白雪》《堂堂》《春江花月夜》等八曲。」〔註 230〕

上述四種文獻都論及流傳到唐代的清樂，最早的記載出自《通典》。《通典・

〔註 228〕《舊唐書》卷二九，第 1062～1068 頁。
〔註 229〕《新唐書》卷二二，第 474 頁。
〔註 230〕《樂府詩集》卷四四，第 499～500 頁。

樂六》稱清樂到大唐武太后時有辭者尚存 32 曲，這 32 曲之數其實有誤。在《通典．樂五》中也有這些曲名的記載，可證此誤。

《通典．樂五》記《阿子歌》《歡聞歌》曰：

> 《阿子歌》《歡聞歌》者，晉穆帝升平初，童子輩或歌於道，歌畢輒呼「阿子，汝聞否」，又呼「歡聞否」，以為送聲。後人演其聲，以為此二曲。宋、齊時用「莎乙子」之語，稍訛異也。〔註 231〕

可知《阿子歌》《歡聞歌》是作為兩首曲子存在，而《通典．樂六》卻直接將《阿子歡聞》作為一曲，當屬誤記。

《通典．樂五》又記《三洲歌》云：

> 《三洲歌》者，諸商客數由巴陵三江口往還，因共作此歌。又因《三洲》曲而作《採桑》。〔註 232〕

清商曲中的《採桑》又名《採桑度》。《樂府詩集》《採桑度》解題曰：「《採桑度》一曰《採桑》。《唐書．樂志》曰：『《採桑》因《三洲曲》而生，此聲苑也。《採桑度》，梁時作。』……《古今樂錄》曰：『《採桑度》舊舞十六人，梁八人，即非梁時作矣。』」〔註 233〕可知先有《三洲曲》而後有《採桑》，此《採桑》指《採桑度》。《採桑度》作為樂府題名在梁代仍然存在，可知其創製於梁代以前。前引《新唐書．禮樂志》所稱「《三洲》，商人歌也；《採桑》，《三洲曲》所出也」就已清晰揭示這二曲之間的衍生關係，故《通典．樂六》將《三洲》《採桑》二曲合併為《三洲採桑》一曲，殊為不妥。

而《通典．樂六》記載的《阿子歡聞》《三洲採桑》，在《舊唐書．音樂志》中則將這二者分別拆解，作《阿子》《歡聞》《三洲》《採桑》4 曲，又增加了《鳳將雛》1 曲，均計入唐代尚存的有辭清樂曲中。但《鳳將雛》屬漢代舊曲，且歷代記載皆未見其辭，而《舊唐書．音樂志》下文所記有聲無辭清樂曲中又有《鳳雛》，上下文所載頗相牴牾。故筆者認為，《舊唐書．音樂志》所載有辭清樂曲《鳳將雛》當為誤記。

《樂府詩集．清商曲辭》敘論中關於《阿子》《歡聞》《三洲》《採桑》的記載也存在問題，此外還涉及《子夜》和《吳聲四時歌》以及《雅歌》《驍壺》幾曲。其中涉及四個問題：一是敘論所述與實際收錄題名相矛盾，在敘論中仍

〔註 231〕《通典》卷一四五，第 3702 頁。
〔註 232〕《通典》卷一四五，第 3704 頁。
〔註 233〕《樂府詩集》卷四八，第 548 頁。

將《阿子歡聞》作為一曲，但在實際的歌辭收錄中又作《阿子歌》《歡聞歌》二題分別著錄；二是將《三洲》與《採桑》分作兩曲，這一點合乎邏輯；三是將《子夜》和《吳聲四時歌》合為一曲，題作《子夜吳聲四時歌》；四是將《雅歌》《驍壺》合為《雅歌驍壺》一曲，但《新唐書・禮樂志》稱《驍壺》是投壺樂，與《雅歌》當非一曲，《雅歌》或指《梁雅歌》。

《新唐書・禮樂志》關於唐代清樂的記載與其他三書不同，其將唐代有辭留存的清樂曲大致按創製時代依次排列並列出製曲者，但所記曲名有所缺失。更值得注意的是，其所載有聲無辭曲名與其他三書記載大相徑庭，個中原因不詳，姑且記於此處待考。

總之，《通典》雖是記載唐代清樂的最早文獻，但《通典・樂六》關於唐代武太后時有辭留存的清樂 32 曲的記載並不準確，尤其是所記《阿子歡聞》和《三洲採桑》與《通典・樂五》所載不符，在參照比對其他文獻記載後可知，《阿子歡聞》當為《阿子歌》《歡聞歌》二曲，《三洲採桑》當為《三洲（歌）》《採桑（度）》二曲。則留存到唐武太后時的有辭清樂並非 32 曲，而是 34 曲。

第二節　《樂府詩集》已收之待考唐代樂府詩題名

在《樂府詩集》中，還有一些無法確考年代的詩作，疑似作於唐代，茲列於此待考。

《木蘭詩》。古辭二首，屬橫吹曲辭。古辭其二或是唐代詩人韋元甫所作。《樂府詩集》解題云：「《古今樂錄》曰：『木蘭不知名，浙江西道觀察使兼御史中丞韋元甫續附入。』」〔註 234〕《古今樂錄》是南朝陳釋智匠所編，其中必然不會有關於唐代詩作的記錄，故解題中這條出自《古今樂錄》的記載很可能是後代篡入，但中華書局本《樂府詩集》在《木蘭詩》解題後有注云：「《詩紀》卷九六題注有『《古文苑》作唐人《木蘭詩》』句」，〔註 235〕又云是唐人詩，可備一說。

《上皇三臺》。無名氏一首，屬雜曲歌辭。此題在《樂府詩集》中列於唐韋應物《三臺》之後，應是《三臺》的衍生題名。《三臺》的創製源於北齊高洋重建三臺，故《上皇三臺》的出現當晚於北齊。另外，在《樂府詩集》《上

〔註 234〕《樂府詩集》卷二五，第 307 頁。

〔註 235〕《樂府詩集》卷二五，中華書局，1979 年版，第 375 頁。

皇三臺》之後又有《突厥三臺》，任半塘稱其或為唐代大曲名。〔註 236〕從題名看，《上皇三臺》和《突厥三臺》都是《三臺》的衍生題名；從這三題在《樂府詩集》中的排列次序看，《上皇三臺》前有唐韋應物《三臺》，後有唐代題名《突厥三臺》，則其或亦為唐代題名，故將此題繫於唐代待考。

《大和》。無名氏一首，屬近代曲辭。在《樂府詩集》中，《大和》前後二題分別是唐曲《涼州詞》和《伊州》，則《大和》或亦為唐代題名，列於唐代待考。

《陸州》。無名氏七首，屬近代曲辭。

《簇拍陸州》。無名氏一首，屬近代曲辭。

《石州》。無名氏一首，屬近代曲辭。

按，以上 3 題在《樂府詩集·近代曲辭》中依次排列，前後可確考的題名分別是唐代的《伊州》和《蓋羅縫》，則此 3 題或亦即唐代題名，列於唐代待考。

《雙帶子》。無名氏一首，屬近代曲辭。在《樂府詩集》中，此題前後可確考的題名分別是唐代的《蓋羅縫》和《崑崙子》，故其或亦為唐代題名，列於唐代待考。

《穆護砂》。無名氏一首，屬近代曲辭。

《思歸樂》。無名氏二首，屬近代曲辭。

按，以上 2 題在《樂府詩集》中前後可確考題名分別是唐代的《上巳樂》和《金殿樂》，故此 2 題或亦為唐代題名，列於唐代待考。

《戰勝樂》。無名氏一首，屬近代曲辭。此題在《樂府詩集》中前後可確考的題名分別是唐代的《破陣樂》和《劍南臣》，故其或亦為唐代題名，列於唐代待考。

《塞姑》。無名氏一首，屬近代曲辭。

《水鼓子》。無名氏一首，屬近代曲辭。

按，以上 2 題在《樂府詩集》中前後可確考題名分別是唐代的《歎疆場》和《婆羅門》，故其或亦為唐代題名，列於唐代待考。

《浣沙女》。無名氏二首，屬近代曲辭。其在《樂府詩集》中前後可確考題名分別是唐代的《婆羅門》和《鎮西》，故其或亦為唐代題名，列於唐代待考。

《回紇》。無名氏一首，屬近代曲辭。其在《樂府詩集》中前後可確考題名分別是唐代的《鎮西》和《長命女》，故其或亦為唐代題名，列於唐代待考。

《一片子》。無名氏一首，屬近代曲辭。其在《樂府詩集》中前後可確考

〔註 236〕《教坊記箋訂》，第 156 頁。

題名分別是唐代的《醉公子》和《甘州》，故此題或亦為唐代題名，列於唐代待考。

總之，上述 15 題集中在《樂府詩集》的橫吹曲辭、雜曲歌辭和近代曲辭三類中，從它們在《樂府詩集》中排列的先後次序看，均可能是唐代題名，故列於唐代待考。

第三章　唐代樂府詩題名的文獻考察（下）

唐代樂府活動空前繁盛，樂府詩數量也極為龐大，還有很多樂府詩題名未被收入《樂府詩集》，本章將對這些題名予以補錄。這些補錄的題名可分為兩種情況：一是題辭均存，一是題存辭佚。本章針對這兩種情況分別考察。

第一節　《樂府詩集》未收之有辭唐代樂府詩題名

就筆者目力所及，《樂府詩集》未收的有辭唐代樂府詩題名共有 115 題，其中又可分為三種情形：有些是可以確考的唐代樂府詩題名，有些是疑似為唐代樂府詩題名，還有一些《樂府詩集》未收的唐人同題詩作可予以補錄。因此，本節又將《樂府詩集》未收的有辭唐代樂府詩題名分為確考、疑似、同題補錄三類考察。

一、確考之唐代樂府詩題名

盧照鄰《盧照鄰集》卷三「樂府」類有《中和樂》九章，《樂府詩集》未收。詩云：

歌登封第一

炎圖喪寶，黃曆開璿。祖武類帝，宗文配天。玉鸞垂日，翠華陵煙。東雲干呂，南風入弦。山稱萬歲，河慶千年。金繩永結，壁麗長懸。

歌明堂第二

穆穆聖皇，雍雍明堂。左平右墄，上圓下方。調均風雨，制度陰陽。四窗八達，五室九房。南通夏火，西瞰秋霜。天子臨御，萬玉鏘鏘。

歌東軍第三

遐哉廟略，赫矣臺臣。橫戈碣石，倚劍浮津。風丘佛箨，日域清塵。島夷復祀，龍伯來賓。休兵宇縣，獻馘天闉。旆海凱入，耀輝震震。

歌南郊第四

虔郊上帝，肅事圓丘。龍駕四牡，鸞旗九斿。鍾歌晚引，紫煬高浮。日麗蒼璧，雲飛鳴球。皇之慶矣，萬壽千秋。

歌中宮第五

祥遊沙麓，慶洽瑤衣。黃雲晝聚，白氣宵飛。居中履正，稟和體微。儀刑赤縣，演教椒闈。陶鈞萬國，丹青四妃。河洲在詠，風化攸歸。

歌儲宮第六

波澄少海，景麗前星。高禖誕聖，甲觀升靈。承規翠所，問寢瑤庭。宗儒側席，問道橫經。山賓皎皎，國冑青青。黃裳元吉，邦家以寧。

歌諸王第七

星陳帝子，岳列天孫。義光帶礪，象著乾坤。我有明德，利建攸存。苴以茅社，錫以犧尊。藩屏王室，翼亮堯門。八才兩獻，夫何足論。

歌公卿第八

蹇蹇三事，師師百僚。群龍在職，振鷺盈朝。豐金輝首，佩玉鳴腰。青蒲翼翼，丹地翹翹。歌雲佐漢，捧日匡堯。天工人代，邈邈昭昭。

總歌第九

明明天子兮聖德揚，穆穆皇后兮陰化康。登若木兮坐明堂，池蒙汜兮家扶桑。武化偃兮文化昌，禮樂昭兮股肱良。君臣已定兮君永無疆，顏子更生兮徒皇皇。若有人兮天一方，忠為衣兮信為裳。

餐白玉兮飲瓊芳，心思荃兮路阻長。〔註1〕

《中和樂》九章，前八章皆為四言詩，第九章是騷體，《樂府詩集》無此題，《盧照鄰集》既將此題歸於「樂府」類，則其當具備樂府性質。又，《樂府詩集》中有德宗貞元時期創製的《唐中和樂舞辭》，晚於盧照鄰約百年，亦稱《中和舞》，雖與盧照鄰此詩題名相仿，但二者似並無關聯。

張說《張說集》中有《舞馬千秋萬歲樂府詞》三首，《樂府詩集》未收。詩云：

金天誕聖千秋節，玉醴還分萬壽觴。試聽紫騮歌樂府，何如騄驥舞華岡。連騫勢出魚龍變，蹀躞驕生鳥獸行。歲歲相傳指樹日，翩翩來伴慶雲翔。

聖皇至德與天齊，天馬來儀自海西。腕足徐行拜兩膝，繁驕不進踏千蹄。髤髵奮鬣時蹲踏，鼓怒驤身忽上躋。更有御杯終宴曲，垂頭掉尾醉如泥。

遠聽明君愛逸才，玉鞭金翅引龍媒。不應兹白人間有，定是飛黃天上來。影弄日華相照耀，噴含雲色且徘徊。莫言闕下桃花舞，別有河中蘭葉開。〔註2〕

按，《樂府詩集·近代曲辭》有《千秋樂》，源於開元十七年八月五日玄宗降誕日群臣表請為千秋節。千秋節當日於花萼樓前舉行盛大慶典，玄宗與群臣及士庶均參與其中，慶典演出的節目之一是舞馬。張說此詩題名中就包含了舞馬、千秋節這些內容，同時以「樂府詞」為題，可知此詩確實具備樂府性質。

李白《李太白全集》卷六「樂府」類有4題《樂府詩集》未收，分別是《擬古》《春思》《搗衣篇》《去婦詞》。

《擬古》云：

融融白玉輝，映我青蛾眉。寶鏡似空水，落花如風吹。出門望帝子，蕩漾不可期。安得黃鶴羽，一報佳人知。〔註2〕

《春思》云：

燕草如碧絲，秦桑低綠枝。當君懷歸日，是妾斷腸時。春風不

〔註1〕《盧照鄰集校注》卷三，第166～180頁。

〔註2〕〔唐〕張說撰，熊飛校注《張說集校注》卷十，中華書局，2013年版，第558～559頁。

〔註3〕《李太白全集》卷六，第338頁。

相識，何事入羅幃。〔註4〕

《搗衣篇》云：

閨裏佳人年十餘，顰蛾對影恨離居。忽逢江上春歸燕，銜得雲中尺素書。玉手開緘長歎息，狂夫猶戍交河北。萬里交河水北流，願為雙燕泛中洲。君邊雲擁青絲騎，妾處苔生紅粉樓。樓上春風日將歇，誰能攬鏡看愁髮。曉吹員管隨落花，夜搗戎衣嚮明月。明月高高刻漏長，真珠簾箔掩蘭堂。橫垂寶幄同心結，半拂瓊筵蘇合香。瓊筵寶幄連枝錦，燈燭熒熒照孤寢。有便憑將金剪刀，為君留下相思枕。摘盡庭蘭不見君，紅巾拭淚生氤氳，明年若更征邊塞，願作陽臺一段雲。〔註5〕

《去婦詞》云：

古來有棄婦，棄婦有歸處。今日妾辭君，辭君遣何去。本家零落盡，慟哭來時路。憶昔未嫁君，聞君卻周旋。綺羅錦繡段，有贈黃金千。十五許嫁君，二十移所天。自從結髮日未幾，離君緬山川。家家盡歡喜，孤妾長自憐。幽閨多怨思，盛色無十年。相思若循環，枕席生流泉。流泉咽不掃，獨夢關山道。及此見君歸，君歸妾已老。物情惡衰賤，新寵方妍好。掩淚出故房，傷心劇秋草。自妾為君妻，君東妾在西。羅幃到曉恨，玉貌一生啼。自從離別久，不覺塵埃厚。嘗嫌玳瑁孤，猶羨鴛鴦偶。歲華逐霜霰，賤妾何能久。寒沼落芙蓉，秋風散楊柳。以比顦顇顏，空持舊物還。餘生欲何寄，誰肯相牽攀。君恩既斷絕，相見何年月。悔傾連理杯，虛作同心結。女蘿附青松，貴欲相依投。浮萍失綠水，教作若為流。不歎君棄妾，自歎妾緣業。憶昔初嫁君，小姑纔倚牀。今日妾辭君，小姑如妾長。回頭語小姑，莫嫁如兄夫。〔註6〕

《李太白全集》卷三至卷六均為「樂府」類，以上4題均被收錄於「樂府」類下，且《李太白全集》「樂府」類中其他詩作多被《樂府詩集》收錄，故此4題應當亦為樂府詩。

儲光羲《儲光羲詩集》有《明妃曲》四首，《樂府詩集》未收。詩云：

〔註4〕《李太白全集》卷六，第350頁。

〔註5〕《李太白全集》卷六，第355頁。

〔註6〕《李太白全集》卷六，第366～368頁。

西行隴上泣胡天，南向雲中指渭川。毳幕夜來時宛轉，何由得似漢王邊。

胡王知妾不勝悲，樂府皆傳漢國辭。朝來馬上箜篌引，稍似宮中閒夜時。

日暮驚沙亂雪飛，傍人相勸易羅衣。強來前殿看歌舞，共待單于夜獵歸。

彩騎雙雙引寶車，羌笛兩兩奏胡笳。若為別得橫橋路，莫隱宮中玉樹花。〔註7〕

《樂府詩集·琴曲歌辭》有《明妃怨》，出自琴曲歌辭《昭君怨》，寫昭君出塞事。儲光羲《明妃曲》當出於此，亦應為樂府詩。又，《樂府詩集·琴曲歌辭》另有《楚明妃曲》，收劉宋湯惠休四言詩一首，與此不同。

高適《高適詩集》有《古樂府飛龍曲》1題，《樂府詩集》未收。詩云：

德以精靈降，時膺夢寐求。蒼生謝安石，天子富人侯。樽俎資高論，岩廊挹大猷。相門連戶牖，卿族嗣弓裘。豁達雲開霽，清明月映秋。能為吉甫頌，善用子房籌。階砌思攀陟，門闌尚阻修。高山不易仰，大匠本難投。跡與松喬合，心緣啟沃留。公才山吏部，書癖杜荊州。幸沐千年聖，何辭一尉休。折腰知寵辱，回首見沉浮。天地莊生馬，江湖范蠡舟。逍遙堪自樂，浩蕩信無憂。去此從黃綬，歸歟任白頭。風塵與霄漢，瞻望日悠悠。〔註8〕

《樂府詩集》未收《飛龍曲》，而高適此詩題名直言其為「古樂府」，可知《飛龍曲》確為樂府曲名。

劉禹錫《劉禹錫集》卷二六、二七均為「樂府」類，卷二七末有云：「右已上詞，先不入集，伏緣播在樂章，今附於卷末。」〔註9〕可知此二卷所收詩歌都入樂可歌，加之這兩卷在集中的類名為「樂府」，可知這些詩都屬於樂府詩。這兩卷中未見《樂府詩集》收錄者有如下29題：

〔註7〕〔唐〕儲光羲《儲光羲詩集》卷五，上海古籍出版社，1992年版，第36～37頁。

〔註8〕〔唐〕高適撰，劉開揚箋注《高適詩集編年箋注》，中華書局，1981年版，第197頁。

〔註9〕《劉禹錫集》卷二七，第364頁。按，劉禹錫生前曾自編詩集，學界多認為其現存詩集是唐以後經歷五代十國動盪後由原先的自編詩集輯佚而成，宋代中期，宋敏求收集整理已逸部分而成集外十卷。可知劉禹錫集中對樂府的分類和認識來自劉禹錫本人。關於劉禹錫集的編輯過程，可參看宋穎芳《唐代樂府文獻留存問題考察》，首都師範大學2012年博士學位論文，第111頁。

《順陽歌》云：

朝辭官軍驛，前望順陽路。野水齧荒墳，秋蟲鏤官樹。曾聞天寶末，胡馬西南騖。城守魯將軍，拔城從此去。〔註 10〕

《馬嵬行》云：

綠野扶風道，黃塵馬嵬驛。路邊楊貴人，墳高三四尺。乃問里中兒，皆言幸蜀時。軍家誅佞倖，天子捨妖姬。群吏伏門屏，貴人牽帝衣。低回轉美目，風日為無暉。貴人飲金屑，倏忽舜英暮。平生服杏丹，顏色真如故。屬車塵已遠，里巷來窺覷。共愛宿妝妍，君王畫眉處。履綦無復有，履組光未滅。不見岩畔人，空見凌波襪。郵童愛蹤跡，私手解鞶結。傳看千萬眼，縷絕香不歇。指環照骨明，首飾敵連城。將入咸陽市，猶得賈胡驚。〔註 11〕

《莫傜歌》云：

莫傜自生長，名字無符籍。市易雜鮫人，婚姻通木客。星居占泉眼，火種開山脊。夜渡千仞谿，含沙不能射。〔註 12〕

《蠻子歌》云：

蠻語鉤輈音，蠻衣斑斕布。薰狸掘沙鼠，時節祠盤瓠。忽逢乘馬客，恍若驚麏顧。腰斧上高山，意行無舊路。〔註 13〕

《洞庭秋月行》云：

洞庭秋月生湖心，曾波萬頃如熔金。孤輪徐轉光不定，遊氣濛濛隔寒鏡。是時白露三秋中，湖平月上天地空。岳陽城頭莫角絕，蕩漾已過君山東。山城蒼蒼夜寂寂，水月逶迤繞城白。蕩槳巴童歌《竹枝》，連檣估客吹羌笛。勢高夜久陰力全，金氣肅肅開清躔。浮雲野鳥歸四裔，首冠星斗當中天。天雞相呼曙霞出，斂影含光讓朝日。日出喧喧人不聞，夜來清景非人間。〔註 14〕

《華清詞》云：

日出驪山東，裴回照溫泉。樓臺影玲瓏，稍稍開白煙。言昔太上皇，常居此祈年。風中聞清樂，往往來列仙。翠華入五雲，紫氣

〔註 10〕《劉禹錫集》卷二六，第 338 頁。
〔註 11〕《劉禹錫集》卷二六，第 338 頁。
〔註 12〕《劉禹錫集》卷二六，第 343 頁。
〔註 13〕《劉禹錫集》卷二六，第 343 頁。
〔註 14〕《劉禹錫集》卷二六，第 344 頁。

歸上玄。哀哀生人淚，泣盡弓劍前。聖道本自我，凡情徒顒然。小臣感玄化，一望青冥天。〔註 15〕

《魏宮詞》二首云：

日晚長秋簾外報，望陵歌舞在明朝。添爐火欲薰衣麝，憶得分明不忍燒。

日映西陵松柏枝，下臺相顧一相悲。朝來樂府長歌曲，唱著君王自作詞。〔註 16〕

《九華山歌》云：

奇峰一見驚魂魄，意想洪爐始開闢。疑是九龍夭矯欲攀天，忽逢霹靂一聲化為石。不然何至今，悠悠億萬年，氣勢不死如騰仚。雲含幽兮月添冷，日凝暉兮江漾影。結根不得要路津，迥秀長在無人境。軒皇封禪登雲亭，大禹會計臨東溟，乘檋不來廣樂絕，獨與猨鳥愁青熒。君不見敬亭之山黃索漠，兀如斷岸無稜角。宣城謝守一首詩，遂使聲名齊五嶽。九華山，九華山，自是造化一尤物，焉能籍甚乎人間？〔註 17〕

《送春曲》三首云：

春向晚，春晚思悠哉！風雲日已改，花葉自相催。漠漠空中去，何時天際來？

春已暮，冉冉如人老。映葉見殘花，連天是青草。可憐桃與李，從此同桑棗。

春景去，此去何時回？遊人千萬恨，落日上高臺。寂寞繁花盡，流鶯歸不來。〔註 18〕

《初夏曲》三首云：

銅壺方促夜，斗柄暫南回。稍嫌單衣重，初憐北戶開。西園花已盡，新月為誰來？

時節過繁華，陰陰千萬家。巢禽命子戲，園果墜枝斜。寂寞孤飛蝶，窺叢覓晚花。

〔註 15〕《劉禹錫集》卷二六，第 345 頁。
〔註 16〕《劉禹錫集》卷二六，第 346 頁。
〔註 17〕《劉禹錫集》卷二六，第 348 頁。
〔註 18〕《劉禹錫集》卷二六，第 348 頁。

綠水風初暖，青林露早晞。麥隴雉朝雊，桑野人暮歸。百舌悲花盡，無聲來去飛。〔註 19〕

《柳花詞》三首云：

開從綠條上，散逐香風遠。故取花落時，悠揚占春晚。

輕飛不假風，輕落不委地。撩亂舞晴空，發人無限思。

晴天黯黯雪，來送青春莫。無意似多情，千家萬家去。〔註 20〕

《送春詞》云：

昨來樓上迎春處，今日登樓又送歸。蘭蕊殘妝含露泣，柳條長袖向風揮。佳人對鏡容顏改，楚客臨江心事違。萬古至今同此恨，無如一醉盡忘機。〔註 21〕

《秋詞》二首云：

自古逢秋悲寂寥，我言秋日勝春朝。晴空一鶴排雲上，便引詩情到碧霄。

山明水淨夜來霜，數樹深紅出淺黃。試上高樓清入骨，豈如春色嗾人狂。〔註 22〕

《秋扇詞》云：

莫道恩情無重來，人間榮謝遞相催。當時初入君懷袖，豈念寒爐有死灰？〔註 23〕

《七夕》二首云：

河鼓靈旗動，姮娥破鏡斜。滿空天是幕，徐轉斗為車。機罷猶安石，橋成不礙查。誰知觀津女，竟夕望雲涯！

天衢啟雲帳，神馭上星橋。初喜渡河漢，頻驚轉斗杓。餘霞張錦幛，輕電閃紅綃。非是人間世，還悲後會遙。〔註 24〕

《龍陽縣歌》云：

縣門白日無塵土，百姓縣前挽魚罟。主人引客登大堤，小兒縱觀黃犬怒。鵁鶄驚鳴繞籬落，橘柚垂芳照窗戶。沙平草綠見吏稀，

〔註 19〕《劉禹錫集》卷二六，第 348 頁。
〔註 20〕《劉禹錫集》卷二六，第 349 頁。
〔註 21〕《劉禹錫集》卷二六，第 349 頁。
〔註 22〕《劉禹錫集》卷二六，第 349 頁。
〔註 23〕《劉禹錫集》卷二七，第 351 頁。
〔註 24〕《劉禹錫集》卷二七，第 352 頁。

寂歷斜陽照懸鼓。〔註25〕

《度桂嶺歌》云：

桂陽嶺，下下復高高。人稀鳥獸駭，地遠草木豪。寄言遷金子，知余歌者勞。〔註26〕

《插田歌》並引云：

連州城下，俯接村墟。偶登郡樓，適有所感，遂書其事為俚歌，以俟采詩者。

岡頭花草齊，燕子東西飛。田塍望如線，白水光參差。農婦白紵裙，農夫綠蓑衣。齊唱田中歌，嚶佇如《竹枝》。但聞怨響音，不辨俚語詞。時時一大笑，此必相嘲嗤。水平苗漠漠，煙火生墟落。黃犬往復還，赤雞鳴且啄。路傍誰家郎？烏帽衫袖長。自言上計吏，年初離帝鄉。田夫語計吏：「君家儂定諳。一來長安罷，眼大不相參。」計吏笑致辭：「長安真大處。省門高軻峨，儂入無度數。昨來補衛士，唯用筒竹布。君看二三年，我作官人去。」〔註27〕

《畬田行》云：

何處好畬田，團團縵山腹。鑽龜得雨卦，上山燒臥木。驚麏走且顧，群雉聲咿喔。紅焰遠成霞，輕煤飛入郭。風引上高岑，獵獵度青林。青林望靡靡，赤光低復起。照潭出老蛟，爆竹驚山鬼。夜色不見山，孤明星漢間。如星復如月，俱逐曉風滅。本從敲石光，遂至烘天熱。下種暖灰中，乘陽圻牙孽。蒼蒼一雨後，苕穎如雲發。巴人拱手吟，耕耨不關心。由來得地勢，徑寸有餘金。〔註28〕

《蒲桃歌》云：

野田生蒲桃，纏繞一枝高。移來碧墀下，張王日日高。分岐浩繁縟，修蔓蟠詰曲。揚翹向庭柯，意思如有屬。為之立長架，布濩當軒綠。米液溉其根，理疏看滲漉。繁葩組綬結，懸實珠璣蹙。馬乳帶輕霜，龍鱗曜初旭。有客汾陰至，臨堂瞪雙目。自言：「我晉人，種此如種玉。釀之成美酒，令人飲不足。為君持一斗，往取涼州牧。」〔註29〕

〔註25〕《劉禹錫集》卷二七，第352頁。
〔註26〕《劉禹錫集》卷二七，第353頁。
〔註27〕《劉禹錫集》卷二七，第353頁。
〔註28〕《劉禹錫集》卷二七，第353頁。
〔註29〕《劉禹錫集》卷二七，第354頁。

《鵶鳩吟》云：

朝陽有吟鳳，不聞千萬祀。鵶鳩催眾芳，晨間先入耳。秋風白露晞，從是爾啼時。如何上春日，唧唧滿庭飛？〔註 30〕

《牆陰歌》云：

白日左右浮天潢，朝晡影入東西牆。昔為兒童在陰戲，當時意小覺日長。東鄰侯家吹笙簧，隨陰促促移象床。西鄰田舍乏糟糠，就影汲汲舂黃粱。因思九州四海外，家家只占牆陰內。莫言牆陰數尺間，老卻主人如等閒。君看眼前光陰促，中心莫學太行山。〔註 31〕

《觀雲篇》云：

興雲感陰氣，疾足如見機。晴來意態行，有若功成歸。蔥蘢含晚景，潔白凝秋暉。夜深度銀漢，漠漠仙人衣。〔註 32〕

《百花行》云：

長安百花時，風景宜輕薄。無人不沽酒？何處不聞樂？春風連夜動，微雨凌曉濯。紅焰出牆頭，雪光映樓角。繁紫韻松竹，遠黃繞籬落。臨路不勝愁，輕煙去何託？滿庭蕩魂魄，照廡成丹渥。爛熳簇顛狂，飄零勸行樂。時節易晼晚，清陰覆池閣。唯有安石榴，當軒慰寂寞。〔註 33〕

《春有情篇》云：

為問遊春侶，春情何處尋？花含欲語意，草有鬥生心。雨頻唯發色，雲輕不作陰。縱令無月夜，芳興暗中深。〔註 34〕

《路傍曲》云：

南山宿雨晴，春入鳳皇城。處處聞絃管，無非送酒聲。〔註 35〕

《白鷺兒》云：

白鷺兒，最高格。毛衣新成雪不敵，眾禽喧呼獨凝寂。孤眠芊芊草，久立潺潺石。前山正無雲，飛去入遙碧。〔註 36〕

〔註 30〕《劉禹錫集》卷二七，第 355 頁。
〔註 31〕《劉禹錫集》卷二七，第 355 頁。
〔註 32〕《劉禹錫集》卷二七，第 355 頁。
〔註 33〕《劉禹錫集》卷二七，第 356 頁。
〔註 34〕《劉禹錫集》卷二七，第 357 頁。
〔註 35〕《劉禹錫集》卷二七，第 357 頁。
〔註 36〕《劉禹錫集》卷二七，第 358 頁。

《邊風行》云：

邊馬蕭蕭鳴，邊風滿磧生。暗添弓箭力，斗上鼓鼙聲。襲月寒暈起，吹雲陰陣成。將軍占氣候，出號夜翻營。〔註 37〕

《代靖安佳人怨》二首云：

寶馬鳴珂踏曉塵，魚文匕首犯車茵。適來行哭里門外，昨夜華堂歌舞人。

秉燭朝天遂不回，路人彈指望高臺。牆東便是傷心地，夜夜秋螢飛去來。〔註 38〕

上述詩歌中，《代靖安佳人怨》並不在《劉禹錫集》中「樂府」類下，但此詩有詩引云：「靖安，丞相武公居里名也。元和十一年六月，公將朝，夜漏未盡三刻，騎出里門，遇盜，薨於牆下。初，公為郎，余為御史，繇是有舊故。今守於遠服，賤不可以誄，又不得為歌詩聲於楚挽，故代作《佳人怨》，以埤於樂府云。」〔註 39〕可知作者希望此詩被樂府機構採納。宋代以前凡稱樂府者，或是朝廷音樂機構曾經表演的歌辭，或是朝廷音樂機構正在表演的歌辭，或是希望成為朝廷音樂機構表演的歌辭。〔註 40〕此詩詩引明確表示「以埤於樂府」，故此詩當為樂府詩。

孟郊《孟郊集》卷一、卷二為「樂府」類，未被《樂府詩集》收錄者有如下 29 題：

《送遠吟》云：

河水昏復晨，河邊相送頻。離杯有淚飲，別柳無枝春。一笑忽然斂，萬愁俄已新。東波與西日，不惜遠行人。〔註 41〕

按，《孟郊集校注》中詩題校注曰：「樂府鼓吹曲辭。《樂府詩集》卷二有謝朓《送遠曲》。」〔註 42〕可知此題出自《送遠曲》，屬鼓吹曲辭。

《靜女吟》云：

豔女皆妒色，靜女獨檢蹤。任禮恥任妝，嫁德不嫁容。君子易

〔註 37〕《劉禹錫集》卷二七，第 358 頁。
〔註 38〕《劉禹錫集》卷三〇，第 411 頁。
〔註 39〕《劉禹錫集》卷三〇，第 411 頁。
〔註 40〕《樂府學概論》，第 5 頁。
〔註 41〕《孟郊集校注》卷一，第 5 頁。
〔註 42〕《孟郊集校注》卷一，第 5 頁。

求聘，小人難自從。此志誰與諒，琴弦幽韻重。〔註 43〕

按，《孟郊集校注》中詩題校注曰：「東野自製樂府辭。」〔註 44〕

《歸信吟》云：

淚墨灑為書，將寄萬里親。書去魂亦去，兀然空一身。〔註 45〕

按，《孟郊集校注》中詩題校注曰：「東野自製樂府辭。」〔註 46〕

《山老吟》云：

不行山下地，唯種山上田。腰斧斫旅松，手瓢汲家泉。詎知文字力，莫記日月遷。蟠木為我身，始得全天年。〔註 47〕

按，《孟郊集校注》中詩題校注曰：「東野自製樂府辭。」〔註 48〕

《小隱吟》云：

我飲不在醉，我歡長寂然。酌溪四五盞，聽彈兩三弦。煉性靜棲白，洗情深寄玄。號怒路傍子，貪敗不貪全。〔註 49〕

按，《孟郊集校注》中詩題校注曰：「東野自製樂府辭。」〔註 50〕

《苦寒吟》云：

天寒色青蒼，北風叫枯桑。厚冰無裂文，短日有冷光。敲石不得火，壯陰奪正陽。苦調竟何言，凍吟成此章。〔註 51〕

按，《孟郊集校注》中詩題校注曰：「樂府相和歌辭。《樂府詩集》卷三三收魏武帝《苦寒行》，並引《樂府解題》曰：『晉樂奏魏武帝《北上篇》，備言冰雪溪谷之苦。其後或謂之《北上行》，蓋因武帝辭而擬之也。』」〔註 52〕則孟郊此題當出自《苦寒行》，屬相和歌辭。

《猛將吟》云：

擬膾樓蘭肉，蓄怒時未揚。秋鼙無退聲，夜劍不隱光。虎隊手驅出，豹篇心卷藏。古今皆有言，猛將出北方。〔註 53〕

〔註 43〕《孟郊集校注》卷一，第 9 頁。
〔註 44〕《孟郊集校注》卷一，第 9 頁。
〔註 45〕《孟郊集校注》卷一，第 9 頁。
〔註 46〕《孟郊集校注》卷一，第 9 頁。
〔註 47〕《孟郊集校注》卷一，第 10 頁。
〔註 48〕《孟郊集校注》卷一，第 10 頁。
〔註 49〕《孟郊集校注》卷一，第 11 頁。
〔註 50〕《孟郊集校注》卷一，第 11 頁。
〔註 51〕《孟郊集校注》卷一，第 12 頁。
〔註 52〕《孟郊集校注》卷一，第 12 頁。
〔註 53〕《孟郊集校注》卷一，第 13 頁。

按，《孟郊集校注》中詩題校注曰：「東野自製樂府辭。」〔註 54〕

《楚竹吟酬盧虔端公見和湘弦怨》云：

握中有新聲，楚竹人未聞。識音者謂誰，清夜吹贈君。昔為瀟湘引，曾動瀟湘雲。一叫鳳改聽，再驚鶴失群。江花匪秋落，山日當晝曛。眾濁響雜沓，孤清思氛氳。欲知怨有形，願嚮明月分。一掬靈均淚，千年湘水文。〔註 55〕

按，《孟郊集校注》中詩題校注曰：「東野自製樂府辭。」〔註 56〕

《遠愁曲》云：

飄颻何所從，遺冢行未逢。東西不見人，哭向青青松。此地有時盡，此哀無處容。聲翻太白雲，淚洗藍田峰。水涉七八曲，山登千萬重。願回玄夜月，出視白日蹤。〔註 57〕

按，《孟郊集校注》中詩題校注曰：「東野自製樂府辭。」〔註 58〕

《貧女詞寄從叔先輩簡》云：

蠶女非不勤，今年獨無春。二月冰雪深，死盡萬木身。時令自逆行，造化豈不仁。仰企碧霞仙，高控滄海雲。永別勞苦場，飄颻遊無垠。〔註 59〕

按，《孟郊集校注》中詩題校注曰：「東野自製樂府辭。」〔註 60〕

《邊城吟》云：

西城近日天，俗稟氣候偏。行子獨自渴，主人仍賣泉。燒烽碧雲外，牧馬青坡巔。何處作幽夢，歸思寄仰眠。〔註 61〕

按，《孟郊集校注》中詩題校注曰：「東野自製樂府辭。」〔註 62〕

《新平歌送許問》云：

邊柳三四尺，暮春離別歌。早回儒士駕，莫飲土番河。誰識匣

〔註 54〕《孟郊集校注》卷一，第 13 頁。
〔註 55〕《孟郊集校注》卷一，第 17 頁。
〔註 56〕《孟郊集校注》卷一，第 17 頁。
〔註 57〕《孟郊集校注》卷一，第 18 頁。
〔註 58〕《孟郊集校注》卷一，第 19 頁。
〔註 59〕《孟郊集校注》卷一，第 19 頁。
〔註 60〕《孟郊集校注》卷一，第 20 頁。
〔註 61〕《孟郊集校注》卷一，第 20 頁。
〔註 62〕《孟郊集校注》卷一，第 21 頁。

中寶，楚雲章句多。〔註63〕

按，《孟郊集校注》中詩題校注曰：「東野自製樂府辭，貞元九年作。」〔註64〕

《殺氣不在邊》云：

殺氣不在邊，凜然中國秋。道險不在山，平地有摧輈。河南又起兵，清濁俱鎖流。豈唯私客艱，擁滯官行舟。況余隔晨昏，去家成阻修。忽然兩鬢雪，固是一日愁。獨寢夜難曉，起視星漢浮。涼風蕩天地，日夕聲颼飀。萬物無少色，兆人皆老憂。長策苟未立，丈夫誠可羞。靈響復何事，劍鳴思戮讎。〔註65〕

按，《孟郊集校注》中詩題校注曰：「東野自製樂府辭。作於德宗建中三年。」〔註66〕

《結歌行》云：

驅儺擊鼓吹長笛，瘦鬼染面惟齒白。暗中崒崒拽茅鞭，倮足朱裈行戚戚。相顧笑聲沖庭燎，桃弧射矢時獨叫。〔註67〕

按，《孟郊集校注》中詩題校注曰：「東野自製樂府辭。」〔註68〕

《覆巢行》云：

荒城古木枝多枯，飛禽嗷嗷朝哺雛。枝傾巢覆雛墜地，烏鳶下啄更相呼。陽和發生均孕育，鳥獸有情知不足。枝危巢小風雨多，未容長成已先覆。靈枝珍木滿上林，鳳巢阿閣重且深。爾今所託非本地，烏鳶何得同爾心。〔註69〕

按，《孟郊集校注》中詩題校注曰：「東野自製樂府辭。」〔註70〕

《楚怨》云：

秋入楚江水，獨照汨羅魂。手把綠荷泣，意愁珠淚翻。九門不可入，一犬吠千門。〔註71〕

〔註63〕《孟郊集校注》卷一，第21頁。
〔註64〕《孟郊集校注》卷一，第21頁。
〔註65〕《孟郊集校注》卷一，第22頁。
〔註66〕《孟郊集校注》卷一，第22頁。
〔註67〕《孟郊集校注》卷一，第24頁。
〔註68〕《孟郊集校注》卷一，第24頁。
〔註69〕《孟郊集校注》卷一，第25頁。
〔註70〕《孟郊集校注》卷一，第25頁。
〔註71〕《孟郊集校注》卷一，第32頁。

按，《孟郊集校注》中詩題校注曰：「東野自製樂府辭。」〔註 72〕

《塘下行》云：

塘邊日欲斜，年少早還家。徒將白羽扇，調妾木蘭花。不是城頭樹，那棲來去鴉。〔註 73〕

按，《孟郊集校注》中詩題校注曰：「樂府相和歌辭有《塘上行》。」〔註 74〕孟郊此題或出自《塘上行》，亦屬相和歌辭。

《臨池曲》云：

池中春蒲葉如帶，紫菱成角蓮子大。羅裙蟬鬢寄迎風，雙雙伯勞飛向東。〔註 75〕

按，《孟郊集校注》中詩題校注曰：「東野自製樂府辭。」〔註 76〕

《閒怨》云：

妾恨比斑竹，下盤煩冤根。有筍未出土，中已含淚痕。〔註 77〕

《古意》。《孟郊集校注》卷一、卷二各有《古意》一首，分別是：

河邊織女星，河畔牽牛郎。未得渡清淺，相對遙相望。〔註 78〕

蕩子守邊戍，佳人莫相從。去來年月多，苦愁改形容。上山復下山，踏草成古蹤。徒言採蘼蕪，十度不一逢。鑒獨是明月，識志唯寒松。井桃始開花，一見悲萬重。人顏不再春，桃色有再濃。捐氣入空房，無憀乍從容。啟貼理針線，非獨學裁縫。手持未染彩，繡為白芙蓉。芙蓉無染污，將以表心素。欲寄未歸人，當春無信去。無信反增愁，愁心緣隴頭。願君如隴水，冰鏡水還流。宛宛青絲線，纖纖白玉鉤。玉鉤不虧缺，青絲無斷絕。回還勝雙手，解盡心中結。〔註 79〕

卷一《古意》詩題校注曰：「東野自製樂府辭。」〔註 80〕

《黃雀吟》云：

黃雀舞承塵，倚恃主人仁。主人忽不仁，買彈彈爾身。何不遠

〔註 72〕《孟郊集校注》卷一，第 32 頁。
〔註 73〕《孟郊集校注》卷一，第 33 頁。
〔註 74〕《孟郊集校注》卷一，第 33 頁。
〔註 75〕《孟郊集校注》卷一，第 34 頁。
〔註 76〕《孟郊集校注》卷一，第 34 頁。
〔註 77〕《孟郊集校注》卷一，第 38 頁。
〔註 78〕《孟郊集校注》卷一，第 40 頁。
〔註 79〕《孟郊集校注》卷二，第 49 頁。
〔註 80〕《孟郊集校注》卷一，第 40 頁。

飛去，蓬蒿正繁新。蒿粒無人爭，食之足為珍。莫覷翻車粟，覷翻罪有因。黃雀不知言，贈之徒殷勤。〔註 81〕

按，《孟郊集校注》中詩題校注曰：「樂府鼓吹曲辭。」〔註 82〕《樂府詩集·鼓吹曲辭》有《黃雀行》，孟郊《黃雀吟》或出於此，亦當屬鼓吹曲辭。

《嬋娟篇》云：

花嬋娟，泛春泉。竹嬋娟，籠曉煙。妓嬋娟，不長妍。月嬋娟，真可憐。夜半姮娥朝太一，人間本自無靈匹。漢宮承寵不多時，飛燕婕妤相妒嫉。〔註 83〕

按，《孟郊集校注》中詩題校注曰：「東野自製樂府辭。」〔註 84〕

《南浦篇》云：

南浦桃花亞水紅，水邊柳絮由春風，鳥鳴喈喈煙濛濛，自從遠送對悲翁，此翁已與少年別，唯憶深山深谷中。〔註 85〕

按，《孟郊集校注》中詩題校注曰：「東野自製樂府辭。」〔註 86〕

《清東曲》云：

櫻桃花參差，香雨紅霏霏。含笑競攀折，美人濕羅衣。采采清東曲，明眸豔珪玉。青巾艑上郎，上下看不足。南陽公首詞，編入新樂錄。〔註 87〕

按，《孟郊集校注》中詩題校注曰：「東野自製樂府辭，貞元八年作。」〔註 88〕

《和丁助教塞上吟》云：

哭雪復吟雪，廣文丁夫子。江南萬里寒，曾未及如此。整頓氣候誰，言從生靈始。無令惻隱者，哀哀不能已。〔註 89〕

按，《孟郊集校注》中詩題校注曰：「《塞上吟》，新樂府辭。」〔註 90〕《樂府詩集·新樂府辭》有《塞上》，孟郊《塞上吟》或出於此，亦當屬新樂府辭。

〔註 81〕《孟郊集校注》卷一，第 42 頁。
〔註 82〕《孟郊集校注》卷一，第 40 頁。
〔註 83〕《孟郊集校注》卷一，第 45 頁。
〔註 84〕《孟郊集校注》卷一，第 45 頁。
〔註 85〕《孟郊集校注》卷一，第 46 頁。
〔註 86〕《孟郊集校注》卷一，第 46 頁。
〔註 87〕《孟郊集校注》卷一，第 47 頁。
〔註 88〕《孟郊集校注》卷一，第 47 頁。
〔註 89〕《孟郊集校注》卷二，第 52 頁。
〔註 90〕《孟郊集校注》卷一，第 52 頁。

《古怨別》云：

颯颯秋風生，愁人怨離別。含情兩相向，欲語氣先咽。心曲千萬端，悲來卻難說。別後唯所思，天涯共明月。〔註 91〕

按，《孟郊集校注》中詩題校注曰：「擬古樂府辭。」〔註 92〕《樂府詩集・雜曲歌辭》有《古別離》《生別離》《長別離》《遠別離》《久別離》《新別離》《今別離》《暗別離》《潛別離》《別離曲》等，孟郊此題或是擬寫這一樂府離別系列而來。

《勸善吟》云：

瘦郭有志氣，相哀老龍鍾。勸我少吟詩，俗窄難爾容。一口百味別，況在醉會中。四座正當喧，片言何由通。顧餘昧時調，居止多疏慵。見書眼始開，聞樂耳不聰。視聽互相隔，一身且莫同。天疾難自醫，詩癖將何攻。見君如見書，語善千萬重。自悲咄咄感，變作煩惱翁。煩惱不可欺，古劍澀亦雄。知君方少年，少年懷古風。藏書拄屋脊，不惜與凡聾。我願拜少年，師之學崇崇。從他笑為矯，矯善亦可宗。〔註 93〕

按，《孟郊集校注》中詩題校注曰：「東野自製樂府辭。」〔註 94〕

《望夫石》云：

望夫石，夫不來兮江水碧。行人悠悠朝與暮，千年萬年色如故。〔註 95〕

按，《孟郊集校注》中詩題校注曰：「東野自製樂府辭。」〔註 96〕

《寒江吟》云：

冬至日光白，始知陰氣凝。寒江波浪凍，千里無平冰。飛鳥絕高羽，行人皆晏輿。荻洲素浩渺，碕岸澌碐磳。煙舟忽自阻，風帆不相乘。何況異形體，信任為股肱。涉江莫涉凌，得意須得朋。結交非賢良，誰免生愛憎。凍水有再浪，失飛有載騰。一言縱醜詞，萬響無善應。取鑒諒不遠，江水千萬層。何當春風吹，利涉吾道弘。〔註 97〕

〔註 91〕《孟郊集校注》卷二，第 53 頁。
〔註 92〕《孟郊集校注》卷二，第 53 頁。
〔註 93〕《孟郊集校注》卷二，第 56 頁。
〔註 94〕《孟郊集校注》卷一，第 56 頁。
〔註 95〕《孟郊集校注》卷二，第 57 頁。
〔註 96〕《孟郊集校注》卷二，第 58 頁。
〔註 97〕《孟郊集校注》卷二，第 58 頁。

按，《孟郊集校注》中詩題校注曰：「東野自製樂府辭。」〔註98〕

王建《王建詩集》有《涼州行》和《古從軍》，《樂府詩集》均未收錄。《涼州行》云：

> 涼州四邊沙皓皓，漢家無人開舊道。邊頭州縣盡胡兵，將軍別築防秋城。萬里人家皆已沒，年年旌節發西京。多來中國收婦女，一半生男為漢語。蕃人舊日不耕犁，相學如今種禾黍。驅羊亦著錦為衣，為惜氈裘防鬥時。養蠶繰繭成匹帛，那堪繞帳作旌旗。城頭山雞鳴角角，洛陽家家學胡樂。〔註99〕

《樂府詩集·近代曲辭》有《涼州詞》，詠邊關戰事。王建《涼州行》的題名、主題皆與之相同，當出於此。

《古從軍》云：

> 漢家逐單于，日沒處河曲。浮雲道旁起，行子車下宿。槍城圍鼓角，氈帳依山谷。馬上懸壺漿，刀頭分頰肉。來時高堂上，父母親結束。回面不見家，風吹破衣服。金瘡在肢節，相與拔箭鏃。聞道西涼州，家家婦女哭。〔註100〕

《樂府詩集·相和歌辭》有《從軍行》，多寫軍旅苦辛或邊庭戰事；唐人李頎有《古從軍行》，收入《樂府詩集·相和歌辭》的《從軍行》題下。王建此詩與《樂府詩集·相和歌辭》《從軍行》諸題主題相符，題名相近，亦當屬相和歌辭。

元稹《元稹集》自卷二三到卷二五為「樂府」類，卷二六還有少量「樂府」類的詩。元稹生前曾三次親自編輯詩集並分類，三次所分類別中皆有「樂府」類，則其集中「樂府」類中所收詩作代表了他對樂府的認識，應都屬於樂府詩。〔註101〕這些樂府詩，《樂府詩集》未收者所在不少，共涉及如下23題。

《連昌宮詞》云：

> 連昌宮中滿宮竹，歲久無人森似束。又有牆頭千葉桃，風動落花紅蔌蔌。宮邊老翁為予泣：「小年進食曾因入。上皇正在望仙樓，太真同憑欄干立。樓上樓前盡珠翠，炫轉熒煌照天地。歸來如夢復

〔註98〕《孟郊集校注》卷二，第58頁。

〔註99〕《王建詩集校注》卷一，第1頁。

〔註100〕《王建詩集校注》卷三，第112頁。

〔註101〕關於元稹編輯其詩集的過程，可參看宋穎芳《唐代樂府詩文獻留存問題考察》，首都師範大學2012年博士學位論文，第132～134頁。

如癡，何暇備言宮裏事。初過寒食一百六，店舍無煙宮樹綠。夜半月高絃索鳴，賀老琵琶定場屋。力士傳呼覓念奴，念奴潛伴諸郎宿。須臾覓得又連催，特敕街中許然燭。春嬌滿眼睡紅綃，掠削雲鬟旋裝束。飛上九天歌一聲，二十五郎吹管逐。逡巡大遍《涼州》徹，色色《龜茲》轟錄續。李謨擫笛傍宮牆，偷得新翻數般曲。平明大駕發行宮，萬人歌舞途路中。百官隊仗避岐薛，楊氏諸姨車斗風。明年十月東都破，御路猶存祿山過。驅令供頓不敢藏，萬姓無聲淚潛墮。兩京定後六七年，卻尋家舍行宮前。莊園燒盡有枯井，行宮門閉樹宛然。爾後相傳六皇帝，不到離宮門久閉。往來年少說長安，玄武樓成花萼廢。去年敕使因斫竹，偶值門開暫相逐。荊榛櫛比塞池塘，狐兔驕癡緣樹木。舞榭欹傾基尚在，文窗窈窕紗猶綠。塵埋粉壁舊花鈿，烏啄風箏碎珠玉。上皇偏愛臨砌花，依然御榻臨階斜。蛇出燕巢盤斗拱，菌生香案正當衙。寢殿相連端正樓，太真梳洗樓上頭。晨光未出簾影黑，至今反掛珊瑚鉤。指似傍人因慟哭，卻出宮門淚相續。自從此後還閉門，夜夜狐狸上門屋。」我聞此語心骨悲，太平誰致亂者誰？翁言：「野父何分別？耳聞眼見為君說。姚崇宋璟作相公，勸諫上皇言語切。燮理陰陽禾黍豐，調和中外無兵戎。長官清平太守好，揀選皆言由相公。開元之末姚宋死，朝廷漸漸由妃子。祿山宮裏養作兒，虢國門前鬧如市。弄權宰相不記名，依稀憶得楊與李。廟謨顛倒四海搖，五十年來作瘡痏，今皇神聖丞相明，詔書才下吳蜀平。官軍又取淮西賊，此賊亦除天下寧。年年耕種宮前道，今年不遣子孫耕。」老翁此意深望幸，努力廟謀休用兵。〔註 102〕

《望雲騅馬歌》云：

憶昔先皇幸蜀時，八馬入谷七馬疲。肉綻筋攣四蹄脫，七馬死盡無馬騎。天子蒙塵天雨泣，巉岩道路淋漓濕。崢嶸白草眇難期，謥洞黃泉安可入？朱泚圍兵抽未盡，懷光寇騎追行及。嬪娥相顧倚樹啼，鵷鷺無聲仰天立。圉人初進望雲騅，彩色憔悴眾馬欺。上前噴吼如有意，耳尖卓立節踠奇。君王試遣回胸臆，撮骨鋸牙駢兩肋。蹄懸四踻腦顆方，胯聳三山尾株直。圉人畏誚仍相惑，此馬無良空

〔註 102〕《元稹集》卷二四，第 311～313 頁。

有力。頻頻齧掣轡難施，往往跳趫鞍不得。色沮聲悲仰天訴，天不遣言君未識。亞身受取白玉羈，開口銜將紫金勒。君王自此方敢騎，似遇良臣久凄惻。龍騰魚鱉踔然驚，驥肦驢騾少顏色。七聖心迷運方厄，五丁力盡路猶窄。橐它山上斧刃堆，望秦嶺下錐頭石。五六百里真符縣，八十四盤青山驛。掣開流電有輝光，突過浮雲無朕跡。地平險盡施黄屋，九九屬車十二纛。齊暎前導引騅頭，嚴震迎號抱騅足。路旁垂白天寶民，望騅禮拜見騅哭。皆言：玄宗當時無此馬，不免騎騾來幸蜀。雄雄猛將李令公，收城殺賊豺狼空。天旋地轉日再中，天子卻坐明光宮。朝廷無事忘征戰，校獵朝回暮球宴。御馬齊登擬用槽，君王自試宣徽殿。圉人還進望雲騅，性強步闊無方便。分騣擺杖頭太高，擘肘回頭項難轉。人人共惡難回跋，潛遣飛龍減芻秣。銀鞍繡韂不復施，空盡天年御槽活。當時鄒諺已有言，莫倚功高浪開闊。登山縱似望雲騅，平地須饒紅叱撥。長安三月花垂草，果下翩翩紫騮好。千官暖熱李令閒，百馬生獰望雲老。望雲騅，爾之種類世世奇。當時項王乘爾祖，分配英豪稱霸主。爾身今日逢聖人，從幸巴渝歸入秦。功成事遂身退天之道，何必隨群逐隊到死踏紅塵？望雲騅，用與不用各有時，爾勿悲。〔註103〕

詩序云：「德宗皇帝以八馬幸蜀，七馬道斃，唯望雲騅來往不頓。貞元中老死天廄，臣稹作歌以記之。」〔註104〕可知此詩作於貞元中期。

《有鳥》二十章云：

有鳥有鳥名老鴟，鴟張貪很老不衰。似鷹指爪唯攫肉，戾天羽翮徒翰飛。朝偷暮竊恣昏飽，後顧前瞻高樹枝。珠丸彈射死不去，意在護巢兼護兒。

有鳥有鳥毛似鶴，行步雖遲性靈惡。主人但見閒慢容，許占蓬萊最高閣。弱羽長憂俊鶻拳，疽腸暗著鵷雛啄。千年不死伴靈龜，梟心鶴貌何人覺！

有鳥有鳥如鸛雀，食蛇抱礐天姿惡。行經水滸為毒流，羽拂酒杯為死藥。漢後忍渴天豈知？驪姬墳地君寧覺。嗚呼為有白色毛，亦得乘軒謬稱鶴。

〔註103〕《元稹集》卷二四，第316～318頁。
〔註104〕《元稹集》卷二四，第316頁。

有鳥有鳥名為鳩，毛衣軟毳心性柔。鶻緣暖足憐不喫，鷂為同科曾共遊。飛飛漸上高高閣，百鳥不猜稱好逑。佳人許伴鵷雛食，望爾化為張氏鉤。

有鳥有鳥名野雞，天姿耿介行步齊。主人偏養憐整頓，玉粟充腸瑤樹棲。池塘潛狎不鳴雁，津梁暗引無用鵝。秋鷹迸逐霜鶻遠，鵩鳥護巢當晝啼。主人頻問遣妖術，力盡計窮音響淒。當時何不早量分？莫遣輝光深照泥。

有鳥有鳥群翠碧，毛羽短長心並窄。皆曾偷食涤池魚，前去後來更逼迫。食魚滿腹各自飛，池上見人長似客。飛飛競占嘉樹林，百鳥不爭緣鳳惜。

有鳥有鳥群紙鳶，因風假勢童子牽。去地漸高人眼亂，世人為爾羽毛全。風吹繩斷童子走，餘勢尚存猶在天。愁爾一朝還到地，落在深泥誰復憐？

有鳥有鳥名啄木，木中求食常不足。偏啄鄧林求一蟲，蟲孔未穿長嘴禿。木皮已穴蟲在心，蟲蝕木心根柢覆。可憐樹上百鳥兒，有時飛向新林宿。

有鳥有鳥眾蝙蝠，長伴佳人占華屋。妖鼠多年羽翮生，不辨雌雄無本族。穿墉伺隙善潛身，晝伏宵飛惡明燭。大廈雖存柱石傾，暗齧棟樑成蠹木。

有鳥有鳥名為鴞，深藏孔穴難動搖。鷹鸇繞樹探不得，隨珠彈盡聲轉嬌。主人煩惑罷擒取，許占神林為物妖。當時幸有燎原火，何不鼓風連夜燒？

有鳥有鳥名燕子，口中未省無泥滓。春風吹送廊廡間，秋社驅將嵌孔裏。雷驚雨灑一時蘇，雲壓霜摧半年死。驅去驅來長信風，暫託棟樑何用喜！

有鳥有鳥名老烏，貪癡突悖天下無。田中攫肉吞不足，偏入諸巢探眾雛。歸來仍占主人樹，腹飽巢高聲響粗。山鴉野鵲閒受肉，鳳皇不得聞罪辜。秋鷹掣斷架上索，利爪一揮毛血落。可憐鴉鵲慕腥膻，猶向巢邊競紛泊。

有鳥有鳥謂白鷳，雪毛皓白紅嘴殷。貴人妾婦愛光彩，行提坐臂怡朱顏。妖姬謝寵辭金屋，雕籠又伴新人宿。無心為主擬銜花，空長白毛映紅肉。

有鳥有鳥群雀兒，中庭啄粟籬上飛。秋鷹欺小嫌不食，鳳皇容眾從爾隨。大鵬忽起遮白日，餘風簸蕩山嶽移。翩翾百萬徒驚噪，扶搖勢遠何由知？古來妄說銜花報，縱解銜花何所為？可惜官倉無限粟，伯夷餓死黄口肥。

有鳥有鳥皆百舌，舌端百囀聲咄喹。先春盡學百鳥啼，真偽不分聽者悅。伶倫鳳律亂宮商，蟠木天雞誤時節。朝朝暮暮主人耳，桃李無言管絃咽。五月炎光朱火盛，陽焰燒陰幽響絕。安知不是捲舌星？化作剛刀一時截。

有鳥有鳥毛羽黄，雄者為鴛雌者鴦。主人並養七十二，羅列雕籠開洞房。雄鳴一聲雌鼓翼，夜不得棲朝不食。氣息榻然雙翅垂，猶入籠中就顏色。

有鳥有鳥名鷂雛，鈴子眼睛蒼錦襦。貴人腕軟憐易臂，奮肘一揮前後呼。俊鶻無由拳狡兔，金雕不得擒魅狐。文王長在苑中獵，何日非熊休賣屠？

有鳥有鳥名鸚鵡，養在雕籠解人語。主人曾問私所聞，因說妖姬暗欺主。主人方惑翻見疑，趁歸隴底雙翅垂。山鴉野雀怪鸚語，競噪爭窺無已時。君不見隋朝隴頭姥，嬌養雙鸚囑新婦，一鸚曾說婦無儀，悍婦殺鸚欺主母；一鸚閉口不復言，母問不言何太久？鸚言悍婦殺鸚由，母為逐之鄉里醜。當時主母信爾言，顧爾微禽命何有？今之主人翻爾疑，何事籠中漫開口？

有鳥有鳥名俊鶻，鷂小雕癡俊無匹。雞鴨拂鷂血迸天，狡兔中拳頭粉骨。平明度海朝未食，拔上秋空雲影沒。瞥然飛下人不知，攪碎荒城魅狐窟。

有鳥有鳥真白鶴，飛上九霄雲漠漠。司晨守夜悲雞犬，啄腐吞腥笑雕鶚。堯年值雪度關山，晉室聞琴下寥廓。遼東盡爾千歲人，悵望橋邊舊城郭。〔註105〕

《有酒》十章云：

有酒有酒雞初鳴，夜長睡足神慮清。悄然危坐心不平，浩思一氣初彭亨。澒洞浩汗真無名，無名胡不終渾成？胡為沉濁以升清，

〔註105〕《元稹集》卷二五，第337～340頁。

矗然分畫高下程。天蒸地鬱群動萌，毛鱗裸介如孳孽。嗚呼萬物紛已生，我可奈何兮杯一傾。

有酒有酒東方明，一杯既進吞元精。尚思天地之始名，一元既二分濁清。地居方直天體明，胡不八荒圢圢如砥平。胡山高屹崒海泓澄，胡不日車杲杲晝夜行，胡為月輪滅缺星（目黽）盯，嗚呼不得真宰情，我可奈何兮杯再傾。

有酒有酒兮湛淥波，飲將愉兮氣彌和。念萬古之紛羅，我獨慨然而浩歌。歌曰：天耶，地耶，肇萬物耶，儲胥大庭之君耶。恍耶，忽耶，有耶，傳而信耶，久而謬耶。文字生而羲農作耶，仁義別而聖賢出耶。炎始暴耶，蚩尤熾耶，軒轅戰耶，不得已耶。仁耶，聖耶，愍人之毒耶。天蕩蕩耶，堯穆穆耶，豈其讓耶，歸有德耶。舜其貪耶，德能嗣耶。豈其讓耶，授有功耶。禹功大耶，人戴之耶。益不逮耶，啟能德耶，家天下耶，榮後嗣耶。於後嗣之榮則可耶，於天下之榮其可耶。嗚呼！遠堯舜之日耶，何棄舜之速耶。辛癸虐耶，湯武革耶，順天意耶，公天下耶。踵夏榮嗣，私其公耶，並建萬國，均其私耶。專征遞伐，鬥海內耶。秦掃其類，威定之耶。二代而隕，守不仁耶。漢魏而降，乘其機耶。短長理亂，係其術耶。堯耶，舜耶，終不可逮耶。將德之者不位，位者不逮其德耶！時耶，時耶，時其可耶。我可奈何兮，一杯又進歌且歌。

有酒有酒兮黯兮溟，仰天大呼兮：天漫漫兮高兮青，高兮漫兮吾孰知天否與靈。取人之仰者，無乃在乎昭昭乎日與夫日星。何三光之並照兮，奄雲雨之冥冥。幽妖倏忽兮水怪族形，黿鼉岸走兮海若鬥鯨。河潰潰兮愈濁，濟翻翻兮不寧。蛇噴雲而出穴，虎嘯風兮屢鳴。污高巢而鳳去兮，溺厚地而芝蘭以之不生。葵心傾兮何向？松影直而孰明？人懼愁兮戴榮，天寂默兮無聲。嗚呼！天在雲之上兮，人在雲之下兮，又安能決雲而上征！嗚呼！既上征之不可兮，我奈何兮杯復傾。

有酒有酒香滿尊，君寧不飲開君顏。豈不知君飲此心恨，君人獨醒誰與言？君寧不見颶風翻海火燎原，巨鼇唐突高焰延。精衛銜蘆塞海溢，枯魚噴沫救池燔。筋疲力竭波更大，鰭燋甲裂身已乾。有翼勸爾升九天，有鱗勸爾登龍門。九天下視日月轉，龍門上激雷雨奔。螗蜋雖怒誰爾懼？鶡旦雖啼誰爾憐。摶空意遠風來壯，我可奈何兮，一杯又進消我煩。

有酒有酒歌且哀，江春例早多早梅。櫻桃桃李相續開，間以木蘭之秀香徘徊。東風吹盡南風來，鶯聲漸澀花摧頹。四月清和豔殘卉，芍藥翻紅蒲映水。夏龍痡毒雷雨多，蒲葉離披豔紅死。紅豔猶存榴樹花，紫苞欲綻高筍牙。筍牙成竹冒霜雪，榴花落地還銷歇。萬古盈虧相逐行，君看夜夜當窗月。榮落虧盈可奈何？生成未遍霜霰過。霜霰過兮復奈何！靈芝夐絕荊棘多。荊棘多兮可奈何？可奈何兮終奈何！秦皇堯舜俱腐骨，我可奈何兮，又進一杯歌復歌。

有酒有酒方爛漫，飲酣拔劍心眼亂。聲若雷砰目流電，醉舞翻環身眩轉。乾綱倒軋坤維旋，白日橫空星宿見，一夫心醉萬物變。何況蚩尤之蹴蹋，安得不以熊羆戰？嗚呼！風後力牧得親見，我可奈何兮，又進一杯除健羨。

有酒有酒兮告臨江，風漫漫兮波長。渺渺兮注海，海蒼蒼兮路茫茫。彼萬流之混入兮，又安能分若畎澮淮河與夫岷吳之巨江！味作咸而若一，雖甘淡兮誰謂爾為良？濟涓涓而縷貫，將奈何兮萬里之渾黃。鯨歸穴兮渤溢，鼇載山兮低昂。陰火然兮眾族沸渭，颶風作兮晝夜猖狂。顧千珍與萬怪兮，皆委潤而深藏。信天地之瀦蓄兮，我可奈何兮，一杯又進兮包大荒。

有酒有酒兮日將落，餘光委照在林薄。陽烏撩亂兮屋上棲，陰怪跳趫兮水中躍。月爭光兮星又繁，燒橫空兮焰仍爍。我可奈何兮時既昏，一杯又進兮聊處廓。

有酒有酒兮再祝，祝予心兮何欲。欲天泰而地寧，欲人康而歲熟。欲鳳翥而鵷隨兮，欲龍亨而驥逐。欲日盛而星微兮，欲滋蘭而殲毒。欲人慾而天從，苟天未從兮，我可奈何兮，一杯又進聊自足。〔註 106〕

《華之巫》云：

有一人兮神之側，廟森森兮神默默。神默默兮可奈何？願一見神兮何可得。女巫索我何所有？神之開閉予之手。我能進若神之前，神不自言寄予口：爾欲見神安爾身，買我神錢沽我酒。我家又有神之盤，爾進此盤神爾安。此盤不進行路難，陸有摧車舟有瀾。

〔註 106〕《元稹集》卷二五，第 341～344 頁。

我聞此語長太息，豈有神明欺正直。爾居大道誰南北？姿矯神言假神力。假神力兮神未悟，行道之人不得度。我欲見神誅爾巫，豈是因巫假神祐。爾巫，爾巫，爾獨不聞乎？與其媚於奧，不若媚於灶。使我傾心事爾巫，吾寧驅車守吾道。爾巫爾巫且相保，吾民自有丘之禱。〔註 107〕

《廟之神》云：

我馬煩兮釋我車，神之廟兮山之阿。予一拜而一祝：祝予心之無涯，涕汍瀾而零落，神寂默而無嘩。神兮，神兮，奈神之寂默而不言何。復再拜而再祝，鼓吾腹兮歌吾歌。歌曰：「今耶，古耶！有耶，無耶。福不自神耶，神不福人耶。巫爾惑耶，稔而誅耶。謁不得耶，終不可謁耶。」返吾駕而遵吾道，廟之木兮山之花。〔註 108〕

《村花晚》云：

三春已暮桃李傷，棠梨花白蔓菁黃。村中女兒爭摘將，插刺頭鬢相誇張。田翁蠶老迷臭香，曬暴奄聶薰衣裳。非無後秀與孤芳，奈爾千株萬頃之茫茫。天公此意何可量，長教爾輩時節長。〔註 109〕

《紫躑躅》云：

紫躑躅，滅紫攏裙倚山腹。文君新寡乍歸來，羞怨春風不能哭。我從相識便相憐，但是花叢不回目。去年春別湘水頭，今年夏見青山曲。迢迢遠在青山上，山高水闊難容足。願為朝日早相暾，願作輕風暗相觸。樂躑躅，我向通州爾幽獨。可憐今夜宿青山，何年卻向青山宿？山花漸暗月漸明，月照空山滿山綠。山空月午夜無人，何處知我顏如玉？〔註 110〕

《山枇杷》云：

山枇杷，花似牡丹殷潑血。往年乘傳過青山，正值山花好時節。壓枝凝豔已全開，映葉香苞才半裂。緊搏紅袖欲支頤，慢解絳囊初破結。金線叢飄繁蕊亂，珊瑚朵重纖莖折。因風旋落裙片飛，帶日斜看目精熱。亞水依岩半傾側，籠雲隱霧多愁絕。綠珠語盡身欲投，

〔註 107〕《元稹集》卷二五，第 345～346 頁。
〔註 108〕《元稹集》卷二五，第 346 頁。
〔註 109〕《元稹集》卷二六，第 347 頁。
〔註 110〕《元稹集》卷二六，第 347～348 頁。

漢武眼穿神漸滅。穠姿秀色人皆愛，怨媚羞容我偏別。說向閒人人不聽，曾向樂天詩人說。昨來谷口先相問，及到山前已消歇。左降通州十日遲，又與幽花一年別。山枇杷，爾託深山何太拙？天高萬里看不精，帝在九重聲不徹。園中杏樹良人醉，陌上柳枝年少折。因爾幽芳喻昔賢，磻溪冷坐權門咽。〔註 111〕

《樹上烏》云：

樹上烏，洲中有樹巢若鋪。百巢一樹知幾烏？一烏不下三四雛，雛又生雛知幾雛？老烏未死雛已烏，散向人間何處無？攫麑啄卵方可食，男女群強最多力。靈蛇萬古唯一珠，豈可抨彈千萬億？吾不會天教爾輩多子孫，告訴天公天不言。〔註 112〕

《琵琶歌》云：

琵琶宮調八十一，旋宮三調彈不出。玄宗偏許賀懷智，段師此藝還相匹。自後流傳指撥衰，崑崙善才徒爾為。澒聲少得似雷吼，纏弦不敢彈羊皮。人間奇事會相續，但有卞和無有玉。段師弟子數十人，李家管兒稱上足。管兒不作供奉兒，拋在東都雙鬢絲。逢人便請送杯盞，著盡工夫人不知。李家兄弟皆愛酒，我是酒徒為密友。著作曾邀連夜宿，中碾春溪華新綠。平明船載管兒行，盡日聽彈《無限曲》。曲名《無限》知者鮮，《霓裳羽衣》偏宛轉。《涼州大遍》最豪嘈，《六么散序》多籠撚。我聞此曲深賞奇，賞著奇處驚管兒。管兒為我雙淚垂，自彈此曲長自悲。淚垂捍撥朱弦濕，冰泉嗚咽流鶯澀。因茲彈作《雨霖鈴》，風雨蕭條鬼神泣。一彈既罷又一彈，珠幢夜靜風珊珊。低回慢弄關山思，坐對燕然秋月寒。月寒一聲深殿磬，驟彈曲破音繁並。百萬金鈴旋玉盤，醉客滿船皆暫醒。自茲聽後六七年，管兒在洛我朝天。遊想慈恩杏園裏，夢寐仁風花樹前。去年御史留東臺，公私蹙促顏不開。今春制獄正撩亂，晝夜推囚心似灰。暫輟歸時尋著作，著作南園花坼萼。胭脂耀眼桃正紅，雪片滿溪梅已落。是夕青春值三五，花枝向月雲含吐。著作施樽命管兒，管兒久別今方睹。管兒還為彈《六么》，《六么》依舊聲迢迢。猿鳴雪岫來三峽，鶴唳晴空聞九霄。逡巡彈得《六么》徹，霜刀破竹無殘節。

〔註 111〕《元稹集》卷二六，第 348 頁。

〔註 112〕《元稹集》卷二六，第 349 頁。

幽關鴉軋胡雁悲，斷弦砉騞層冰裂。我為含淒歎奇絕，許作長歌始終說。藝奇思寡塵事多，許來寒暑又經過。如今左降在閒處，始為管兒歌此歌。歌此歌，寄管兒。管兒管兒憂爾衰，爾衰之後繼者誰？繼之無乃在鐵山，鐵山已近曹穆間。性靈甚好功猶淺，急處未得臻幽閒。努力鐵山勤學取，莫遣後來無所祖。〔註 113〕

《小胡笳引》云：

雷氏金徽琴，王君寶重輕千金。三峽流中將得來，明窗拂席幽匣開。朱弦宛轉盤鳳足，驟擊數聲風雨回。哀笳慢指董家本，姜生得之妙思忖。泛徽胡雁咽蕭蕭，繞指轆轤圓袞袞。呑恨緘情乍輕激，故國關山心歷歷。潺湲疑是雁鸊鵜，砉騞如聞發鳴鏑。流宮變徵漸幽咽，別鶴欲飛猿欲絕。秋霜滿樹葉辭風，寒雛墜地烏啼血。哀弦已罷春恨長，恨長何恨懷我鄉。我鄉安在長城窟，聞君虜奏心飄忽。何時窄袖短貂裘？胭脂山下彎明月。〔註 114〕

《去杭州》云：

房杜王魏之子孫，雖及百代為清門。駿骨鳳毛真可貴，罔頭澤底促足論！去年江上識君面，愛君風貌情已敦。與君言語見君性，靈府坦蕩消塵煩。自茲心洽跡亦洽，居常並榻遊並軒。柳陰覆岸鄭監水，李花壓樹韋公園。每出新詩共聯綴，閒因醉舞相牽援。時尋沙尾楓林夕，夜摘蘭叢衣露繁。今君別我欲何去？自言遠結迢迢婚。簡書五府已再至，波濤萬里酬一言。為君再拜贈君語，願君靜聽君勿喧：君名師範欲何範，君之烈祖遺範存。永寧昔在掄鑒表，沙汰沉濁澄濬源。君今取友由取士，得不別白清與渾。昔公事主盡忠讜，雖及死諫誓不諼。今君佐藩如佐主，得不陳露酬所恩。昔公為善日不足，假寐待旦朝至尊。今君三十朝未與，得不寸晷倍璵璠。昔公令子尚貴主，公執舅禮婦執笲。返拜之儀自此絕，《關雎》之化皎不昏。君今遠娉奉明祀，得不齊勵親蘋蘩。斯言皆為書佩帶，然後別袂乃可捫。別袂可捫不可解，解袂開帆淒別魂。魂搖江樹鳥飛沒，帆掛檣竿鳥尾翻。翻風駕浪指何處？直指杭州由上元。上元蕭寺基址在，杭州潮水霜雪屯。潮戶迎潮擊潮鼓，潮平潮退有潮痕。得得

〔註 113〕《元稹集》卷二六，第 349～350 頁。
〔註 114〕《元稹集》卷二六，第 351 頁。

為題羅剎石，古來非獨伍員冤。〔註115〕

《南家桃》云：

南家桃樹深紅色，日照露光看不得。樹小花狂風易吹，一夜風吹滿牆北。離人自有經時別，眼前落花心歎息。更待明年花滿枝，一年迢遞空相憶。〔註116〕

《志堅師》云：

嵩山老僧披破衲，七十八年三十臘。靈武朝天遼海征，宇宙曾行三四匝。初因怏怏薙卻頭，便繞嵩山寂師塔。淮西未返半年前，已見淮西陣雲合。〔註117〕

《答子蒙》云：

報盧君，門外雪紛紛。紛紛門外雪，城中鼓聲絕。強梁禦史人覷步，安得夜開沽酒戶？〔註118〕

《辛夷花》云：

問君辛夷花，君言已斑駁。不畏辛夷不爛開，顧我筋骸官束縛。縛遣推囚名御史，狼藉囚徒滿田地。明日不推緣國忌，依前不得花前醉。韓員外家好辛夷，開時乞取三兩枝。折枝為贈君莫惜，縱君不折風亦吹。〔註119〕

《廳前柏》云：

廳前柏，知君曾對羅希奭。我本癲狂耽酒人，何事與君為對敵？為對敵，洛陽城中花赤白。花赤白，囚漸多，花之赤白奈爾何！〔註120〕

《夜別筵》云：

夜長酒闌燈花長，燈花落地復落床。似我別淚三四行，滴君滿坐之衣裳。與君別後淚痕在，年年著衣心莫改。〔註121〕

《三泉驛》云：

三泉驛內逢上巳，新葉趨塵花落地。勸君滿盞君莫辭，別後無

〔註115〕《元稹集》卷二六，第352～353頁。
〔註116〕《元稹集》卷二六，第353頁。
〔註117〕《元稹集》卷二六，第353頁。
〔註118〕《元稹集》卷二六，第354頁。
〔註119〕《元稹集》卷二六，第354頁。
〔註120〕《元稹集》卷二六，第354頁。
〔註121〕《元稹集》卷二六，第355頁。

人共君醉。洛陽城中無限人，貴人自貴貧自貧。〔註 122〕

《何滿子歌》云：

何滿能歌能宛轉，天寶年中世稱罕。嬰刑繫在囹圄間，下調哀音歌憤懣。梨園弟子奏玄宗，一唱承恩羈網緩。便將《何滿》為曲名，御譜親題樂府纂。魚家入內本領絕，葉氏有年聲氣短。自外徒煩記得詞，點拍才成已誇誕。我來湖外拜君侯，正值灰飛仲春琯。廣宴江亭為我開，紅妝逼坐花枝暖。此時有態踏華筵，未吐芳詞貌夷坦。翠蛾轉盼搖雀釵，碧袖歌垂翻鶴卵。定面凝眸一聲發，雲停塵下何勞算？迢迢擊磬遠玲玲，一一貫珠勻款款。犯羽含商移調態，留情度意拋絃管。湘妃寶瑟水上來，秦女玉簫空外滿。纏綿疊破最慇懃，整頓衣裳頗閑散。冰含遠溜咽還通，鶯泥晚花啼漸懶。斂黛吞聲若自冤，鄭袖見捐西子浣。陰山鳴雁曉斷行，巫峽哀猿夜呼伴。古者諸侯饗外賓，《鹿鳴》三奏陳圭瓚。何如有態一曲終，牙籌記令紅螺盌。〔註 123〕

按，《樂府詩集．近代曲辭》有白居易所作《何滿子》，詠天寶年間歌者何滿子事，元稹此詩題名本事與白詩相同，亦當屬近代曲辭。

《通州丁溪館夜別李景信》三首云：

月濛濛兮山掩掩，束束別魂眉斂斂。蠡殘覆時天欲明，碧幌青燈風灩灩。淚消語盡還暫眠，唯夢千山萬山險。

水環環兮山簇簇，啼鳥聲聲婦人哭。離床別臉睡還開，燈灺暗飄珠蔌蔌。山深虎橫館無門，夜集巴兒扣空木。

雨瀟瀟兮鵑咽咽，傾冠倒枕燈臨滅。倦僮呼喚應復眠，啼雞拍翅三聲絕。握手相看其奈何，奈何其奈天明別。〔註 124〕

《酬鄭從事四年九月宴望海亭次用舊韻》云：

海亭樹木何蘢蔥，寒光透坼秋玲瓏。湖山四面爭氣色，曠望不與人間同。一拳墺伏東武小，兩山斗構秦望雄。嵌空古墓失文種，突兀怪石疑防風。舟船駢比有宗侶，水雲滃泱無始終。雪花布遍稻隴白，日脚插入秋波紅。與余望劇酒四坐，歌聲舞豔煙霞中。酒酣

〔註 122〕《元稹集》卷二六，第 355 頁。
〔註 123〕《元稹集》卷二六，第 355～356 頁。
〔註 124〕《元稹集》卷二六，第 356～357 頁。

從事歌送我，歌云：「此樂難再逢。良時年少猶健羨，使君況是頭白翁。」我聞此曲深歎息，唧唧不異秋草蟲。憶年十五學構廈，有意蓋覆天下窮。安知四十虛富貴，朱紫束縛心志空。妝梳伎女上樓榭，止欲歡樂微茫躬。雖無趣尚慕賢聖，幸有心目知西東。欲將滑甘柔藏府，已被鬱噎沖喉嚨。君今勸我酒太醉，醉語不復能沖融。勸君莫學虛富貴，不是賢人難變通。〔註 125〕

曹鄴詩中也有樂府詩未見於《樂府詩集》，分別為《薊北門行》和《薄命妾》2 題。《薊北門行》云：

長河凍如石，征人夜中戍。但恐筋力盡，敢憚將軍遇。古來死未歇，白骨礙官路。豈無一寸功，可以高其墓？親戚牽衣泣，悲號自相顧。死者雖無言，那堪生者悟。不如無手足，得見齒髮暮。乃知七尺軀，卻是速死具！〔註 126〕

按，《樂府詩集．雜曲歌辭》有《出自薊北門行》，言戰事苦辛，兼及燕薊風物。曹鄴此詩題名主旨均與之相同，當為樂府詩，屬雜曲歌辭。

《薄命妾》，曹鄴作，《曹鄴詩注》載：

薄命常惻惻，出門見南北。劉郎馬蹄疾，何處去不得。淚珠不可收，蟲絲不可織。知君綠桑下，更有新相識。〔註 127〕

按，《樂府詩集．雜曲歌辭》有《妾薄命》，題下收錄孟郊同題詩，且孟郊所作《妾薄命》在《孟東野詩集》中就題為《古薄命妾》。〔註 128〕曹鄴此詩題名、主旨均與孟郊詩相同，故當為樂府詩，屬雜曲歌辭。

釋貫休生前於乾寧三年（896）親自編成詩集，名為《西嶽集》。後梁乾化二年（912）圓寂後，其弟子曇域尋檢稿草及暗記者約一千首，雕版印行，名曰《禪月集》。〔註 129〕從其編集過程看，集中對樂府的分類反映了貫休對樂府的認識。《禪月集》卷一為「樂府古題雜言」，其中所收當為樂府詩，此類中大部分樂府詩已收入《樂府詩集》，未被收錄的僅《讀離騷經》《洛陽塵》《夢遊仙》《富貴曲》4 題。

〔註 125〕《元稹集》卷二六，第 357～358 頁。

〔註 126〕〔唐〕曹鄴撰，梁超然、毛水清注《曹鄴詩注》，上海古籍出版社，1982 年版，第 34 頁。

〔註 127〕《曹鄴詩注》，第 47 頁。

〔註 128〕《孟東野詩集》卷一，第 2 頁。

〔註 129〕《禪月集校注》前言，第 1 頁。

《讀離騷經》云：

湘江濱，湘江濱，蘭紅芷白波如銀，終須一去呼湘君。問湘神，雲中君，不知何以交靈均。我恐湘江之魚兮，死後盡為人。曾食靈均之肉兮，題題為忠臣。又想靈均之骨兮終不曲。千年波底色如玉，誰能入水少取得，香沐函題貢上國。貢上國，即全勝和璞懸璃，垂棘結綠。〔註 130〕

《洛陽塵》云：

昔時昔時洛城人，今作茫茫洛城塵。我聞富有石季倫，樓臺五色干星辰。樂如天樂日夜聞，錦姝繡妾何紛紛。真珠簾中，姑射神人。文金線玉，香成暮雲。孫秀若不殺，晉室應更貧。伊水削行路，冢石花磷磷。蒼茫金谷園，牛羊齕荊榛。飛鳥好羽毛，疑是綠珠身。〔註 131〕

《夢遊仙》四首云：

夢到海中山，入題白銀宅。逢見一道士，稱是李八伯。

三四仙女兒，身著瑟瑟衣。手把明月珠，打落金色梨。

車渠地無塵，行至瑤池濱。森森椿樹下，白龍來嗅人。

宮殿崢嶸籠紫氣，金渠玉砂五色水。守閣仙婢相倚睡，偷摘蟠桃幾倒地。〔註 132〕

《富貴曲》二首云：

有金張族，驕奢相續。瓊樹玉堂，雕牆繡轂。紈綺雜雜，鍾鼓合合。美人如白牡丹花，半日只舞得一曲。樂不樂，足不足，爭教他愛山青水綠。

如神若仙，似蘭同雪。樂戒於極，胡不知輟。只欲更綴上落花，恨不能把住明月。太山肉盡，東海酒竭。佳人醉唱，敲玉釵折。寧知耘田車水翁，日日日炙背欲裂。〔註 133〕

陸龜蒙有《大堤》一首，《樂府詩集》未收。詩云：

大堤春日暮，驄馬解鏤銜。請君留上客，容妾薦雕胡。〔註 134〕

〔註 130〕《禪月集校注》卷一，第 2～3 頁。
〔註 131〕《禪月集校注》卷一，第 18 頁。
〔註 132〕《禪月集校注》卷一，第 15～16 頁。
〔註 133〕《禪月集校注》卷一，第 19～20 頁。
〔註 134〕《唐甫里先生文集》卷七，第 442 頁。

按，《樂府詩集・清商曲辭》中有《大堤曲》《大堤行》，陸龜蒙《大堤》當出於此，亦屬清商曲辭。

馬逢有《新樂府》一首，《樂府詩集》未收，見載於《御覽詩》。詩云：

> 溫穀春生至，宸遊近甸榮。雲隨天仗轉，風入御筵輕。翠蓋浮佳氣，朱樓依太清。朝臣冠劍退，宮女管絃迎。〔註 135〕

按，此詩題名徑稱《新樂府》，根據新樂府辭的認定標準，〔註 136〕其當為新樂府辭。

顧況有《擬古》三首，《樂府詩集》未收，見載於《華陽集》。詩云：

> 龍劍昔藏影，送雄留其雌。人生阻歡會，神物亦別離。碧樹感秋落，佳人無還期。夜琴為君咽，浮雲為君滋。愛而傷不見，星漢徒參差。
>
> 幽居盼天造，胡息運行機。春葩妍既榮，秋葉瘁以飛。滔滔川之逝，日沒月光輝。所貴法乾健，於道悟入微。任彼聲勢徒，得志方誇毗。
>
> 浮生果何慕，老去羨介推。陶令何足錄，彭澤歸已遲。空負漉酒巾，乞食形諸詩。吾惟抱貞素，悠悠白雲期。〔註 137〕

按，前述《李太白全集》「樂府」類下有《擬古》一題，為樂府詩，則顧況同題詩亦當為樂府詩。因此題重出，故不再計入題名數量。

眾所周知，歷代別集和總集大都分類收詩，所分類別中常見「樂府」一類，唐代亦是如此。而收錄隋唐五代詩歌最為齊備的《全唐詩》在編排時則抹去了別集和總集的分類，這使得很多樂府詩因此被淹沒。上述諸題，就是重新回到唐人別集或總集的「樂府」類中，將該類中的樂府詩輯出，以便後人研究。需要說明的是，隋唐五代時期還有大量謠辭見載於現存史料，《樂府詩集》未見收錄。因《樂府詩集》收錄雜歌謠辭極為特殊，於謠辭部分僅選錄了不同時代的少量作品，選錄標準尚難考定，故如今可見謠辭本書不予補錄。

除別集和總集之外，唐代樂錄中也記載了大量唐代樂府題名，其中以《教坊記》最為典型。《教坊記》中記載的唐代教坊曲名，任半塘在《教坊記箋訂》

〔註 135〕《御覽詩》，第 595 頁。

〔註 136〕筆者已分析過《樂府詩集》中新樂府辭的收錄標準問題，參看郭麗、吳相洲《樂府續集》卷一三二，上海古籍出版社，2020 年版，第 2057 頁。

〔註 137〕《華陽集》卷上，第 523～524 頁。

中多有考察，他還提及大量敦煌曲。其中未見於《樂府詩集》者有 13 曲，這些曲名的樂府性質毋庸置疑且都有歌辭留存，是樂府學研究的寶貴史料。

《泛龍舟》。《教坊記》「曲名」下有《泛龍舟》，任半塘云：「《泛龍舟》，原為隋曲。唐辭有七言八句帶和聲之聲詩，見《敦煌曲校錄》。」〔註 138〕「大曲名」又有《泛龍舟》：「《泛龍舟》，本隋曲，詳上文『曲名』。敦煌卷子所列，及日本傳辭，均僅一首，七言八句帶和聲，不知果大曲辭否。」〔註 139〕《泛龍舟》本為隋曲，唐時仍存，此曲雖分列於「曲名」和「大曲名」兩類，但因題名相同，故本書以 1 題計。

《柳青娘》。《教坊記》有《柳青娘》一題，任半塘云：「《柳青娘》，此曲之調名始見本書，而辭見《雲謠集雜曲子》，乃本書與敦煌曲相應和處之一。」〔註 140〕可知此題為唐教坊曲名。

《感皇恩》。《教坊記》有《感皇恩》一題，任半塘云：「《感皇恩》……敦煌曲本調四首，《初探》已證明為玄宗時作。天寶十三載，《蘇幕遮》有改名為《感皇恩》者，詳覈調，則非清樂。」〔註 141〕可知《感皇恩》是玄宗時創製的樂府曲調，天寶十三載時《蘇幕遮》曾改名《感皇恩》。

《皇帝感》。《教坊記》有《皇帝感》一題，任半塘云：「《皇帝感》，盛唐為七言四句聲詩，內容集《孝經》，詳《敦煌曲校錄》。中唐為五言八句聲詩，見《盧綸集》中，題『《皇帝感》詞』。」〔註 142〕可知盛唐時已有《皇帝感》一題，則其創製時間當在盛唐或此前。盧綸所作《皇帝感詞》今存，見於《御覽詩》，詩云：

> 提劍風雷動，垂衣日月明。禁花呈瑞色，國老見星精。發棹魚先躍，窺巢烏不驚。山呼一萬歲，直入九重城。
>
> 天香五鳳彩，御馬六龍文。雨露清馳道，風雷翊上軍。高旌花外轉，行漏樂前聞。時見金鞭舉，空中指瑞雲。
>
> 妙算干戈止，神謀宇宙清。兩階文物盛，七德武功成。校獵長楊賦，屯軍細柳營。歸來獻明主，歌舞滿春城。
>
> 天樂下天中，雲輧儼在空。鉛黃灩河漢，笑語合笙鏞。已見長

〔註 138〕《教坊記箋訂》，第 70～71 頁。
〔註 139〕《教坊記箋訂》，第 155 頁。
〔註 140〕《教坊記箋訂》，第 75 頁。
〔註 141〕《教坊記箋訂》，第 87 頁。
〔註 142〕《教坊記箋訂》，第 87 頁。

隨鳳，仍聞不避熊。君王親試舞，閶闔靜無風。〔註143〕

《憶漢月》。《教坊記》有《憶漢月》一題，任半塘云：「《憶漢月》，七言四句聲詩，祗傳中唐李紳之作。」〔註144〕李紳《憶漢月》今存，《李紳集》載：

花開花落無時節，春去春來有底憑。燕子不藏雷不蟄，燭煙昏霧暗騰騰。〔註145〕

《定風波》。《教坊記》有《定風波》一題，任半塘云：「《定風波》，敦煌曲《定風波》曰：『誰人敢去定風波！』可知『風波』絕不能作『風流』。……敦煌曲辭二首，《初探》已定為玄宗時作。」〔註146〕可知《定風波》一題創製於玄宗時。

《獻忠心》。《教坊記》有《獻忠心》一題，任半塘云：「《獻忠心》，原為蕃國對唐室朝覲獻忠之樂，故作『忠』。辭見敦煌曲，內容、名稱均符。」〔註147〕

《送征衣》。《教坊記》有《送征衣》一題，任半塘云：「《送征衣》，此調始義同孟姜女之送寒衣。於本書列名，於敦煌曲備辭，他處未見。」〔註148〕

《西江月》。《教坊記》有《西江月》一題，任半塘云：「《西江月》，敦煌曲有辭三首。」〔註149〕

《望月婆羅門》。《教坊記》有《望月婆羅門》一題，任半塘云：「《望月婆羅門》……敦煌曲有辭四首，起句皆曰『望月』云云，應即始辭，《初探》已定為玄宗時之作。後人於『望月』二字應否冠於調名，頗有爭論。應知大曲原稱《婆羅門》，雜曲則有本書之曲名，與敦煌曲之四辭為證，『望月』二字不可刪。」〔註150〕

《竹枝子》。《教坊記》有《竹枝子》一題，任半塘云：「《竹枝子》，名僅見於本書，辭僅見於敦煌寫卷，雙疊，六十四字。」〔註151〕

《破陣子》。《教坊記》有《破陣子》一題，任半塘云：「《破陣子》……敦

〔註143〕《御覽詩》，第563～564頁。
〔註144〕《教坊記箋訂》，第87頁。
〔註145〕〔唐〕李紳撰，盧燕平校注《李紳集校注》，中華書局，2009年版，第22頁。
〔註146〕《教坊記箋訂》，第88頁。
〔註147〕《教坊記箋訂》，第92頁。
〔註148〕《教坊記箋訂》，第92～93頁。
〔註149〕《教坊記箋訂》，第99頁。
〔註150〕《教坊記箋訂》，第103頁。
〔註151〕《教坊記箋訂》，第128頁。

煌曲辭三首，《初探》已訂為盛唐之作。」〔註 152〕

《贊普子》。《教坊記》有《贊普子》一題，任半塘云：「《贊普子》，敦煌曲有《贊普子》一首，內容正是蕃將來朝，與《花間集》《贊普子》作豔詞者，截然不同！」〔註 153〕

此外，唐代的類書中也保存了一些樂府詩，如《初學記．禮部》所載與唐代朝廷禮儀活動相關的歌辭，顯然就是唐代的樂府歌辭，但其中有些歌辭並未見《樂府詩集》載錄。如以下 2 題：

《太廟祼地歌辭》，陳叔達作。《初學記．禮部上》載：

> 清明既祼，鬱鬯惟禮；大哉孝思，嚴恭祖禰。龍衮以祭，鸞刀斯啟；發德朱弦，升歌丹陛。筵享粢盛，堂斟沉齊；降福穰穰，來儀濟濟。〔註 154〕

《宗廟九德之歌辭》，褚亮作。《初學記．禮部上》載：

> 皇祖誕慶，於昭于天。積德斯遠，茂緒攸先。繼天應曆，神武弘宣。肇跡嬀水，成功版泉。道光覆載，聲穆乾元。式備犧象，用潔牲牷。禮終九獻，榮展四懸。神貺景福，遐哉永年。〔註 155〕

陳叔達、褚亮所作二題，在《初學記．禮部上》中收錄於「宗廟第四」的「歌」類下，既為宗廟歌，又皆為四言句，則其當為樂府詩，屬郊廟歌辭。

綜上所述，就筆者目力所及，《樂府詩集》未收而現存文獻中可見的唐代有辭樂府詩題名共 115 題。

二、疑似之唐代樂府詩題名

唐代還有一些詩歌，似為樂府詩，但判定依據尚不充分，故暫且將其作為疑似樂府詩，列於此處待考。筆者所見有如下 5 題：

《憶遠》，張籍作。《張籍集》載：

> 行人猶未有歸期，萬里初程日暮時。唯愛門前雙柳樹，枝枝葉葉不相離。〔註 156〕

《樂府詩集．新樂府辭》有《憶遠曲》，旨在詠歎離別，張籍此詩與之題名、

〔註 152〕《教坊記箋訂》，第 132 頁。
〔註 153〕《教坊記箋訂》，第 135 頁。
〔註 154〕《初學記》卷十三，第 324～325 頁。
〔註 155〕《初學記》卷十三，第 325 頁。
〔註 156〕《張籍集繫年校注》卷六，第 732 頁。

主旨皆似，疑是樂府詩。

《慈烏夜啼》，白居易作。《白居易詩集》載：

> 慈烏失其母，啞啞吐哀音。晝夜不飛去，經年守故林。夜夜夜半啼，聞者為沾襟。聲中如告訴，未盡反哺心。百鳥豈無母，爾獨哀怨深。應是母慈重，使爾悲不任。昔有吳起者，母歿喪不臨。嗟哉斯徒輩，其心不如禽。慈烏復慈烏，鳥中之曾參。〔註157〕

《樂府詩集·清商曲辭》有《烏夜啼》，本於彭城王獲罪聞烏夜啼得免事，白居易此詩與之主旨不同，但題名相近，疑是樂府詩。

《神弦》，李賀作。《李長吉歌詩》載：

> 女巫澆酒雲滿空，玉爐炭火香鼕鼕。海神山鬼來座中，紙錢窸窣鳴飈風。相思木帖金舞鸞，攢蛾一啑重一彈。呼星召鬼歆杯盤，山魅食時人森寒。終南日色低平灣，神兮長在有無間。神嗔神喜師更顏，送神萬騎還青山。〔註158〕

《樂府詩集·清商曲辭》有《神弦曲》《神弦別曲》，皆收李賀詩作，而《神弦》在《李長吉歌詩》中處於《神弦曲》和《神弦別曲》之間，加之題名相近，疑是樂府詩。

《樂府體》，曹鄴作，《曹鄴詩注》載：

> 蓮子房房嫩，菖蒲葉葉齊。共結池中根，不厭池中泥。〔註159〕

曹鄴此題徑以《樂府體》為題，可知乃是模擬樂府詩而作，但從歌辭尚難判定所擬何題。

《置酒坐飛閣詩》，唐太宗作。《初學記·禮部下》載：

> 高軒臨碧渚，飛簷迴架空。餘花攢漏檻，殘柳散雕櫳。岸菊初含蕊，園梨始帶紅。莫慮崑山暗，還共盡杯中。〔註160〕

樂府詩創作過程中會出現以首句作為衍生樂府詩題名的情況，如《樂府詩集·相和歌辭》有《野田黃雀行》，題下首列曹植同題詩，曹植詩首句為「置酒高殿上」，後遂有樂府詩題名《置酒高殿上》，同為相和歌辭，在《樂府詩集》中列於《野田黃雀行》後以示其衍生關係。此外，《樂府詩集·相和歌辭》中又

〔註157〕《白居易詩集校注》卷一，第95頁。

〔註158〕《李長吉歌詩編年箋注》卷三，第398～399頁。

〔註159〕《曹鄴詩注》，第38頁。

〔註160〕《初學記》卷十四，第349～350頁。

有《善哉行》一題，所收江淹《善哉行》首句為「置酒坐飛閣」，唐太宗此題或本於此，疑為樂府詩。

三、同題補錄之唐代樂府詩

唐代還有一些《樂府詩集》已有題名的同題詩歌，未見《樂府詩集》收錄，當屬樂府詩，按同題補錄原則，應補入《樂府詩集》。筆者所見有 15 題，因這些題名在《樂府詩集》已收題名中均已論及，故不再重複計入題名數量。

《雨雪曲》。《樂府詩集・橫吹曲辭》有此題，《盧照鄰集》有盧照鄰所作一首，《樂府詩集》失收。詩云：

> 虜騎三秋入，關雲萬里平。雪似胡沙暗，氷如漢月明。高闕銀為闕，長城玉作城。節旄零落盡，天子不知名。〔註 161〕

《涼州詞》。《樂府詩集・近代曲辭》有此題，《全唐詩》有王之渙《涼州詞》二首，其一《樂府詩集》已收，其二《樂府詩集》失收，詩云：

> 單于北望拂雲堆，殺馬登壇祭幾回。漢家天子今神武，不肯和親歸去來。〔註 162〕

此外，孟浩然也有《涼州詞》一首，見載於《孟浩然詩集》，《樂府詩集》失收。詩云：

> 渾成紫檀金屑文，作得琵琶聲入雲。胡地迢迢三萬里，那堪馬上送明君。異方之樂令人悲，羌笛胡笳不用吹。坐看今夜關山月，思殺邊城遊俠兒。〔註 163〕

《對酒》。《樂府詩集・相和歌辭》有此題，《李太白全集》有李白所作一首，《樂府詩集》失收。詩云：

> 蒲萄酒，金叵羅，吳姬十五細馬馱。青黛畫眉紅錦靴，道字不正嬌唱歌。玳瑁筵中懷裏醉，芙蓉帳底奈君何！〔註 164〕

此外，《王建詩集》有王建所作《對酒》一首，《樂府詩集》失收。詩云：

> 為病比來渾斷絕，緣花不免卻知聞。從來事事關身少，主領春風只在君。〔註 165〕

〔註 161〕《盧照鄰集校注》卷二，第 93 頁。
〔註 162〕《全唐詩》卷二五三，第 2850 頁。
〔註 163〕《孟浩然詩集箋注》「宋本集外詩」，第 417 頁。
〔註 164〕《李太白全集》卷二五，第 1179 頁。
〔註 165〕《王建詩集校注》卷九，第 390 頁。

《曹鄴詩注》有曹鄴所作《對酒》一首，《樂府詩集》失收。詩云：

愛酒知是僻，難與性相捨。未必獨醒人，便是不飲者。晚歲無此物，何由住田野。〔註 166〕

《唐甫里先生文集》有陸龜蒙所作《對酒》一首，《樂府詩集》失收。詩云：

後代稱歡伯，前賢號聖人。且須謀日富，不要道家貧。〔註 167〕

《從軍行》。《樂府詩集·相和歌辭》有此題，《華陽集》有顧況所作二首，《樂府詩集》失收。詩云：

弭節結徒侶，速征赴龍城。單于近突圍，烽燧屢夜驚。長弓挽滿月，劍華霜雪明。遠道百草殞，峭覺寒風生。風寒欲砭肌，爭奈裘襖輕。回首家不見，候雁空中鳴。笳奏沓以哀，肅肅趣嚴程。

寄語塞外胡，擁騎休橫行。少年膽氣粗，好勇萬人敵。仗劍出門去，三邊正艱厄。怒目時一呼，萬騎皆辟易。殺人蓬麻輕，走馬汗血滴。醜虜何足清，天山坐寧謐。不有封侯相，徒負幽并客。〔註 168〕

《塞上曲》。《樂府詩集·新樂府辭》有此題，《華陽集》有顧況所作一首，《樂府詩集》失收。詩云：

黠虜初南下，塵飛塞北境。漢將懷不平，雠擾當遠屏。金革臥不暖，起舞霜月冷。點軍三十千，部伍嚴以整。酣戰祈成功，於焉罷邊警。〔註 169〕

《空梁落燕泥》。《樂府詩集·近代曲辭》有唐趙暇《昔昔鹽》二十首，《空梁落燕泥》為二十首之十六。《華陽集》有顧況所作一首，《樂府詩集》失收，詩云：

卷幕參差燕，常銜濁水泥。為黏珠履跡，未等畫梁齊。舊點痕猶淺，新巢緝尚低。不緣頻上落，那得此飛棲。〔註 170〕

《秋思》。《樂府詩集·琴曲歌辭》有《蔡氏五弄》，五弄包括《遊春》《淥水》《幽居》《坐愁》《秋思》五曲，《秋思》為五弄之一。《張籍集》有張籍所作一首，《樂府詩集》失收，詩云：

洛陽城裏見秋風，欲作家書意萬重。復恐匆匆說不盡，行人臨

〔註 166〕《曹鄴詩注》，第 52 頁。
〔註 167〕《唐甫里先生文集》卷七，第 443 頁。
〔註 168〕《華陽集》卷上，第 524 頁。
〔註 169〕《華陽集》卷上，第 524 頁。
〔註 170〕《華陽集》卷中，第 533 頁。

發又開封。〔註171〕

此外，《唐甫里先生文集》有陸龜蒙所作《秋思》三首，《樂府詩集》失收。詩云：

桐露珪初落，蘭風佩欲衰。不知能賦客，何似枉刀兒。

誰在嫖姚幕，能教霹靂車。至今思秃尾，無以代寒菹。

未得同齏杵，何時滅藥囊。莫言天帝醉，秦暴不靈長。〔註172〕

《宮詞》一百首。王建所作，其中有二首注云「一作樂府《銅雀臺》」。〔註173〕《樂府詩集・相和歌辭》有《銅雀臺》，未收此二首，《王建詩集》有其辭云：

日晚長秋簾外報，望陵歌舞在明朝。添爐欲爇薰衣麝，憶得分時不忍燒。

日映西陵松栢枝，下臺相顧一相悲。朝來樂府歌新曲，唱著君王自作詞。〔註174〕

《有所思》。《樂府詩集・鼓吹曲辭》有此題，《李長吉歌詩》有李賀所作一首，《樂府詩集》失收。詩云：

去年陌上歌離曲，今日君書遠遊蜀。簾外花開二月風，臺前淚滴千行竹。琴心與妾腸，此夜斷還續。想君白馬懸雕弓，世間何處無春風？君心未肯鎮如石，妾顏不久如花紅。夜殘高碧横長河，河上無梁空白波。西風未起悲龍梭，年年織素攢雙蛾。江山迢遞無休絕，淚眼看燈乍明滅。自從孤館深鎖窗，桂花幾度圓還缺！鴉鴉向曉鳴森木，風過池塘響叢玉。白日蕭條夢不成，橋南更問仙人卜。〔註175〕

《戰城南》。《樂府詩集・鼓吹曲辭》有此題，《曹鄴詩注》有曹鄴所作一首，《樂府詩集》失收。詩云：

千金畫陣圖，自為弓劍苦。殺盡田野人，將軍猶愛武。性命換他恩，功成誰作主。鳳凰樓上人，夜夜長歌舞。〔註176〕

〔註171〕《張籍集繫年校注》卷六，第728頁。
〔註172〕《唐甫里先生文集》卷七，第447～448頁。
〔註173〕《王建詩集校注》卷十，第541頁。
〔註174〕《王建詩集校注》卷十，第540頁。
〔註175〕《李長吉歌詩編年箋注》卷六，第738頁。
〔註176〕《曹鄴詩注》，第12頁。

《長相思》。《樂府詩集·雜曲歌辭》有此題，《曹鄴詩注》有曹鄴所作一首，《樂府詩集》失收。詩云：

> 剪妾身上巾，贈郎傷妾神。郎車不暫停，妾貌寧長春。青天無停雪，滄海無停津。遣妾空床夢，夜夜隨車輪。〔註177〕

《東武吟》。《樂府詩集·相和歌辭》有此題，《曹鄴詩注》有曹鄴所作一首，《樂府詩集》失收。詩云：

> 心如山上虎，身若倉中鼠。惆悵倚市門，無人與之語。夜宴李將軍，欲望心相許。何曾聽我言，貪謔邯鄲女。獨上黃金臺，淒涼淚如雨。〔註178〕

《怨歌行》。《樂府詩集·相和歌辭》有此題，《曹鄴詩注》有曹鄴所作一首，《樂府詩集》失收。詩云：

> 丈夫好弓劍，行坐說金吾。喜聞有行役，結束不待車。官田贈倡婦，留妾侍舅姑。舅姑皆已死，庭花半是蕪。中妹尋適人，生女亦嫁夫。何曾寄消息，他處卻有書。嚴風厲中野，女子心易孤。貧賤又相負，封侯意何如。〔註179〕

《放歌行》。《樂府詩集·相和歌辭》有此題，《曹鄴詩注》有曹鄴所作一首，《樂府詩集》失收。詩云：

> 莫唱放歌行，此歌臨楚水。人皆惡此聲，唱者終不已。三閭有何罪，不向枕上死。〔註180〕

《江南》。《樂府詩集·相和歌辭》有此題，《唐甫里先生文集》有陸龜蒙所作二首，《樂府詩集》失收。詩云：

> 便風船尾香秔熟，細雨罾頭赤鯉跳。待得江飡閒望足，日斜方動木蘭橈。
>
> 村邊紫荳花垂次，岸上紅梨葉戰初。莫怪煙中重回首，酒家青紵一行書。〔註181〕

以上所述15題共計25首，均為《樂府詩集》已有題名的同題詩作而《樂府詩集》未見收錄，都可補入《樂府詩集》。

〔註177〕《曹鄴詩注》，第56頁。
〔註178〕《曹鄴詩注》，第33頁。
〔註179〕《曹鄴詩注》，第42頁。
〔註180〕《曹鄴詩注》，第47頁。
〔註181〕《唐甫里先生文集》卷十二，第712～713頁。

第二節　《樂府詩集》未收之無辭唐代樂府詩題名

在現存文獻中還有大量《樂府詩集》未收的唐代樂府詩題名，這些題名均題存辭佚，如兩《唐書》和《唐會要》中記載了許多儀式用樂的名稱，《教坊記》《樂府雜錄》也集中收錄了大量宮廷樂曲。這些題名不僅數量多，而且有些還會隨著時代發展產生變異和衍生，進而生發出新的題名。有鑑於此，本節以題名創製時間或最早出現時間為序依次考察，對於無法確考具體創製時間而只能判斷出自唐代的題名，則置於最後。

一、高祖時期的樂府詩題名

高祖時期，《樂府詩集》未見收錄而見於其他史料記載的樂府詩題名有《安樂》《治康》《化康》3 題。

《安樂》。今見於《舊唐書》，《舊唐書・音樂志》載：「今立部伎有《安樂》《太平樂》《破陣樂》《慶善樂》《大定樂》《上元樂》《聖壽樂》《光聖樂》，凡八部。……《安樂》者，後周武帝平齊所作也。」〔註 182〕可知《安樂》是創製於後周的樂舞，傳至唐代後列於立部伎中。

《治康》《化康》。《治康》一曰《化康》，今見於《新唐書》。《新唐書・禮樂志》載：「初，隋有文舞、武舞，至祖孝孫定樂，更文舞曰《治康》，武舞曰《凱安》，舞者各六十四人。……及高宗崩，改《治康舞》曰《化康》以避諱。」〔註 183〕從記載可見，祖孝孫制定雅樂時《治康》《凱安》已分別獲得文、武二舞的地位。到高宗駕崩，因避高宗諱而改《治康》為《化康》。在改名為《化康》之前，《治康》也是樂府題名，故亦計入題名數量。在《新唐書・禮樂志》所載《治康》《凱安》《化康》3 題中，《樂府詩集》僅見《凱安》歌辭，《治康》《化康》歌辭均未收錄。

二、太宗時期的樂府詩題名

太宗時期，《樂府詩集》未錄而見於其他史料記載的樂府詩題名有《元和》《休和》《正和》《承天樂》《傾杯曲》《樂社樂曲》《英雄樂曲》《黃驄疊曲》《打球樂》《行天》《勝蠻奴》《火鳳》《側堂堂》13 題。

《元和》《休和》《正和》。《新唐書・禮樂志》載：

〔註 182〕《舊唐書》卷二九，第 1059 頁。
〔註 183〕《新唐書》卷二一，第 466～469 頁。

> 初，祖孝孫已定樂，乃曰大樂與天地同和者也，製《十二和》，以法天之成數，號《大唐雅樂》：一曰《豫和》，二曰《順和》，三曰《永和》，四曰《肅和》，五曰《雍和》，六曰《壽和》，七曰《太和》，八曰《舒和》，九曰《昭和》，十曰《休和》，十一曰《正和》，十二曰《承和》。用於郊廟、朝廷，以和人神。〔註 184〕

其中記載了祖孝孫所改「十二和」樂之名，這些題名常出現在唐代郊廟組詩中。其中，《唐祀圜丘樂章》解題曰：「大曆十四年，改《豫和》為《元和》，以避諱也。」〔註 185〕可知，太宗朝所製《豫和》後又名《元和》。此外，《休和》《正和》只出現在《唐祀圜丘樂章》和《唐享太廟樂章》中，《樂府詩集》並未收錄貞觀時期所用歌辭。

《承天樂》。貞觀十四年，張文收創製了一支名為《宴樂》的樂曲。貞觀十六年，《宴樂》成為十部伎之一，後又成為坐部伎中一部樂曲。〔註 186〕《舊唐書・音樂志》載：

> （貞觀）十四年，有景雲見，河水清。張文收採古《朱雁》《天馬》之義，製《景雲河清歌》，名曰宴樂，奏之管絃，為諸樂之首，元會第一奏者是也。……《宴樂》，張文收所造也。工人緋綾袍，絲布袴。舞二十人，分為四部：《景雲樂》，舞八人，花錦袍，五色綾袴，雲冠烏皮靴。《慶善樂》，舞四人，紫綾袍，大袖，絲布袴，假髻。《破陣樂》，舞四人，緋綾袍，錦衿褾，緋綾褲。《承天樂》，舞四人，紫袍，進德冠，並銅帶。……此樂惟《景雲舞》僅存，餘並亡。〔註 187〕

在坐部伎中，《宴樂》為坐部伎諸樂之首，又可分為《景雲樂》《慶善樂》《破陣樂》《承天樂》四部。

其中，《景雲樂》曾出現在唐郊廟歌辭組詩中，此處不再討論。需要注意的是，張文收《宴樂》四部中的《慶善樂》《破陣樂》所用舞者人數與太宗時相差較大。《舊唐書・音樂志》載：

> 《破陣樂》，太宗所造也。太宗為秦王之時，征伐四方，人間歌謠《秦王破陣樂》之曲。及即位，使呂才協音律，李百藥、虞世南、

〔註 184〕《新唐書》卷二一，第 464 頁。

〔註 185〕《樂府詩集》卷四，第 49 頁。

〔註 186〕參看拙文《論唐代燕射用樂》，《中國音樂學》2018 年第 1 期，收入拙著《樂府文獻考論》，鳳凰出版社，2020 年版，第 16 頁。

〔註 187〕《舊唐書》卷二八，第 1046～1061 頁。

> 褚亮、魏徵等製歌辭。百二十人披甲持戟，甲以銀飾之。發揚蹈厲，聲韻慷慨，享宴奏之，天子避位，坐宴者皆興。
>
> 《慶善樂》，太宗所造也。太宗生於武功之慶善宮，既貴，宴宮中，賦詩，被以管絃。舞者六十四人，衣紫大袖裙襦，漆髻皮履。舞蹈安徐，以象文德洽而天下安樂也。〔註 188〕

可以看出，太宗時《破陣樂》《慶善樂》的舞者分別為百二十人和六十四人，規模遠超作為《宴樂》四部組成部分時此二舞的舞者四人。這說明，相同的樂舞由於施用場合和表演功能不同，樂舞形制也會相應發生改變。

《破陣樂》在《樂府詩集》中分列於鼓吹曲辭和近代曲辭兩類之中，這樣的分類當是同時考慮到用途和樂曲屬性。《破陣樂》又名《七德舞》，《樂府詩集·新樂府辭》有《七德舞》歌辭。《慶善樂》又名《功成慶善樂》，《樂府詩集·舞曲歌辭》中有唐太宗所作《唐功成慶善樂舞辭》。《宴樂》四部中，僅《承天樂》1 題未見《樂府詩集》收錄。

《傾杯曲》《樂社樂曲》《英雄樂曲》《黃驄疊曲》。《新唐書·禮樂志》載：

> （太宗貞觀）其後因內宴，詔長孫無忌製《傾杯曲》，魏徵製《樂社樂曲》，虞世南製《英雄樂曲》。帝之破竇建德也，乘馬名黃驄驃，及征高麗，死於道，頗哀惜之，命樂工製《黃驄疊曲》。四曲，皆宮調也。〔註 189〕

此處所提到的 4 曲，皆是太宗貞觀年間所作，亦未見《樂府詩集》收錄。其中，《傾杯曲》又名《傾杯樂》，下文論及琵琶曲《勝蠻奴》時所引《唐會要·雅樂》亦載此曲名。《傾杯樂》至玄宗朝仍存，名曰《傾杯樂曲》，用於舞馬表演。《舊唐書·音樂志》載：「玄宗在位多年……太常樂立部伎、坐部伎依點鼓舞，間以胡夷之伎。日旰，即內閑廄引蹀馬三十匹，為《傾杯樂曲》，奮首鼓尾，縱橫應節。又施三層板床，乘馬而上，抃轉如飛。」〔註 190〕綜上可知，《傾杯曲》又名《傾杯樂》《傾杯樂曲》，創製於太宗貞觀年間，貞觀末仍存，為琵琶曲，玄宗時用於舞馬表演。《黃驄疊曲》在《樂府雜錄》中題為《黃驄疊》。〔註 191〕

〔註 188〕《舊唐書》卷二九，第 1059～1060 頁。
〔註 189〕《新唐書》卷二一，第 471 頁。
〔註 190〕《舊唐書》卷二八，第 1051 頁。
〔註 191〕《樂府雜錄校注》，第 130 頁。

《打球樂》。《打球樂》乃貞觀初年魏徵奉詔製作，《樂府雜錄校注‧補遺》中《如意娘》《君臣相遇樂》校勘記云：「《記纂淵海》卷七八引《類要》：『貞觀初，魏徵奉詔造《打球樂》。』〔註192〕《樂府詩集‧近代曲辭》有劉禹錫《抛球樂》二首，不知與《打球樂》是否相關。

《行天》。《行天》在貞觀中就已傳唱，尚書侯貴和妾麗音及其女郝三寶是專擅此曲的歌者。《通典‧樂五》載：「大唐貞觀中，有尚書侯貴和，妾名麗音，特善唱《行天》，清暢舒雅，含嚼恣態，有喉牙吐納之異。後改號方等。女亦傳其母伎。方等卒後，有郝三寶亦善歌《行天》。」〔註193〕《行天》又見於《唐會要》「天寶十三載改諸樂名」中的「林鍾羽」下，〔註194〕可知此曲天寶十三載仍是樂府曲名，所用宮調為林鍾羽。

《勝蠻奴》。《唐會要‧雅樂下》載：

> 貞觀末，有裴神符者，妙解琵琶，作《勝蠻奴》《火鳳》《傾杯樂》三曲，聲度清美，太宗深愛之。〔註195〕

可知《勝蠻奴》《火鳳》《傾杯樂》三曲均由裴神符作於貞觀末。其中，《傾杯樂》已見前述。《樂府詩集‧近代曲辭》有李百藥《火鳳辭》二首，郭茂倩解題稱其為貞觀以前曲。〔註196〕

《側堂堂》。《舊唐書‧中宗韋庶人傳》載：

> 景龍二年春，宮中希旨，妄稱后衣箱中有五色雲出，帝使畫工圖之，出示於朝，乃大赦天下，百僚母妻各加邑號。右驍衛將軍、知太史事迦葉志忠上表曰：「昔高祖未受命時，天下歌《桃李子》；太宗未受命時，天下歌《秦王破陣樂》；高宗未受命時，天下歌《側堂堂》；天后未受命時，天下歌《武媚娘》。伏惟應天皇帝未受命時，天下歌《英王石州》。〔註197〕

《桃李子》《秦王破陣樂》《武媚娘》已見前述。其中既云《側堂堂》一曲作於「高宗未受命時」，則該曲當為太宗朝樂曲，但《樂府詩集》未見收錄。《樂府詩集‧清商曲辭》有《堂堂》，與此不同。

〔註192〕《樂府雜錄校注》，第168頁。
〔註193〕《通典》卷一四五，第3700頁。
〔註194〕《唐會要》卷三三，第720頁。
〔註195〕《唐會要》卷三三，第711頁。
〔註196〕《樂府詩集》卷八〇，第856頁。
〔註197〕《舊唐書》卷五一，第2172～2173頁。

三、高宗時期的樂府詩題名

高宗時期，《樂府詩集》未錄而見於其他史料記載的樂府詩題名有《上元》《二儀》《三才》《四時》《五行》《六律》《七政》《八風》《九宮》《十洲》《得一》《慶雲》《白雪歌》《大定樂》《夷來賓》《六合還淳》《寶慶》《聖壽樂》《英王石州》20題。

《上元》《二儀》《三才》《四時》《五行》《六律》《七政》《八風》《九宮》《十洲》《得一》《慶雲》。《新唐書・禮樂志》載：

> 《上元舞》者，高宗所作也。舞者百八十人，衣畫雲五色衣，以象元氣。其樂有《上元》《二儀》《三才》《四時》《五行》《六律》《七政》《八風》《九宮》《十洲》《得一》《慶雲》之曲，大祠享皆用之。〔註198〕

《舊唐書・音樂志》在介紹立部伎時稱：「今立部伎有安樂、太平樂、破陣樂、慶善樂、大定樂、上元樂、聖壽樂、光聖樂，凡八部。……《上元樂》，高宗所造。舞者百八十人，畫雲衣，備五色，以象元氣，故曰『上元』。」〔註199〕可知《新唐書・禮樂志》記載的高宗所作《上元舞》又稱《上元樂》，主要用於大祠享，是立部伎八部樂之一。《上元舞》所用樂曲《上元》《二儀》《三才》《四時》《五行》《六律》《七政》《八風》《九宮》《十洲》《得一》《慶雲》12曲，《樂府詩集》均未收錄。

《白雪歌》。《舊唐書・音樂志》載：

> （顯慶）二年，太常奏《白雪》琴曲。先是，上以琴中雅曲，古人歌之，近代已來，此聲頓絕，雖有傳習，又失宮商，令所司簡樂工解琴笙者修習舊曲。至是太常上言曰：「……是知《白雪》琴曲，本宜合歌，以其調高，人和遂寡。自宋玉以後，迄今千祀，未有能歌《白雪曲》者。臣今準敕，依於琴中舊曲，定其宮商，然後教習，併合於歌。輒以御製《雪詩》為《白雪》歌辭。又按古今樂府，奏正曲之後，皆別有送聲，君唱臣和，事彰前史。輒取侍臣等奉和《雪詩》以為送聲，各十六節，今悉教訖，並皆諧韻。」上善之，乃付太常編於樂府。六年二月，太常丞呂才造琴歌《白雪》等曲，上製歌

〔註198〕《新唐書》卷二一，第468頁。
〔註199〕《舊唐書》卷二九，第1059～1060頁。

辭十六首，編入樂府。〔註200〕

從記載可見，琴曲《白雪》是古代樂歌，由前朝流傳至唐代時其聲頓絕，雖有傳習又失宮商，故太常寺予以再造。顯慶二年，以高宗所作《雪詩》為《白雪》歌辭，又以群臣奉和《雪詩》為送聲。顯慶六年，太常丞呂才造琴歌《白雪》等曲，高宗製辭16首，皆編入樂府，可知《白雪》確為高宗朝樂曲。然而，《樂府詩集·琴曲歌辭》中《白雪歌》題下僅收齊梁人作品，未見高宗所作16首歌辭。《樂府詩集·琴曲歌辭》中又有《白雪曲》，當出自《白雪歌》，僅錄唐僧貫休歌辭1首。

《大定樂》。《通典·樂五》載：「《大定樂》，高宗所造，出自《破陣樂》。舞者百四十人，被五采文甲，持槊。歌云『八紘同軌樂』，以象平遼東而邊隅大定也。」〔註201〕可知《大定樂》乃高宗朝所造。《唐會要》記其創製時間為「龍朔元年三月一日」。〔註202〕《舊唐書·音樂志》亦記此曲曰：

(顯慶)六年三月，上欲伐遼，於屯營教舞，召李義府、任雅相、許敬宗、許圉師、張延師、蘇定方、阿史那忠、于闐王伏闍、上官儀等，赴洛城門觀樂。樂名《一戎大定樂》。賜觀樂者雜綵有差。〔註203〕

據此可知，《大定樂》又名《一戎大定樂》，《樂府詩集》未見歌辭。

《夷來賓》。《新唐書·禮樂志》載：「及遼東平，行軍大總管李勣作《夷來賓》之曲以獻。」〔註204〕高宗乾封年間，李勣任遼東道行軍大總管。既然《夷來賓》為李勣任行軍大總管平定遼東後所獻，則該曲應為高宗乾封年間樂曲。

《六合還淳》。《舊唐書·音樂志》載：「調露二年正月二十一日，則天御洛城南樓賜宴，太常奏《六合還淳》之舞。」〔註205〕調露為高宗年號，可知《六合還淳》為高宗時樂舞。

《寶慶》。《唐會要·論樂》載：「調露二年，皇太子使樂工於東宮新作《寶慶》之曲成，命工者奏於太清觀。」〔註206〕可知《寶慶》為高宗調露二年創

〔註200〕《舊唐書》卷二八，第1046～1047頁。
〔註201〕《通典》卷一四五，第3719～3720頁。
〔註202〕《唐會要》卷三三，第718頁。
〔註203〕《舊唐書》卷二八，第1047頁。
〔註204〕《新唐書》卷二一，第472頁。
〔註205〕《舊唐書》卷二八，第1050頁。
〔註206〕《唐會要》卷三四，第729頁。

製，由皇太子命樂工製於東宮。

《聖壽樂》。《聖壽樂》為立部伎八部樂之一，《舊唐書・音樂志》記立部伎樂曲時論及《聖壽樂》曰：「《聖壽樂》，高宗武后所作也。舞者百四十人，金銅冠，五色畫衣。舞之行列必成字，十六變而畢。有『聖超千古，道泰百王，皇帝萬年，寶祚彌昌』字。」〔註 207〕可知《聖壽樂》是高宗朝武后親製字舞，舞者衣五色舞衣，此舞共有十六變，每一變均成一字，最後成「聖超千古，道泰百王，皇帝萬年，寶祚彌昌」十六字。玄宗開元十一年此舞仍在表演，且應有改制。《教坊記》云：

> 開元十一年初，製《聖壽樂》。令諸女衣五方色衣，以歌舞之。宜春苑女教一日，便堪上場，惟搊彈家彌月不成。至戲日，上親加策勵曰：「好好作！莫辱沒三郎。」令宜春院人為首尾，搊彈家在行間，令學其舉手也。宜春院亦有工拙，必擇尤者為首尾。首既引隊，眾所屬目，故須能者。樂將闋，稍稍失隊，餘二十許人。舞曲終，謂之「合殺」，尤要快健，所以更須能者。聖壽樂一
>
> 《聖壽樂》舞、衣襟皆各繡一大窠，皆隨其衣本色。制純縵衫，下纔及帶，若短汗衫者以籠之，所以藏繡窠也。舞人初出，樂次，皆是縵衣舞。至第二疊，相聚場中，即於眾中，從領上抽去籠衫，各內懷中。觀者忽見眾女咸文繡炳煥，莫不驚異！聖壽樂二〔註 208〕

記載中既有「莫辱沒三郎」之辭，可知玄宗在武后所作基礎上重新改製了此舞，從表演形制看，已不同於武后所作字舞。

《英王石州》。前引《舊唐書・中宗韋庶人傳》有云：「伏惟應天皇帝未受命時，天下歌《英王石州》。」〔註 209〕《樂府詩集・近代曲辭》有《石州》，是以邊地命名的樂曲，《英王石州》或出於此。據《舊唐書・中宗本紀》，儀鳳二年，李顯徙封英王。〔註 210〕神龍元年，上尊號為應天皇帝。〔註 211〕《舊唐書・中宗韋庶人傳》既稱《英王石州》出自「應天皇帝未受命時」，則當為高宗朝樂曲。

〔註 207〕《舊唐書》卷二九，第 1060 頁。
〔註 208〕《教坊記箋訂》，第 21～23 頁。
〔註 209〕《舊唐書》卷五一，第 2172～2173 頁。
〔註 210〕《舊唐書》卷七，第 135 頁。
〔註 211〕《舊唐書》卷五一，第 2172 頁。

四、則天時期的樂府詩題名

則天時期，《樂府詩集》未錄而見於其他史料記載的樂府詩題名有《神宮大樂》《越古長年樂》《長壽樂》《天授樂》《鳥歌萬歲樂》《聖主還京樂》6 題。

《神宮大樂》。《舊唐書・音樂志》載：「長壽二年正月，則天親享萬象神宮。先是，上自製《神宮大樂》，舞用九百人，至是舞於神宮之庭。」〔註 212〕長壽為武則天當政時所用年號，《神宮大樂》亦為武則天親製，從舞者九百人看，這是規模極大的宮廷樂舞。

《越古長年樂》。《舊唐書・音樂志》載：「延載元年正月二十三日，製《越古長年樂》一曲。」〔註 213〕延載為武則天所用年號，《越古長年樂》創製於延載元年正月。

《長壽樂》《天授樂》《鳥歌萬歲樂》。《舊唐書・音樂志》記載：「《長壽樂》，武太后長壽年所造也。《天授樂》，武太后天授年所造也。《鳥歌萬歲樂》，武太后所造也。」〔註 214〕此 3 題皆為武則天時所造，且此 3 題均屬坐部伎表演樂曲。

《聖主還京樂》。《唐會要・雅樂》載：「大足元年，天后幸京師，同州刺史蘇瑰進《聖主還京樂》舞，御行宮樓觀之，賜以束帛，令編於樂府。」〔註 215〕大足為武則天所用年號，《聖主還京樂》於大足元年經由同州刺史蘇瑰進獻後編於樂府。

五、中宗時期的樂府詩題名

中宗時期，《樂府詩集》未錄而見於其他史料記載的樂府詩題名有《桑條歌》《靈夔吼》《雕鶚爭》《石墜崖》《壯士怒》《夜半樂》《還京樂》7 題。

《桑條歌》。《舊唐書・中宗韋庶人傳》載：

> 景龍二年春，宮中希旨，妄稱后衣箱中有五色雲出，帝使畫工圖之，出示於朝，乃大赦天下，百僚母妻各加邑號。右驍衛將軍、知太史事迦葉志忠上表曰：「……順天皇后未受命時，天下歌《桑條韋也》《女時書也》。六合之內，齊首蹀足，應四時八節之會，歌舞同歡。豈與夫《簫韶》九成、百獸率舞同年而語哉！伏惟皇后降帝

〔註 212〕《舊唐書》卷二八，第 1050 頁。
〔註 213〕《舊唐書》卷二八，第 1051 頁。
〔註 214〕《舊唐書》卷二九，第 1061～1062 頁。
〔註 215〕《唐會要》卷三三，第 718 頁。

女之精，合為國母，主蠶桑以安天下，后妃之德，於斯為盛。謹進《桑條歌》十二篇，伏請宣布中外，進入樂府，皇后先蠶之時，以享宗廟。」帝悅而許之，特賜志忠莊一區、雜綵七百段。〔註 216〕

順天皇后為唐中宗皇后韋氏，韋氏於嗣聖元年被立為皇后，其未受命時民間歌《桑條韋也》，後右驍衛將軍、知太史事迦葉志忠所進《桑條歌》十二篇當是由此改製而來。

《靈夔吼》《雕鶚爭》《石墜崖》《壯士怒》。《舊唐書・音樂志》載：

景龍二年，皇后上言：「自妃主及五品以上母妻，並不因夫子封者，請自今遷葬之日，特給鼓吹，宮官亦准此。」侍御史唐紹上諫曰：「竊聞鼓吹之作，本為軍容，昔黃帝涿鹿有功，以為警衛。故掆鼓曲有《靈夔吼》《雕鶚爭》《石墜崖》《壯士怒》之類。自昔功臣備禮，適得用之。」〔註 217〕

記載中的「掆鼓曲」是黃帝戰蚩尤時所作，為我國最古之鐃歌。景龍二年侍御史唐紹上諫所云《靈夔吼》《雕鶚爭》《石墜崖》《壯士怒》4 曲是中宗朝掆鼓曲，亦即鼓吹曲，其歌辭應屬鼓吹曲辭，《樂府詩集》未錄。

《夜半樂》《還京樂》。《新唐書・禮樂志》載：

是時，民間以帝自潞州還京師，舉兵夜半誅韋皇后，製《夜半樂》《還京樂》二曲。〔註 218〕

記載中「帝」指玄宗，從中可知玄宗夜半舉兵誅殺韋皇后而製此二曲。《教坊記》亦載此二曲云：「中宗景龍三年十二十五日，玄宗為太子時，自潞州還京師，夜半舉兵，誅了毒殺唐中宗的韋后和安樂公主。民間製諸曲以為頌。」〔註 219〕可知《夜半樂》《還京樂》為中宗景龍三年所作。

六、玄宗時期的樂府詩題名

玄宗時期樂府活動最為鼎盛，樂府詩題名數量也極多。僅《樂府詩集》未錄而見於其他史料記載的樂府詩題名就多達 440 題，其中尤以《教坊記》和《唐會要》所載曲名最為豐富。

《祴和》《豐和》。《樂府詩集・郊廟歌辭》中《唐釋奠文宣王樂章》解題

〔註 216〕《舊唐書》卷五一，第 2173 頁。
〔註 217〕《舊唐書》卷二八，第 1050 頁。
〔註 218〕《新唐書》卷二二，第 476 頁。
〔註 219〕《教坊記箋訂》，第 61 頁。

云：「《通典》曰：『開元中又造三和樂：一曰《祴和》，三公升降及行則奏之；二曰《豐和》，享先農則奏之；三曰《宣和》，祭孔宣父、齊太公則奏之。』」〔註 220〕可知《祴和》《豐和》《宣和》是開元年間新造樂曲，三和樂各曲題名與貞觀年間祖孝孫所造十二和未見重合。解題又云：「《唐書・樂志》曰：『皇太子親釋奠：迎神用《誠和》，亦曰《宣和》。』」〔註 221〕可知三和樂中的《宣和》又名《誠和》，《誠和》已見錄於《樂府詩集》，故於此僅錄《祴和》《豐和》2 題。

《光聖樂》。《舊唐書・音樂志》載：「《光聖樂》，玄宗所造也。」〔註 222〕可知《光聖樂》乃玄宗所造，此曲亦屬立部伎表演樂曲之一。

《小破陣樂》。《舊唐書・音樂志》記載坐部伎時提及《破陣樂》云：「《破陣樂》，玄宗所造也，生於立部伎《破陣樂》。」〔註 223〕《新唐書・禮樂志》又有玄宗作《小破陣樂》的記載：「（玄宗）又作《小破陣樂》，舞者被甲冑。」〔註 224〕同書亦載：「坐部伎六：一《燕樂》，二《長壽樂》，三《天授樂》，四《鳥歌萬歲樂》，五《龍池樂》，六《小破陣樂》。」〔註 225〕可知坐部伎有玄宗所造《破陣樂》，此曲與太宗所作列於立部伎的《破陣樂》不同，自是在太宗所作基礎上改製而來，而《小破陣樂》則可視為自《破陣樂》衍生而來的題名，《新唐書》特加「小」字以示區分，就已揭示出二者之間的傳承演變關係。

《文成曲》《玄真道曲》《大羅天曲》《紫清上聖道曲》《景雲》《九真》《小長壽》《承天》《順天樂》《君臣相遇樂》。《新唐書・禮樂志》載：

> 帝又作《文成曲》，與《小破陣樂》更奏之。……帝方浸喜神仙之事，詔道士司馬承禎製《玄真道曲》，茅山道士李會元製《大羅天曲》，工部侍郎賀知章製《紫清上聖道曲》。太清宮成，太常卿韋縚製《景雲》《九真》《紫極》《小長壽》《承天》《順天樂》六曲，又製商調《君臣相遇樂》曲。〔註 226〕

〔註 220〕《樂府詩集》卷七，第 87 頁。
〔註 221〕《樂府詩集》卷七，第 87 頁。
〔註 222〕《舊唐書》卷二九，第 1059 頁。
〔註 223〕《舊唐書》卷二九，第 1061～1062 頁。
〔註 224〕《新唐書》卷二二，第 475 頁。
〔註 225〕《新唐書》卷二二，第 475 頁。
〔註 226〕《新唐書》卷二二，第 476 頁。

太清宮建成於玄宗天寶二年三月，並因此製《唐太清宮樂章》，本書第二章第一節已經論及。此處所記韋韜製作的《景雲》和《承天》二曲當與前述張文收所作《景雲樂》《承天樂》不同。韋縚因太清宮建成所製的《景雲》《九真》《紫極》《小長壽》《承天》《順天樂》六曲當與道教密切相關，而張文收《宴樂》四部包括的《景雲樂》《慶善樂》《破陣樂》《承天樂》則與朝廷宴享活動相關。《樂府詩集·郊廟歌辭》所收《唐太清宮樂章》中有《紫極舞》，當與此條記載中《紫極》相同。故上述樂曲中未見《樂府詩集》收錄的就是《文成曲》《玄真道曲》《大羅天曲》《紫清上聖道曲》《景雲》《九真》《小長壽》《承天》《順天樂》《君臣相遇樂》10 曲。

《君臣相遇樂》《北庭》《𢹂蒱》。《樂府雜錄校注·補遺》中《如意娘》《君臣相遇樂》校勘記引《近事會元》卷四曰：「《君臣相遇樂》。《樂府錄》云：唐明皇天寶中命譚浄眼等撰。」〔註 227〕又引《記纂淵海》云：「《記纂淵海》卷七八引《類要》：『……天寶中玄宗命譚浄眼等造《君臣相遇樂》。西京節度嘉運進《北庭》《伊州》《𢹂蒱》三曲』。」〔註 228〕可知天寶中除譚浄眼等所造《君臣相遇樂》外，尚有《北庭》《伊州》《𢹂蒱》三曲亦屬玄宗朝樂曲。《伊州》已見前述，《北庭》《𢹂蒱》既與《伊州》同為玄宗朝西京節度使蓋嘉運所獻樂曲，則也應補入《樂府詩集》。

《紫雲曲》。唐人張讀《宣室志》載：

> 唐玄宗嘗夢仙子十餘輩，御卿雲而下，立於庭，各執樂器而奏之。其度曲清越，真仙府之音也。及樂闋，有一仙人揖而言曰：「陛下知此樂乎？此神仙《紫雲曲》也。今願傳授陛下，為聖唐正始音。與夫《咸池》《大夏》，固不同矣。」玄宗喜甚，即傳受焉。……曲後傳於樂府。〔註 229〕

其中所記玄宗觀看《紫雲曲》表演雖為夢境，但「曲後傳於樂府」則表明此曲確為玄宗朝樂府曲調。

《荔枝香》。《新唐書·禮樂志》載：「帝幸驪山，楊貴妃生日，命小部張樂長生殿，因奏新曲，未有名，會南方進荔枝，因名曰《荔枝香》。」〔註 230〕

〔註 227〕《樂府雜錄校注》，第 168 頁。

〔註 228〕《樂府雜錄校注》，第 168 頁。

〔註 229〕〔唐〕張讀撰，蕭逸校點《宣室志》卷一，見上海古籍出版社編《歷代筆記小說大觀》，上海古籍出版社，2012 年版，第 13 頁。

〔註 230〕《新唐書》卷二二，第 476 頁。

可知《荔枝香》為玄宗朝所製新曲，屬新樂府辭。

《五更轉樂》《萬歲長生樂》《飲酒樂》《鬥百草樂》《雲韶樂》。《唐會要・雅樂下》載：「太常梨園別教院，教法曲樂章等。《王昭君樂》一章，《思歸樂》一章，《傾杯樂》一章，《破陣樂》一章，《聖明樂》一章，《五更轉樂》一章，《玉樹後庭花樂》一章，《泛龍舟樂》一章，《萬歲長生樂》一章，《飲酒樂》一章，《鬥百草樂》一章，《雲韶樂》一章，十二章。」〔註 231〕記載中的梨園別教院為玄宗時所設，乃玄宗選拔坐部伎子弟三百親自教授的樂府機構，這三百名子弟因此得名「皇帝梨園弟子」。《新唐書・禮樂志》載：「玄宗既知音律，又酷愛法曲，選坐部伎子弟三百教於梨園。聲有誤者，帝必覺而正之，號『皇帝梨園弟子』。」〔註 232〕因此，梨園別教院弟子所習樂章 12 曲當繫於玄宗朝。這 12 曲中，《王昭君樂》《玉樹後庭花樂》思歸樂》《破陣樂》《聖明樂》均見於《樂府詩集》，且有唐人同題詩作；《泛龍舟樂》當與《教坊記》中所記《泛龍舟》為同一曲，有敦煌曲辭，作為有辭題名已見前述；《傾杯樂》亦見前述，故此二曲皆不再討論。則這 12 曲中，就只有《五更轉樂》《萬歲長生樂》《飲酒樂》《鬥百草樂》《雲韶樂》5 曲未見於《樂府詩集》。

《教坊記》是唐代樂錄，主要記述開元年間的教坊制度與人事，集中記載了大量樂府曲名，從中可見許多未被《樂府詩集》收錄的題名。由於該書作者崔令欽本為唐人，唐人撰唐事更具可信度，故有很高史料價值。雖然《教坊記》只記曲名，但任半塘箋訂此書時又補充了與曲名相關的信息，大大提高了此書的樂府文獻價值。其中所記未被《樂府詩集》收錄的開元年間曲名主要有如下 14 曲：

《五天》。《教坊記》「制度與人事」云：「戲日，內伎出舞；教坊人惟得舞《伊州》《五天》，重來疊去，不離此兩曲，餘盡讓內人也。」〔註 233〕《伊州》已見於《樂府詩集》，《五天》未見《樂府詩集》收錄。

《垂手羅》《蘭陵王》《半社渠》《借席》《黃鸎》《拂林》《大渭州》《火袄》《阿遼》《劍器》《胡旋》《胡騰》《蘇合香》《團圓旋》。《教坊記》「制度與人事」云：

> 《垂手羅》《回波樂》《蘭陵王》《春鶯囀》《半社渠》《借席》《烏

〔註 231〕《唐會要》卷三三，第 717 頁。
〔註 232〕《新唐書》卷二二，第 476 頁。
〔註 233〕《教坊記箋訂》，第 34 頁。

夜啼》之屬，謂之軟舞。《阿遼》《柘枝》《黃麞》《拂林》《大渭州》《達摩支》之屬，謂之健舞。凡棚車上擊鼓，非《柘枝》則《阿遼破》也。〔註 234〕

唐人段安節《樂府雜錄》也記載了這些舞曲且有增補：

健舞曲有《火祆》《阿連》《柘枝》《劍器》《胡旋》《胡騰》。軟舞曲有《涼州》《綠腰》《蘇合香》《屈柘》《團圓旋》《甘州》等。〔註 235〕

在這些舞曲中，《柘枝》《屈柘》《達摩支》《綠腰》（又作《樂世》）《涼州》《甘州》《回波樂》《春鶯囀》《烏夜啼》均見於《樂府詩集》且有唐人詩作，其餘《垂手羅》《蘭陵王》《半社渠》《借席》《黃麞》《拂林》《大渭州》《火祆》《阿遼》《劍器》《胡旋》《胡騰》《蘇合香》《團圓旋》14 曲則未見於《樂府詩集》。

這 14 曲中，《半社渠》《火祆》《阿遼》《團圓旋》或有別名，或題名存在訛誤。

《半社渠》又名《高唐雲》。《唐會要》記載的天寶十三載所改諸樂名中有「《半射渠沮》改為《高唐雲》」〔註 236〕的記載，《半射渠沮》當即《教坊記》中的《半社渠》，此曲在天寶十三載後改名為《高唐雲》。

《火襖》又名《大祁》，《阿連》為《阿遼》之誤。亓娟莉《樂府雜錄校注》考辨云：

《火襖》，舊作《稜大》。《樂府詩集》作《大祁》。

任半塘《教坊記箋訂》論云：「《阿連》與《阿遼》應是一曲，二名中必有一誤。」《樂書》《教坊記》所載健舞曲皆有《阿遼》。《教坊記》：「《阿遼》《柘枝》《黃麞》《拂林》《大渭州》《達摩》之屬謂之『健舞』。」唯《樂府詩集》卷五三云：「開元中，又有《涼州》《綠腰》《蘇合香》《屈柘枝》《團亂旋》《甘州》《回波樂》《蘭陵王》《春鶯囀》《半社渠》《借席》《烏夜啼》之屬，謂之軟舞。《大祁》《阿連》《劍器》《胡旋》《胡騰》《阿遼》《柘枝》《黃獐》《拂菻》《大渭州》《達磨支》之屬，謂之健舞。」此段引文應是對《樂府雜錄》《教坊記》中有關軟舞、健舞文字的合併引用。其中，仍作《阿連》。疑《樂府詩集》引文有誤。〔註 237〕

〔註 234〕《教坊記箋訂》，第 34 頁。
〔註 235〕《樂府雜錄校注》，第 61 頁。
〔註 236〕《唐會要》卷三三，第 719 頁。
〔註 237〕《樂府雜錄校注》，第 61 頁。

可知《火襖》又名《大祁》，《阿連》與《阿遼》為同曲訛誤，當以《阿連》為是，故本書僅以《阿遼》1 題計。

《團圓旋》又名《團亂旋》《團圞旋》。《團圓旋》為《樂府雜錄》所載軟舞之一，《教坊記》「曲名」下有《團亂旋》，任半塘認為其當為《樂府雜錄》中之《團圓旋》，又作《團圞旋》。〔註 238〕

《踏謠娘》。《教坊記》載：「蘇五奴妻張四娘，善歌舞，亦姿色，能弄《踏謠娘》。」〔註 239〕《踏謠娘》未見於《樂府詩集》。

此外，《教坊記》還集中記載了大量曲名和大曲名，關於這些曲名和大曲名的其他信息極少，只能確認它們確實在開元年間用於唐代樂府，故暫列於此。由於太樂署曾於天寶十三載修改過諸樂名，故這些記載於《教坊記》中的曲名在天寶十三載後又有變更，凡有變更的曲名皆於下文再做討論，此處暫不涉及。

《教坊記》所記曲名有 226 題：1.《獻天花》2.《和風柳》3.《美唐風》4.《透碧空》5.《巫山女》6.《度春江》7.《眾仙樂》8.《龍飛樂》9.《慶雲樂》10.《繞殿樂》11.《泛舟樂》12.《清平樂》13.《放鷹樂》14.《天下樂》15.《同心樂》16.《賀聖朝》17.《奉聖樂》18.《泛玉池》19.《春光好》20.《迎春花》21.《鳳樓春》22.《負陽春》23.《帝臺春》24.《繞池春》25.《滿園春》26.《杜韋娘》27.《柳含煙》28.《簪楊柳》29.《倒垂柳》30.《浣溪沙》31.《撒金沙》32.《紗窗恨》33.《金蓑嶺》34.《隔簾聽》35.《恨無媒》36.《望梅花》37.《好郎君》38.《別趙十》39.《憶趙十》40.《念家山》41.《紅羅襖》42.《摘得新》43.《北門西》44.《煮羊頭》45.《河瀆神》46.《二郎神》47.《醉鄉遊》48.《醉花間》49.《燈下見》50.《泰邊陲》51.《太白星》52.《剪春羅》53.《會嘉賓》54.《當庭月》55.《思帝鄉》56.《醉思鄉》57.《歸國遙》58.《戀皇恩》59.《戀情深》60.《憶先皇》61.《聖無憂》62.《木蘭花》63.《更漏長》64.《菩薩蠻》65.《破南蠻》66.《八拍蠻》67.《芳草洞》68.《守陵宮》69.《臨江仙》70.《虞美人》71.《映山紅》72.《臥沙堆》73.《怨黃沙》74.《遐方怨》75.《怨胡天》76.《送行人》77.《望梅愁》78.《阮郎迷》79.《牧羊怨》80.《掃市舞》81.《羅裙帶》82.《同心結》83.《一撚鹽》84.《阿也黃》85.《劫家雞》86.《綠頭鴨》87.《下水船》88.《留客住》89.《喜長新》90.《羌心怨》91.《女王國》92.《繚踏歌》93.《天外聞》94.《賀皇化》95.《五雲仙》96.《滿堂花》97.《南天竺》

〔註 238〕《教坊記箋訂》，第 100 頁。
〔註 239〕《教坊記箋訂》，第 51 頁。

98.《定西蕃》99.《荷葉杯》100.《感庭秋》101.《月遮樓》102.《感恩多》103.《上行杯》104.《喜春鶯》105.《大獻壽》106.《鵲踏枝》107.《萬年歡》108.《曲玉管》109.《謁金門》110.《巫山一段雲》111.《西河師子》112.《西河劍器》113.《怨陵三臺》114.《儒士謁金門》115.《武士朝金闕》116.《摻弄》117.《麥秀兩歧》118.《金雀兒》119.《滻水吟》120.《玉搔頭》121.《鸚鵡杯》122.《路逢花》123.《初漏歸》124.《相見歡》125.《遊春苑》126.《黃鍾樂》127.《訴衷情》128.《折紅蓮》129.《洞仙歌》130.《長慶樂》131.《喜回鑾》132.《漁父引》133.《喜秋天》134.《大郎神》135.《夢江南》136.《靜戎煙》137.《上韻》138.《中韻》139.《下韻》140.《普恩光》141.《戀情歡》142.《七星管》143.《朝天樂》144.《木笪》145.《看月宮》146.《宮人怨》147.《拂霓裳》148.《駐征游》149.《泛濤溪》150.《胡相問》151.《廣陵散》152.《帝歸京》153.《喜還京》154.《遊春夢》155.《柘枝引》156.《留諸錯》157.《黃羊兒》158.《蘭陵王》159.《小秦王》160.《花王發》161.《大明樂》162.《望遠行》163. 《思友人》164.《唐四姐》165.《放鶻樂》166.《南歌子》167.《八拍子》168.《魚歌子》169.《七夕子》170.《十拍子》171.《措大子》172.《風流子》173.《吳吟子》174.《朱查子》175.《胡醉子》176.《山花子》177.《水仙子》178.《綠鈿子》179.《金錢子》180.《天仙子》181.《赤棗子》182.《千秋子》183.《心事子》184.《胡蝶子》185.《沙磧子》186.《酒泉子》187.《迷神子》188.《剉碓子》189.《麻婆子》190.《紅娘子》191.《甘州子》192.《刺曆子》193.《鎮西子》194.《北庭子》195.《採蓮子》196.《劍器子》197.《師子》198.《女冠子》199.《仙鶴子》200.《穆護子》201.《蕃將子》202.《回戈子》203.《帶竿子》204.《摸魚子》205.《南鄉子》206.《大呂子》207.《南浦子》208.《撥棹子》209.《曹大子》210.《引角子》211.《隊踏子》212.《水沽子》213.《化生子》214.《金娥子》215.《拾麥子》216.《多利子》217.《毗砂子》218.《上元子》219.《西溪子》220.《劍閣子》221.《嵇琴子》222.《糞璧子》223.《胡攢子》224.《唧唧子》225.《玩花子》226.《西國朝天》。

《教坊記》所記大曲名有 31 題：1.《踏金蓮》2.《薄媚》3.《賀聖樂》4.《伴侶》5.《胡僧破》6.《平蕃》7.《相駝逼》8.《呂太后》9.《大寶》10.《一斗鹽》11.《羊頭神》12.《大姊》13.《舞大姊》14.《急月記》15.《斷弓弦》16.《碧霄吟》17.《穿心蠻》18.《羅步底》19.《千春樂》20.《龜茲樂》21.《醉渾脫》22.《映山雞》23.《昊破》24.《四會子》25.《舞春風》26.《迎春風》27.

《看江波》28.《寒雁子》29.《又中春》30.《玩中秋》31.《迎仙客》。

上述曲名和大曲名，共計257題。其中，《更漏長》《大郎神》《掃市舞》《夢江南》《鵲踏枝》5題需要補充說明。

《更漏長》常被混同於《更漏子》。任半塘辨析稱：「《更漏長》，此調傳辭現有歐陽炯之作，一首而已，又被掩在《更漏子》之名目下。惟敦煌曲於炯辭之調名獨題《更漏長》，乃與本書相應和處之三。但因同卷內於溫庭筠之《更漏子》亦混用《更漏長》名，於是「長」與「子」仍被認為異名同調。」〔註240〕任半塘認為《更漏長》與《更漏子》乃異名同調。事實上，《更漏子》是詞牌名，歐陽炯和溫庭筠《更漏子》皆為詞作，與樂府曲調《更漏長》並不相同。《樂府詩集》未收《更漏長》。

《大郎神》與《離別難》並非一曲。《樂府雜錄》稱《離別難》又名《大郎神》，而《教坊記》同時記有《離別難》《大郎神》二曲。任半塘辨析云：「《大郎神》，《樂府雜錄》謂為《離別難》之別名，或繫晚唐之事。本書上文已另列《離別難》，與此當非一調。」〔註241〕可知《大郎神》為另一曲名，並非《離別難》之別名。且《樂府詩集》已收《離別難》，解題稱為武后朝所製。〔註242〕《樂府詩集》未收《大郎神》。

《掃市舞》又名《掃市詞》。《教坊記》云：「《掃市舞》，《唐詩紀事》作《掃市詞》，謂楊雲卿醉後善歌之。」〔註243〕《樂府詩集》未收此題。

《夢江南》與《望江南》並非一曲。《教坊記》所記《夢江南》為開元年間樂曲，《樂府雜錄》亦載《夢江南》云：「《望江南》，始自朱崖李太尉鎮浙西日，為亡妓謝秋娘所撰。本名《謝秋娘》，後改此名。亦曰《夢江南》。」〔註244〕《樂府雜錄》所載《夢江南》又名《望江南》，本名《謝秋娘》，因李德裕為亡妓謝秋娘所作而得名。任半塘分析《夢江南》之所以又名《望江南》的原因稱：「《樂府雜錄》謂《望江南》亦曰《夢江南》，可能本諸皇甫松詞：『閒夢江南梅熟日』，乃晚唐情形。若疑兩名既僅差一字即為一調，則指後起之調名與早期調名之間，有如此關係，猶可；若謂同時並列諸調名之間亦復如此，殊不可。」〔註245〕任

〔註240〕《教坊記箋訂》，第88～89頁。
〔註241〕《教坊記箋訂》，第111頁。
〔註242〕《樂府詩集》卷八0，第852頁。
〔註243〕《教坊記箋訂》，第93～94頁。
〔註244〕《樂府雜錄校注》，第145頁。
〔註245〕《教坊記箋訂》，第112頁。

半塘認為《樂府雜錄》所云《夢江南》是《望江南》在晚唐時所出別名，《夢江南》得名的原因可能源自皇甫松詞句，但二曲並非同曲異名。事實上，從《望江南》為李德裕悼念亡妓的本事就可推斷出二曲並不相同。李德裕生於唐德宗年間，則此曲創製時間晚於主要記開元年間事的《教坊記》，自然亦晚於《教坊記》中所載《夢江南》。因此，《樂府雜錄》所記《望江南》雖亦名《夢江南》，當與《教坊記》中所載《夢江南》不同。

《鵲踏枝》又名《雀踏枝》。《教坊記》中有《鵲踏枝》，「鵲」又常作「雀」，任半塘分析道：「《鵲踏枝》，原格或為七絕聲詩，『鵲』一作『雀』，並非訛字，俱詳《敦煌曲校錄》。」〔註 246〕可知《鵲踏枝》與《雀踏枝》為同曲異名。

除《教坊記》外，《唐會要》中也記載了大量玄宗時期的樂府曲名。如有《混成》《太一》二曲。《唐會要・雅樂下》載：「天寶元年四月十四日，有司奏，請降神用《混成》之樂，送神用《太一》之樂，樂章十一。」〔註 247〕可知《混成》《太一》二曲為郊廟用樂，今僅存題名，未見其辭。

天寶十三載，太樂署供奉曲名及改諸樂名，《唐會要》集中記載了所供奉的曲名及所改諸樂名。〔註 248〕因《唐會要》按照宮調分別記述，故下文亦按宮調篩選其中《樂府詩集》失收的曲名。

一、太蔟宮時號沙陁調。改樂名的有 15 曲，分別是：《龜茲佛曲》改為《金華洞真》，《因度玉》改為《歸聖曲》，《捨佛兒胡歌》改為《欽明引》，《河東婆》改為《燕山騎》，《俱倫僕》改為《寶倫光》，《色俱騰》改為《紫雲騰》，《摩醯者羅》改為《歸真》，《火羅鵮鴿鹽》改為《白蛤鹽》，《羅刹末羅》改為《合浦明珠》，《勿姜賤》改為《無疆壽》，《蘇莫剌耶》改為《玉京春》，《阿箇盤陁》改為《元昭慶》，《急龜茲佛曲》改為《急金華洞真》，《蘇莫遮》改為《萬宇清》，《舞仙鶴乞裟婆》改為《仙雲升》。〔註 249〕以上改樂名的 15 曲皆未見於《樂府詩集》，亦不與上文已補題名重複。本宮調中未改名的樂曲有《承天》《順天》《景雲》《君臣相遇》《九真》《九仙》《天冊》《永昌樂》《永代樂》《慶雲樂》《冬樂》《長壽樂》《紫極》《萬國歡》《封禪曜日光》15 曲。〔註 250〕其中，只有《九仙》《天冊》

〔註 246〕《教坊記箋訂》，第 101 頁。

〔註 247〕《唐會要》卷三三，第 703 頁。

〔註 248〕《唐會要・雅樂下》載：「天寶十三載七月十日，太樂署供奉曲名，及改諸樂名。」見《唐會要》卷三三，第 718 頁。

〔註 249〕《唐會要》卷三三，第 718～719 頁。

〔註 250〕《唐會要》卷三三，第 718 頁。

《永昌樂》《永代樂》《冬樂》《萬國歡》《封禪曜日光》7 曲未見於《樂府詩集》，且與上文已補題名並不重複。

二、太簇商時號大食調。改樂名的有 8 曲，分別是：《婆野娑》改為《九野歡》，《優婆師》改為《泛金波》，《半射渠沮》改為《高唐雲》，《半射沒》改為《慶惟新》，《耶婆色雞》改為《司晨寶雞》，《野鵲鹽》改為《神鵲鹽》，《捺利梵》改為《布陽春》，《蘇禪師胡歌》改為《懷思引》。〔註 251〕《半射渠沮》已於上文計入《教坊記》中題名，故於此補錄其餘 7 曲。本宮調中未改名的有《破陣樂》《大定樂》《英雄樂》《歡心樂》《山香樂》《年年樂》《武成升平樂》《興明樂》《黃驄驃》《人天雲》《卷白雲》《遼帝釋》《萬歲樂》13 曲。〔註 252〕這 13 曲中，《破陣樂》已見於《樂府詩集》且有唐人詩作，《英雄樂》即《英雄樂曲》，《黃驄驃》即《黃驄疊曲》，此二曲和《大定樂》均已見前述。惟《萬歲樂》與上文所述《鳥歌萬歲樂》，當非一曲。故未見於《樂府詩集》且不與上文重複的有《歡心樂》《山香樂》《年年樂》《武成升平樂》《興明樂》《人天雲》《卷白雲》《遼帝釋》《萬歲樂》9 曲。

三、太簇羽時號般涉調。改樂名的有 9 曲，分別是：《郎剌耶》改為《芳桂林》，《移師都》改為《大仙都》，《借渠沙魚》改為《躍泉魚》，《俱倫朗》改為《日重輪》，《蘇剌耶》改為《未央年》，《吒缽羅》改為《芳林苑》，《達摩支》改為《泛蘭叢》，《悉爾都》改為《瓊臺花》，《蘇剌耶胡歌》改為《寶廷引》。〔註 253〕其中，《達摩支》在《樂府詩集》中作《達磨支》，故改樂名的曲名當補錄其餘 8 曲。本宮調未改樂名的有《太和萬壽樂》《天統九勝樂》《元妃》《真元妃樂》《急元妃》《太監女採樂》《真女採樂》《山水白鷗》《春楊柳》《天禽寶引》10 曲。〔註 254〕此 10 曲皆未見於《樂府詩集》，亦不與上文已補題名重複。

四、太簇角。本宮調中樂曲皆未改名，共有《大同樂》《六合來庭》《安平樂》《戎服來賓》《安公子》《紅藍花》6 曲，〔註 255〕此 6 曲皆未見於《樂府詩集》，亦不與上文已補題名重複。其中《安公子》為隋代樂曲，此處所記《安公子》，當為隋代樂府曲調在唐代的遺存。

〔註 251〕《唐會要》卷三三，第 719 頁。
〔註 252〕《唐會要》卷三三，第 719 頁。
〔註 253〕《唐會要》卷三三，第 719 頁。
〔註 254〕《唐會要》卷三三，第 719 頁。
〔註 255〕《唐會要》卷三三，第 719 頁。

五、林鍾宮時號道調。改樂名的有 2 曲，分別是：《山剛》改為《神仙》，《急火鳳》改為《舞鶴鹽》。〔註 256〕上文已考貞觀年間《火鳳》，《急火鳳》當為其變體，可視作新題名，故此 2 曲均可補《樂府詩集》之缺。本宮調中未改名的有《道曲》《垂拱樂》《萬國歡》《九仙步虛》《飛仙》《景雲》《欽明引》《玉京寶輪光》《曜日光》《紫雲騰》10 曲。〔註 257〕其中，《萬國歡》已於太蔟宮中補錄，此處當是同一曲的不同宮調，故不再計入；《景雲》已於上文補錄；太蔟宮已有《色俱騰》改為《紫雲騰》，故此處《紫雲騰》亦不再重複計入；《曜日光》當與上文的《封禪曜日光》相關，後者或為前者之變體，當視為不同題名。故於此可補《道曲》《垂拱樂》《九仙步虛》《飛仙》《欽明引》《玉京寶輪光》《曜日光》7 曲。

六、林鍾商時號小食調。改樂名的有 7 曲，分別是：《訖陵伽胡歌》改《來賓引》，《胡殘》改《儀鳳》，《蘇羅密》改《升朝陽》，《須婆栗特》改《芳苑墟》，《撥洛背陵》改為《北戎還淳》，《金波借席》改為《金風》，《厥磨賊》改為《慶淳風》。〔註 258〕以上 7 曲皆未見於《樂府詩集》。本宮調未改名的有《天地大寶》《迎天歡心樂》《太平樂》《破陣樂》《五更轉》《聖明樂》《卷白雲》《凌波神》《九成樂》《泛龍舟》《月殿蟬曲》《英雄樂》《山香會》《羅仙迎祥》《翊聖》《司晨寶雞》《九野歡》《慶惟新》18 曲。〔註 259〕這 18 曲中，《太平樂》《破陣樂》《聖明樂》3 曲均見於《樂府詩集》且有唐人詩作；《五更轉》《卷白雲》《泛龍舟》《英雄樂》4 曲已於上文補錄；上文太蔟商有《耶婆色雞》改為《司晨寶雞》、《婆野娑》改為《九野歡》、《半射沒》改為《慶惟新》，故《司晨寶雞》《九野歡》《慶惟新》3 曲不再計入。則此處可補《天地大寶》《迎天歡心樂》《凌波神》《九成樂》《月殿蟬曲》《山香會》《羅仙迎祥》《翊聖》8 曲。

七、林鍾羽時號平調。改樂名的有 4 曲，分別是：《無愁》改為《長歡》，《因地利支胡歌》改為《玉關引》，《只羅》改為《祥雲飛》，《勝蠻奴》改為《塞塵清》。〔註 260〕《勝蠻奴》已於上文太宗貞觀年間樂曲中補錄，不再重複計入，故於此只補其餘 3 曲。本宮調未改樂名的有《火鳳》《真火鳳》《急火鳳舞》《媚

〔註 256〕《唐會要》卷三三，第 719 頁。
〔註 257〕《唐會要》卷三三，第 719 頁。
〔註 258〕《唐會要》卷三三，第 719～720 頁。
〔註 259〕《唐會要》卷三三，第 719～720 頁。
〔註 260〕《唐會要》卷三三，第 720 頁。

娘長命》《西河》《三臺監（鹽）》《行天》《急行天》《濮陽女神》《白馬》《春楊柳》《大仙都》《春臺東》《文明新造》14 曲。〔註 261〕其中，《火鳳》《春楊柳》已於上文補錄；《大仙都》在太蔟羽有《移師都》改為《大仙都》，亦已補錄；《行天》在太宗貞觀年間出現，已於上文補錄；上文林鍾宮有《急火鳳》改為《舞鶴鹽》，而此處仍用舊曲名《急火鳳》，可能是同一樂曲在不同宮調中表演，不再重複計入。故於此可補《真火鳳》《媚娘長命》《西河》《三臺監（鹽）》《急行天》《濮陽女神》《白馬》《春臺東》《文明新造》9 曲。

八、林鍾角調。此宮調中改樂名的僅《天下兵》改為《荷來蘇》1 曲，〔註 262〕未改名的有《紅藍花》《綠沉杯》《赤白桃李花》《大白紵》《堂堂》《十二時》6 曲。〔註 263〕這 6 曲中，《紅藍花》已於上文補錄；《堂堂》見錄於《樂府詩集》且有唐人詩作；《十二時》創製於隋代，此處所記當為隋代樂曲流傳至唐代，不再重複計入。故於此可補《綠沉杯》《赤白桃李花》《大白紵》3 曲。

九、黃鍾宮。此宮調僅《封山樂》1 曲。〔註 264〕

十、黃鍾商時號越調。改樂名的有 7 曲，分別是：《杜蘭烏多回》改為《蘭山吹》，《老壽》改為《天長寶壽》，《高麗》改為《來賓引》，《耶婆地胡歌》改為《靜邊引》，《婆羅門》改為《霓裳羽衣》，《思歸達牟雞胡歌》改為《金方引》，《三部羅》改為《三輔安》。〔註 265〕其中，《霓裳羽衣》和《婆羅門》均見於《樂府詩集》，前者收錄在舞曲歌辭中，題作《霓裳辭》，有唐人詩作，後者收錄在近代曲辭中，亦有唐人詩作；上文林鍾商有《訖陵伽胡歌》改為《來賓引》，此處又有《高麗》改為《來賓引》，因《來賓引》所據舊曲不同，故以 2 題計。因此，應補《蘭山吹》《天長寶壽》《來賓引》《靜邊引》《金方引》《三輔安》6 曲。本宮調未改樂名的有《破陣樂》《天授樂》《無為》《傾杯樂》《文武九華》《急九華》《大疊瑞蟬曲》《北雒歸淳》《慶淳風》《春鶯囀吹》《急蘭山》《升朝陽》12 曲。〔註 266〕這 12 曲中，《破陣樂》見錄於《樂府詩集》；《天授樂》《傾杯樂》已於上文補錄；上文林鍾商有《蘇羅密》改《升朝陽》、《厥磨賊》改為《慶淳風》，則《慶淳風》《升朝陽》不再計入。故可補《無為》《文武九華》

〔註 261〕《唐會要》卷三三，第 720 頁。
〔註 262〕《唐會要》卷三三，第 720 頁。
〔註 263〕《唐會要》卷三三，第 720 頁。
〔註 264〕《唐會要》卷三三，第 720 頁。
〔註 265〕《唐會要》卷三三，第 720 頁。
〔註 266〕《唐會要》卷三三，第 720 頁。

《急九華》《大疊瑞蟬曲》《北雒歸淳》《春鶯囀吹》《急蘭山》7 曲。

十一、黃鍾羽時號黃鍾調。改樂名的有 2 曲，分別是：《思歸達菩提兒》改為《洞靈章》，《百舌鳥》改為《濮陽女》。〔註 267〕其中，《濮陽女》見錄於《樂府詩集》，故於此僅補《洞靈章》1 曲。本宮調未改樂名的有《火鳳》《急火鳳》《春楊柳》《飛仙》《大仙都》《天統》《明鳳樂》《真明鳳》《阿濫堆》9 曲，〔註 268〕其中《火鳳》《急火鳳》《春楊柳》《飛仙》《大仙都》5 曲已於上文補錄，故可補《天統》《明鳳樂》《真明鳳》《阿濫堆》4 曲。

十二、中呂商時號雙調。改樂名的有 2 曲，分別是：《大百歲老壽》改為《天長寶壽》，《俱摩尼佛》改《紫府洞真》。〔註 269〕上文黃鍾商有《老壽》改為《天長寶壽》，此處《大百歲老壽》改為《天長寶壽》，所據舊曲相似，當是《天長寶壽》在不同宮調中表演，可視為一曲，不再重複計入，故於此僅補《紫府洞真》1 曲。本宮調中未改樂名的有《破陣樂》《太平樂》《傾杯樂》《大餔樂》《迎天樂》《蟬曲》《山香月殿》《五更轉》《同昌還城樂》《慶惟新》《金風》《泛金波》《司晨寶雞》《金方引》《神雀鹽》《北雒歸淳》16 曲。〔註 270〕其中，《破陣樂》《太平樂》已見錄於《樂府詩集》，且有唐人詩作；《傾杯樂》《五更轉》《慶惟新》《司晨寶雞》《北雒歸淳》已於上文補錄；上文林鍾商有《金波借席》改為《金風》、太簇商有《優婆師》改為《泛金波》、黃鍾商有《思歸達牟雞胡歌》改為《金方引》，故《金風》《泛金波》《金方引》3 曲不再計入；《大餔樂》當為《樂府詩集》所收之《大酺樂》，為唐張文收所造，不再補錄。故於此可補《迎天樂》《蟬曲》《山香月殿》《同昌還城樂》《神雀鹽》5 曲。

十三、南呂商時號水調。本宮調中樂曲皆未改名，有《破陣樂》《九野歡》《泛金波》《凌波神》《升朝陽》《蘇莫遮》《歡心樂》《蟬曲》《來賓引》《天地大寶》《五更轉》11 曲。〔註 271〕其中，《破陣樂》《九野歡》《泛金波》《凌波神》《升朝陽》《蟬曲》《來賓引》《天地大寶》《五更轉》9 曲均已見前述；太簇宮《蘇莫遮》改為《萬宇清》，而此處《蘇莫遮》未改名，當是同一樂曲在不同宮調表演，且《教坊記》中亦有《蘇幕遮》，當與《蘇莫遮》相同，故不再重複計入。則本宮調中未見錄於《樂府詩集》，又不與上文重複的僅《歡心樂》1 曲。

〔註 267〕《唐會要》卷三三，第 720 頁。
〔註 268〕《唐會要》卷三三，第 720 頁。
〔註 269〕《唐會要》卷三三，第 720～721 頁。
〔註 270〕《唐會要》卷三三，第 720～721 頁。
〔註 271〕《唐會要》卷三三，第 721 頁。

十四、金風調。改樂名的有 2 曲：《蘇莫遮》改為《感皇恩》，《婆伽兒》改為《流水芳菲》。〔註 272〕上文太蔟宮《蘇莫遮》改為《萬宇清》、南呂商《蘇莫遮》未改名，且《蘇幕遮》《感皇恩》皆出現在《教坊記》所記開元曲名中，任半塘云：「《唐會要》載天寶間沙陀調之《蘇幕遮》改名《萬宇清》，金風調者改名《感皇恩》，水調者不改。上文已列《感皇恩》，與此曲應屬名同調異，二者皆長短句體，而句法截然不同。」〔註 273〕可知《感皇恩》屬於「名同調異」的情形，上文《萬宇清》《蘇幕遮》《感皇恩》皆已補錄，則不再重複計入，故於此可補《流水芳菲》1 曲。

另外，《唐會要》還記載了無調名的樂曲 17 曲，分別是：《上雲曲》《自然真仙曲》《明明曲》《難思曲》《平珠曲》《無為曲》《有道曲》《調元曲》《立政曲》《獻壽曲》《高明曲》《開天曲》《儀鳳曲》《同和曲》《閒雅曲》《多稼曲》《金鏡曲》。〔註 274〕上文黃鍾商有《無為》，當與《無為曲》為同一曲；林鍾商有《胡殘》改《儀鳳》，當與《儀鳳曲》為同一曲；《樂府詩集》郊廟歌辭組詩中有《同和》，當與《同和曲》為同一曲。此 3 曲不再重複計入，故於此可補其餘 14 曲。

綜上所述，《唐會要》所記天寶十三載所改樂名可補入《樂府詩集》者凡 144 題，加上《教坊記》中所記曲名及大曲名 257 題以及其他史料中所載玄宗朝樂曲 40 題，則玄宗時期未見於《樂府詩集》的題名總計 441 題。

七、玄宗之後的樂府詩題名

玄宗朝之後各時期的樂府詩題名未見於《樂府詩集》者較少，筆者目力所及者僅 21 題，為免劃分過於瑣細，故將這些題名合而論之。

《寶應長寧樂》。《新唐書·禮樂志》載：「代宗繇廣平王復二京，梨園供奉官劉日進製《寶應長寧樂》十八曲以獻，皆宮調也。」〔註 275〕廣平王於唐肅宗至德二年收復兩京，戰亂平定後，梨園供奉劉日進獻以《寶應長寧樂》十八曲，可知此曲製於肅宗至德二年。

《廣平樂》。《舊唐書·音樂志》載：「八缶，唐永泰初司馬縚進《廣平樂》，蓋八缶具黃鍾一均聲。」〔註 276〕永泰為代宗年號，故此曲製於代宗朝。

〔註 272〕《唐會要》卷三三，第 721 頁。
〔註 273〕《教坊記箋訂》，第 109 頁。
〔註 274〕《唐會要》卷三三，第 721 頁。
〔註 275〕《新唐書》卷二二，第 477 頁。
〔註 276〕《舊唐書》卷二九，第 1077 頁。

《廣平太一樂》。《新唐書・禮樂志》載：「大曆元年，又有《廣平太一樂》。」〔註 277〕大曆為代宗年號，則此曲亦為代宗朝樂曲。《廣平太一樂》創製於大曆元年，較創製於永泰初年的《廣平樂》晚兩年，又與之題名相近，當是出自《廣平樂》。

《定難曲》《繼天誕聖樂》。《舊唐書・音樂志》載：「貞元三年四月，河東節度使馬燧獻《定難曲》。御麟德殿，命閱試之。十二年十二月，昭義軍節度使王虔休獻《繼天誕聖樂》。」〔註 278〕可知《定難曲》《繼天誕聖樂》均由地方節度使進獻編入樂府，二曲分別創製於德宗貞元三年和十二年。

《奉聖樂舞》。《舊唐書・音樂志》載：「貞元十六年正月，南詔異牟尋作《奉聖樂舞》，因韋皋以進。〔註 279〕」《新唐書・禮樂志》亦載：「貞元中，南詔異牟尋遣使詣劍南西川節度使韋皋，言欲獻夷中歌曲，且令驃國進樂。皋乃作《南詔奉聖樂》，用黃鍾之均，舞六成，工六十四人，贊引二人，序曲二十八疊，執羽而舞『南詔奉聖樂』字，曲將終，雷鼓作於四隅，舞者皆拜，金聲作而起，執羽稽首，以象朝覲。」〔註 280〕可知《奉聖樂舞》又名《南詔奉聖樂》，貞元十六年由南詔異牟尋創製，劍南西川節度使韋皋進獻。從兩《唐書》的記載看，此曲與上文《教坊記》所載開元時期的《奉聖樂》當非同一曲。

《順聖樂》。《新唐書・禮樂志》載：「（貞元）山南節度使於頔又獻《順聖樂》，曲將半，而行綴皆伏，一人舞於中，又令女伎為佾舞，雄健壯妙，號《孫武順聖樂》。」〔註 281〕可知《順聖樂》又稱《孫武順聖樂》，德宗貞元時期由山南節度使于頔進獻。

《落梅花》。《樂府雜錄》載：「笛者，羌樂也。古有《落梅花》曲。開元中，有李謨獨步於當時，後祿山亂，流落江東。越州刺史皇甫政月夜泛鏡湖，命謨吹笛，謨為之盡妙。」〔註 282〕皇甫政於貞元三年任越州刺史，可知李謨吹笛為德宗貞元三年或以後事。《樂府詩集・橫吹曲辭》有《梅花落》，亦為笛曲，或與《落梅花》為同一曲。《樂府詩集》中《梅花落》解題稱唐大角曲有《大梅花》《小梅花》，其聲至宋代猶存。〔註 283〕從題名看，《大梅花》《小梅

〔註 277〕《新唐書》卷二二，第 477 頁。
〔註 278〕《舊唐書》卷二八，第 1052 頁。
〔註 279〕《舊唐書》卷二八，第 1053 頁。
〔註 280〕《新唐書》卷二二，第 480 頁。
〔註 281〕《新唐書》卷二二，第 478 頁。
〔註 282〕《樂府雜錄校注》，第 101 頁。
〔註 283〕《樂府詩集》卷二四，第 290 頁。

花》或由《落梅花》衍生而來。

《勒部羝曲》。《樂府雜錄》載：「德宗朝有尉遲青，官至將軍。……青即席地令坐，因於高般涉調中吹一曲《勒部羝曲》。曲終，汗浹其背。尉遲領頤而已，謂曰：『何必高般涉調也？』即自取銀字管，於平般涉調吹之。麻奴涕泣愧謝，曰：『邊鄙微人，偶學此藝，實謂無敵，今日幸聞天樂，方悟前非。』乃碎樂器，自是不復言音律也。」〔註 284〕尉遲青吹奏《勒部羝曲》乃德宗朝事，可知此曲為德宗朝樂府曲名。

《聖朝萬歲樂》。《唐會要・雅樂下》載：「（元和八年）其年十月，汴州節度使韓宏，進獻《聖朝萬歲樂》曲譜，凡三百首。」〔註 285〕可知《聖朝萬歲樂》是憲宗元和八年由汴州節度使韓宏進獻的樂曲，此曲凡三百首，可見其規模之宏大。

《文敘子》。《樂府雜錄》記載《文敘子》本事云：「長慶中，俗講僧文敘善吟經，其聲宛暢，感動里人。樂工黃米飯依其念四聲『觀世音菩薩』，乃撰此曲。」〔註 286〕長慶為唐穆宗年號，故樂工黃米飯所撰《文敘子》為穆宗時樂曲。

《長生樂》《望瀛》《獻仙音》。《樂府詩集・新樂府辭》中《法曲》解題云：「《唐會要》曰：『文宗開成三年，改法曲為仙韶曲。』按法曲起於唐，謂之法部。其曲之妙者，有《破陣樂》《一戎大定樂》《長生樂》《赤白桃李花》，余曲有《堂堂》《望瀛》《霓裳羽衣》《獻仙音》《獻天花》之類，總名法曲。」〔註 287〕這 9 曲中，除去與上文重複的 6 曲，可補《長生樂》《望瀛》《獻仙音》3 曲。

《萬斯年曲》。《新唐書・禮樂志》載：「會昌初，宰相李德裕命樂工製《萬斯年曲》以獻。」〔註 288〕《樂府雜錄》亦載此曲云：「《萬斯年曲》，是朱崖李太尉進。此曲名即《天仙子》是也。」〔註 289〕可知《萬斯年曲》乃會昌初年由李德裕命樂工創製後進獻。會昌為武宗年號，則《萬斯年曲》為武宗時樂曲。《萬斯年曲》又名《天仙子》，但從這兩條記載看，應與《教坊記》中所記開

〔註 284〕《樂府雜錄校注》，第 104～105 頁。
〔註 285〕《唐會要》卷三四，第 735 頁。
〔註 286〕《樂府雜錄校注》，第 143 頁。
〔註 287〕《樂府詩集》卷九六，第 1018 頁。
〔註 288〕《新唐書》卷二二，第 478 頁。
〔註 289〕《樂府雜錄校注》，第 40 頁。

元年間《天仙子》不同。

《播皇猷》《蔥嶺西曲》。《新唐書・禮樂志》載：「大中初，太常樂工五千餘人，俗樂一千五百餘人。宣宗每宴群臣，備百戲。帝製新曲，教女伶數十百人，衣珠翠緹繡，連袂而歌，其樂有《播皇猷》曲，舞者高冠方履，褒衣博帶，趨走俯仰，中於規矩。又有《蔥嶺西曲》，士女蹋歌為隊，其詞言蔥嶺之民樂河、湟故地歸唐也。」〔註 290〕可知《播皇猷》《蔥嶺西曲》二曲為宣宗大中初所製樂曲。

《新傾杯樂》。《樂府雜錄》記《新傾杯樂》云：「宣宗喜吹蘆管，自製此曲，內有數拍不均，上初撚管，令俳兒辛骨拍，不中，上瞋目瞠視之，骨憂懼，一夕而殞。」〔註 291〕可知《新傾杯樂》為宣宗親製樂曲，用蘆管演奏。此題當出自前述貞觀年間之《傾杯樂》，故在題名中加「新」字以示區分。

《道調子》。《樂府雜錄》記《道調子》云：「懿皇命樂工史敬約吹觱篥，初弄道調，上謂是曲誤拍之，敬約乃隨拍撰成曲子。」〔註 292〕《太平廣記》「懿宗」條引《盧氏雜說》亦記此曲云：「懿宗一日召樂工，上方奏樂為道調弄，上遂拍之，故樂工依其節奏曲子，名《道調子》。」〔註 293〕可知《道調子》是懿宗時樂工史敬約所製篳篥曲，為道調曲。

《歎百年舞曲》。《唐會要・雅樂下》載：「咸通中，伶官李可及善音律，尤能轉喉為新聲，音辭曲折，聽者忘倦，京師屠酤少年傚之，謂之『拍彈』。時同昌公主除喪，懿宗與郭淑妃悼念不已，可及為《歎百年舞曲》，舞人皆盛飾珠翠，仍畫魚龍地衣以列之。曲終樂闋，珠翠覆地，詞語淒惻，聞者流涕。」〔註 294〕可知《歎百年舞曲》為懿宗咸通中伶官李可及為悼念同昌公主所製樂曲。

《贊成功》。《唐會要・雅樂下》載：「光化四年正月，宴於保寧殿，上製曲，名曰《贊成功》。時鹽州雄毅軍使孫德昭等殺劉季述，帝反正，帝乃製曲以褒之。」〔註 295〕光化為昭宗年號，《贊成功》是昭宗於光化四年為褒獎孫德昭等人親製樂曲。

〔註 290〕《新唐書》卷二二，第 478 頁。
〔註 291〕《樂府雜錄校注》，第 149 頁。
〔註 292〕《樂府雜錄校注》，第 151 頁。
〔註 293〕《太平廣記》卷二四〇，第 1547 頁。
〔註 294〕《唐會要》卷三四，第 737 頁。
〔註 295〕《唐會要》卷三三，第 722 頁。

八、唐代其他樂府詩題名

唐代還有些無辭樂府詩題名，無法確考出於唐代何時。另有一些前代遺留下來的無辭樂府詩題名，創製年代也難以確考。這些題名筆者目力所及有 13 題，本書於此一併考察。

《雍熙》。《樂府雜錄》載：「次有登歌，皆奏法曲：御殿，即奏《凱安》《廣平》《雍熙》三曲；宴群臣，即奏□□□□《鹿鳴》三曲。」〔註 296〕《凱安》已見於《樂府詩集》唐代郊廟組詩中；《鹿鳴》屬《詩經》系統；《樂府雜錄》成書於唐代乾寧元年（894 年）以前，《廣平》或是上文所述代宗朝《廣平樂》。故可補《雍熙》1 曲。

《缽頭》。《樂府雜錄》載：「《缽頭》，昔有人父為虎所傷，遂上山尋其父屍。山有八折，故曲八疊。戲者被發，素衣，面作啼，蓋遭喪之狀也。」〔註 297〕可知《缽頭》有完整情節，帶有戲曲表演性質。但既云「曲八疊」，可知其亦有樂曲，且該曲見錄於《樂府雜錄》中，說明確為樂府曲名。

《康老子》。《樂府雜錄》記《康老子》本事云：「康老子者，本長安富家子，落魄不事生計，常與國樂遊處。一旦家產蕩盡，遇一老嫗，持舊錦貨鬻，乃以半千獲之。尋有波斯見，大驚，謂康曰：『何處得此至寶？此是冰蠶絲所織，若暑月陳於座，可致一室清涼。』即酬價千萬。康德之，還與國樂追歡，不經年復盡，尋卒。後樂人嗟惜之，遂製此曲，亦名《得至寶》。」〔註 298〕可知《康老子》又名《得至寶》，因長安富家子康老子得冰蠶絲錦褥事而製曲。

《上林》《鳳雛》《平調》《清調》《瑟調》《平摺》《命嘯》。《通典・樂六》記載了唐代的清樂名，除上文所記 34 曲外，還提及有聲無辭者 7 曲云：「又七曲有聲無辭：《上林》《鳳雛》《平調》《清調》《瑟調》《平摺》《命嘯》。」〔註 299〕此 7 曲與《舊唐書》所記相同，《樂府詩集・清商曲辭》敘論將《上林》記為《上柱》，當是誤記；《平調》《清調》《瑟調》，《通典・樂五》稱皆為周房中之遺聲，〔註 300〕知其源自周代《房中樂》，但至唐代已分為三曲；《鳳雛》當是漢曲《鳳將雛》；《上林》在《樂府詩集》中僅見梁人詩作，未見唐人詩作；其他則不知所起。

〔註 296〕《樂府雜錄校注》，第 5 頁。
〔註 297〕《樂府雜錄校注》，第 31 頁。
〔註 298〕《樂府雜錄校注》，第 139 頁。
〔註 299〕《通典》卷一四六，第 3717 頁。
〔註 300〕《通典》卷一四五，第 3700 頁。

《巴渝》《驍壺》。上文在論述唐代留存的清樂 34 曲時，因《巴渝》《驍壺》二曲未見於《樂府詩集》，故在上文未作討論。《巴渝》是漢代舞曲名，因地域得名，其下有《矛渝本歌曲》《安弩渝本歌曲》《安臺本歌曲》《行辭本歌曲》4 曲。《通典》將《巴渝》記為 1 曲，不知其下 4 曲留存情況，本書以其總題《巴渝》1 題計；《通典・樂五》記《驍壺》本事云：「《驍壺》者，蓋是投壺樂也。隋煬帝所造。以投壺有躍矢為驍壺，今謂之驍壺是也。」〔註 301〕可知《驍壺》為隋煬帝親製之投壺樂，且流傳至唐代，所憾未見其辭。

通過對唐代樂府詩題名的考察可知，《樂府詩集》已收唐代題名 745 題，其中確考題名 730 題，待考題名 15 題；《樂府詩集》未收而見於其他史料記載的唐代題名 635 題，其中有辭題名 115 題，無辭題名 515 題，另有疑似題名 5 題。此外，本書還據與《樂府詩集》同題原則補錄了一些唐代樂府詩，但不計入題名數量。

〔註 301〕《通典》卷一四五，第 3705 頁。

第四章　五代樂府詩題名的文獻考察

五代戰亂屢起，朝代更迭頻繁，故而禮樂多闕。儘管也有樂府歌辭製作，但數量不多，現存歌辭數量更少。

第一節　《樂府詩集》已收之五代樂府詩題名

五代時期政權更替頻繁，每朝享國平均年限不到十一年，五十三年間換了十幾位皇帝，以致無暇從容治禮作樂，樂府歌辭製作也僅限於郊廟祭祀等朝廷儀式所用之辭。因這一時期樂府詩數量較少，故《樂府詩集》所收也極為有限，主要集中在與朝廷禮樂儀式密切相關的郊廟歌辭、燕射歌辭、舞曲歌辭三類中。

（一）郊廟歌辭

《樂府詩集》中的五代郊廟歌辭有《梁郊祀樂章》《梁太廟樂舞辭》《後唐宗廟樂舞辭》《漢宗廟樂舞辭》《周郊祀樂章》《周宗廟樂舞辭》6 題。

《梁郊祀樂章》十四首。此題下先有《慶和樂》6 首，又有《慶順樂》《慶平樂》《慶肅樂》《慶熙樂》《慶隆樂》《慶融樂》《慶休樂》《慶和樂》各 1 首。《樂府詩集》解題引《五代會要》云：「梁開平二年正月，太常奏定郊廟樂曲：南郊降神奏《慶和之樂》，舞《崇德之舞》，皇帝行奏《慶順》，奠玉幣、登歌奏《慶平》，迎俎奏《慶肅》，酌獻奏《慶熙》，飲福酒奏《慶隆》，送文舞、迎武舞奏《慶融》，亞獻、終獻奏《慶休》，送神奏《慶和》。」〔註 1〕可知這組樂曲創製於後梁開平二年正月。

〔註 1〕《樂府詩集》卷七，第 92 頁。

《梁太廟樂舞辭》十一首。此題下有《開平舞》《皇帝行》《帝盥》《登歌》《大合舞》《象功舞》《來儀舞》《昭德舞》《飲福》《撤豆》《送神》各 1 首。《樂府詩集》解題云:「《五代會要》曰:『梁開平二年正月,太常奏定享太廟樂:迎神舞《開平之舞》,迎俎奏《慶肅之樂》,酌獻奏《慶熙》,飲福酒奏《慶隆》,送文舞、迎武舞奏《慶融》,亞獻終獻奏《慶休》。』《唐餘錄》曰:『梁宗廟樂:迎神奏《開平舞》,次皇帝行,次帝盥,次登歌。獻肅祖奏《大合之舞》,恭祖奏《象功之舞》,憲祖奏《來儀之舞》,烈祖奏《昭德之舞》,次飲福,次撤豆,次送神。』」〔註 2〕可知這組樂舞辭創製於後梁開平二年正月,結合《五代會要》和《唐餘錄》所載可見其施用儀軌。

《後唐宗廟樂舞辭》六首。此題下有《昭德舞》《文明舞》《應天舞》《永平舞》《武成舞》《雍熙舞》各 1 首。《樂府詩集》解題引《唐餘錄》曰:「後唐並用唐樂,無所變更,唯別造六室舞辭:懿祖室奏《昭德之舞》,獻祖室奏《文明之舞》,太祖室奏《應天之舞》,昭宗室奏《永平之舞》,莊宗室奏《武成之舞》,明宗室奏《雍熙之舞》。」〔註 3〕可知此題下的六首樂舞辭均為後唐新製。

《漢宗廟樂舞辭》六首。此題下有《武德舞》《靈長舞》《積善舞》《顯仁舞》《章慶舞》《觀德舞》各 1 首。《樂府詩集》解題引《唐餘錄》曰:「高祖追尊四祖廟,且遠引漢之二祖為六室。張昭因傅會其禮,乃曰太祖高皇帝創業垂統室奏《武德之舞》,世祖光武皇帝再造丕基室奏《大武之舞》,自如其舊。而《大武》即用東平王蒼辭云。」〔註 4〕可知這組樂舞辭創製於後漢高祖時期,後漢高祖劉暠天福十二年即位,在位僅兩年,則這組樂舞辭亦當作於這兩年間。其中,世祖光武皇帝所用《大武之舞》辭與東漢時期的《後漢武德舞歌詩》相同。

《周郊祀樂章》十首。此題下有《昭順樂》《治順樂》《感順樂》《禋順樂》《福順樂》《福順樂》《福順樂》《忠順樂》《武舞樂》《昭順樂》各 1 首。《樂府詩集》解題引《舊五代史・樂志》曰:「太祖廣順元年,邊蔚議改漢十二成為十二順之樂:祭天神奏《昭順之樂》,祭地祇奏《寧順之樂》,祭宗廟奏《肅順之樂》,登歌奠玉帛奏《感順之樂》,皇帝行及臨軒奏《治順之樂》,王公出入、送文舞、迎武舞奏《忠順之樂》,皇帝食舉奏《康順之樂》,皇帝受朝、皇后入

〔註 2〕《樂府詩集》卷十二,第 155 頁。
〔註 3〕《樂府詩集》卷十二,第 157 頁。
〔註 4〕《樂府詩集》卷十二,第 158 頁。

宮奏《雍順之樂》，皇太子軒懸出入奏《溫順之樂》，正至皇帝禮會登歌奏《禮順之樂》，郊廟俎入奏《禋順之樂》，酌獻、飲福奏《福順之樂》，祭孔宣父、齊太公降神同用《禮順之樂》，三公升降及行同用《忠順之樂》，享籍田同用《寧順之樂》。」〔註5〕可知這組歌辭創製於後周太祖廣順元年。

《周宗廟樂舞辭》十四首。此題下有《肅順》《治順》《肅雍舞》《章德舞》《善慶舞》《觀成舞》《明德舞》《咸順》《禋順》《福順》《忠順》《善勝舞》《禋順》《肅順》各 1 首。從題名可知，當創製於後周。

（二）燕射歌辭

《樂府詩集》中的五代燕射歌辭有《晉朝饗樂章》《周朝饗樂章》2 題。

《晉朝饗樂章》七首。此題下有《初舉酒文同樂》《再舉酒》《三舉酒》《四舉酒》各 1 首以及《群臣酒行歌》3 首。《樂府詩集》解題引《五代會要》曰：「晉天福四年十二月，太常奏：正至王公上壽、皇帝舉酒奏《玄同之樂》，皇帝三飲皆奏《文同之樂》，食舉奏《昭德之舞》，次奏《成功之舞》，皇帝降坐奏《大同之樂》。其辭並崔棁等造。」〔註 6〕可知這組樂章由崔棁等人作於後晉天福四年十二月。

《周朝饗樂章》七首。此題下有《忠順》《忠順》《治順》《福順》《康順》《忠順》《忠順》各 1 首。從題名可知，當創製於後周。

（三）舞曲歌辭

《樂府詩集》中的五代舞曲歌辭僅《晉昭德成功舞歌》1 題。

《晉昭德成功舞歌》四首。此題下有《昭德舞歌》和《成功舞歌》各 2 首。《樂府詩集》解題引《唐餘錄》曰：「晉天福五年，詔有司復修正至朝會二舞之制。以文舞為《昭德》之舞，武舞為《成功》之舞。十一月冬至。遂奏之。於時二舞久廢，眾喜於復興，而樂工舞員，雜取教坊以滿之。聲節靡曼，綴兆合節，而無遠促遲速之累。及明年正旦再奏，而蹈厲進退無列，議者非之。」〔註7〕可知《昭德》之舞和《成功》之舞修復於後晉天福五年，分別是後晉的文舞和武舞，因久廢而舞者缺失，雜取教坊樂人充數以致表演無狀，修復工作並不成功，樂府機構的衰敗也由此可見一斑。

〔註 5〕《樂府詩集》卷七，第 94 頁。
〔註 6〕《樂府詩集》卷十五，第 191 頁。
〔註 7〕《樂府詩集》卷五二，第 590 頁。

綜上所述，《樂府詩集》中收錄的五代歌辭，按總題名計共9題，題辭均存，集中分佈在郊廟歌辭、燕射歌辭和舞曲歌辭三類之中。

第二節 《樂府詩集》未收之五代樂府詩題名

五代時期樂府詩數量本就不多，《樂府詩集》未收而見於其他史料記載的樂府詩題名數量更少，如今可見者均出自《舊五代史·樂志》，且都題存辭佚。

後梁《崇德之舞》，屬郊廟歌辭。《舊五代史·樂志》載：

> （梁開平）二年春，梁祖將議郊禋，有司撰進樂名、舞名：樂曰《慶和之樂》。舞曰《崇德之舞》。皇帝行奏《慶順》。奠玉帛登歌奏《慶平》。迎俎奏《慶肅》。酌獻奏《慶熙》。飲福酒奏《慶隆》。送文舞迎武舞奏《慶融》。亞獻奏《慶和》。終獻奏《慶休》。樂章各一首。〔註8〕

其中所載為後梁郊祀樂曲，其歌辭當屬郊廟歌辭。在這些樂曲中，《崇德之舞》未見於《樂府詩集·郊廟歌辭》的《梁郊祀樂章》。

後晉《咸和之舞》，屬郊廟歌辭。《舊五代史·樂志》載：

> 晉高祖聖文章武明德孝皇帝廟室酌獻，舞《咸和之舞》。登歌樂章一首。（案《五代會要》云：太子賓客、判太常寺事趙光輔撰。）〔註9〕

其中所載後晉《咸和之舞》用於宗廟酌獻，屬郊廟樂曲，其歌辭當屬郊廟歌辭。《樂府詩集·郊廟歌辭》中未見收錄。

後晉《元同之樂》《文同之樂》《霓裳法曲》，當屬燕射歌辭。《舊五代史·樂志》載：

> 晉天福四年十二月，禮官奏：「來歲正旦，王公上壽，皇帝舉酒，請奏《元同之樂》；再舉酒，奏《文同之樂》。」從之。〔註10〕

以上所記是後晉天福四年十二月正旦大會宴享用樂的情形，其中言及《元同之樂》和《文同之樂》。同書另一處對此記載更詳：

〔註8〕〔宋〕薛居正《舊五代史》卷一四四，中華書局，2003年版，第1924～1925頁。
〔註9〕《舊五代史》卷一四四，第1926頁。
〔註10〕《舊五代史》卷一四四，第1927頁。

案《歐陽史・崔棁傳》:(後晉)高祖詔太常覆文武二舞,詳定正冬朝會禮及樂章。自唐末之亂,禮樂制度亡失已久,棁與御史中丞竇貞固、刑部侍郎呂琦、禮部侍郎張允等草定之。其年冬至,高祖會朝崇元殿,廷設宮懸,二舞在北,登歌在上。……王公上壽,天子舉爵,奏《元同》;二舉,登歌奏《文同》;舉食,文舞《昭德》,武舞《成功》之曲。禮畢,高祖大悦,賜棁金帛,群臣左右睹者皆讚歎之。然禮樂廢久,而製作簡繆,又繼以龜茲部《霓裳法曲》,參亂雅音。〔註 11〕

從中可知,後晉高祖時重定朝會禮及樂章,所用樂曲中文、武二舞《昭德》《成功》二曲已收入《樂府詩集・燕射歌辭》的《晉朝饗樂章》中,而《元同》《文同》二曲則未見《樂府詩集》收錄。此外,後晉朝會用樂中的龜茲部《霓裳法曲》,或為唐代玄宗朝《霓裳羽衣曲》在後晉的遺存。

後漢《治安之舞》《振德之舞》《觀象之舞》《講功之舞》,前二題屬郊廟歌辭,後二題屬燕射歌辭。《舊五代史・樂志》載:

(後漢)漢高祖受命之年,秋九月,權太常卿張昭上疏,奏改一代樂名,其略曰……前朝行用年深,不可遽廢,俟國家偃伯靈臺,即別召工師,更其節奏,今改其名,具書如左:祖孝孫所定二舞名,文舞曰《治康之舞》,請改《治安之舞》;武舞曰《凱安之舞》,請改為《振德之舞》。貞觀中二舞名,文舞《功成慶善樂》,前朝名《九功舞》,請改為《觀象之舞》;武舞《秦王破陣樂》,前朝名為《七德舞》,請改為《講功之舞》。其《治安》《振德》二舞,請依舊郊廟行用,以文舞降神,武舞送神。其《觀象》《講功》二舞,請依舊宴會行用。〔註 12〕

唐代祖孝孫定樂時文、武二舞分別為《治康之舞》和《凱安之舞》,貞觀中文、武二舞又為《功成慶善樂》和《秦王破陣樂》(一曰《九功舞》和《七德舞》)。後漢高祖改樂時,權太常卿張昭建議改祖孝孫時文舞《治康之舞》為《治安之舞》,武舞《凱安之舞》為《振德之舞》,改貞觀中文舞《功成慶善樂》為《觀象之舞》,武舞《秦王破陣樂》為《講功之舞》。《治安之舞》《振德之舞》用於郊廟,《觀象之舞》《講功之舞》用於宴會。

〔註 11〕《舊五代史》卷一四四,第 1930 頁。
〔註 12〕《舊五代史》卷一四四,第 1931 頁。

後周《禋成》《順成》《裕成》《肅成》《政成》《弼成》《德成》《騂成》《允成》《慶成》《騂成》《壽成》《師雅之樂》13 曲。《舊五代史．樂志》載：

> （後漢）漢高祖受命之年，秋九月，權太常卿張昭上疏，奏改一代樂名……又請改《十二和樂》云……臣今改和為成，取《韶》樂九成之義也。《十二成樂曲》名：祭天神奏《豫和之樂》，請改為《禋成》；祭地祇奏《順和》，請改為《順成》；祭宗廟奏《永和》，請改為《裕成》；祭天地、宗廟，登歌奏《肅和》，請改為《肅成》；皇帝臨軒奏《太和》，請改為《政成》；王公出入奏《舒和》，請改為《弼成》；皇帝食舉及飲宴奏《休和》，請改為《德成》；皇帝受朝、皇后入宮奏《正和》，請改為《騂成》；皇太子軒懸出入奏《承和》，請改為《允成》；元日、冬至皇帝禮會，登歌奏《昭和》，請改為《慶成》；郊廟俎入奏《雍和》，請改為《騂成》；皇帝祭享、酌獻、讀祝文及飲福、受胙奏《壽和》，請改為《壽成》。祖孝孫元定《十二和曲》，開元朝又奏三和，遂有《十五和》之名。凡制作禮法，動依典故，梁置《十二雅》，蓋取十二天之成數，契八音十二律之變，輒益三和，有乖稽古。又緣祠祭所用，不可盡去，臣取其一焉，祭孔宣父、齊太公廟降神奏《宣和》，請改為《師雅之樂》；三公升殿、會訖下階履行奏《祴和》，請廢，同用《弼成》；享先農、耕籍田奏《豐和》，請廢，同用《順成》。〔註 13〕

從記載可知，後周據唐代《十二和樂》改製《十二成樂曲》，開元年間《十二和樂》又增加了三和，變為《十五和》。但「十二」之數是「取十二天之成數，契八音十二律之變」，增加三和後便與此不合，因而需將「三公升殿」和「會訖下階履行」所奏《祴和》以及「享先農」和「耕籍田」所奏《奉和》二曲廢去，前者同用《弼成》，後者同用《順成》，將《宣和》一曲改為《師雅之樂》，如此仍可保留「十二成」的建制。以上樂曲，《樂府詩集》均未錄其辭，故可補《禋成》《順成》《裕成》《肅成》《政成》《弼成》《德成》《允成》《慶成》《騂成》《壽成》《師雅之樂》12 題。

後周《政和之舞》《善勝之舞》《崇德之舞》《象成之舞》《昭順之樂》《寧順之樂》《感順之樂》《康順之樂》《雍順之樂》《溫順之樂》《禮順之樂》11 曲。《舊五代史．樂志》載：

〔註 13〕《舊五代史》卷一四四，第 1931～1932 頁。

（後周）周廣順元年，太祖初即大位，惟新庶政，時太常卿邊蔚上疏請改舞名，其略云：「前朝改祖孝孫所定十二舞名，文舞曰《治安之舞》，武舞曰《振德之舞》，今請改《治安》為《政和之舞》，《振德》為《善勝之舞》。前朝改貞觀中二舞名，文舞曰《觀象之舞》，武舞曰《講功之舞》，今請改《觀象》為《崇德之舞》，《講功》為《象成之舞》。又議改《十二成》，今改為順。《十二順樂曲》名：祭天神奏《禋成》，請改為《昭順之樂》；祭地祇奏《順成》，請改為《寧順之樂》；祭宗廟奏《裕成》，請改為《肅順之樂》；祭天地、宗廟，登歌奏《肅成》，今請改為《感順之樂》；皇帝臨軒奏《政成》，請改為《治順之樂》；王公出入奏《弼成》，請改為《忠順之樂》；皇帝食舉奏《德成》，請改為《康順之樂》；皇帝受朝、皇后入宮奏《扆成》，請改為《雍順之樂》；皇太子軒懸出入奏《允成》，請改為《溫順之樂》；元日、冬至皇帝禮會，登歌奏《慶成》，請改為《禮順之樂》；郊廟俎入奏《騂成》，請改為《禋順之樂》；皇帝祭享、酌獻、讀祝及飲福、受胙奏《壽成》，請改為《福順之樂》。梁武帝改《九夏》為《十二雅》，以協陽律、陰呂、十二管旋宮之義，祖孝孫改為《十二和》。開元中，乃益三和，前朝去二和，改一雅。今去雅，只用《十二順》之曲。祭孔宣父、齊太公廟降神奏《師雅》，請同用《禮順之樂》；三公升殿、下階履行同用《弼成》，請同用《忠順之樂》；享先農及籍田同用《順成》，請同用《寧順之樂》。」曲詞文多不載。〔註 14〕

其中記載了後周時期的文、武二舞各兩曲，分別為文舞《政和之舞》《崇德之舞》和武舞《善勝之舞》《象成之舞》。後周改樂時將後漢的《十二成樂曲》改為《十二順樂曲》，開元年間增加的三和，在後漢時去二和，改一雅，如今再去一雅，只用《十二順》之曲。《師雅》《弼成》《順成》分別改為《十二順》中的《禮順》《忠順》《寧順》。《十二順》中有 4 曲已被收入《樂府詩集·郊廟歌辭》的《周宗廟樂舞辭》中，但《昭順之樂》《寧順之樂》《感順之樂》《康順之樂》《雍順之樂》《溫順之樂》《禮順之樂》7 曲則未被收錄。

綜上所述，《樂府詩集》已收五代題名 9 題，題辭均存；《樂府詩集》未收而見於其他史料記載的五代題名 32 題，均題存辭佚。

〔註 14〕《舊五代史》卷一四五，第 1935～1936 頁。

結　語

本書全面考查了隋唐五代時期的樂府詩題名。在具體實施過程中，主要遵循如下步驟：

首先，將《樂府詩集》已經收錄的題名以時代為序做了系統清理並盡力做出量化統計，統計結果除體現在正文中以外，還以列表的形式作為附錄呈現，以期更加清晰直觀。《樂府詩集》已收題名還存在異名現象，這些異名或為同一曲調在不同時期出現的別稱，或為變異衍生而來的題名，這些信息往往見載於其他史料。對此，本書將異名列於《樂府詩集》相關題名之下，以便於後人瞭解此題發展演變之軌跡。《樂府詩集》中有些題名無法確考具體時代，或雖可大致判斷時代但無法確知創製時間，本書將此類題名歸入待考一類，以俟來日。

其次，從正史樂志、政書樂門、類書、別集、總集、樂錄等樂府學典籍中補錄《樂府詩集》失收的樂府詩題名。這些題名可分為兩類：一類題辭均存，一類題存辭佚。在這些題名中，有些可以確考其創製或首出時間，也有些無法確認其樂府性質，還有些不能確定其所屬時代。對於可以確考其創製或首出時間者，儘量按時代先後歸類；對於無法確認樂府性質或不能確定所屬時代者，則歸入疑似題名備考。

按照這樣的步驟全面考察隋唐五代時期的樂府詩題名後，可得出如下結論：《樂府詩集》已收隋代題名 79 題，其中確考題名 76 題，待考題名 3 題；《樂府詩集》未收而見於其他史料記載的隋代題名 43 題，均題存辭佚。《樂府詩集》已收唐代題名 745 題，其中確考題名 730 題，待考題名 15 題；《樂府詩集》未收而見於其他史料記載的唐代題名 635 題，其中有辭題名 115 題，無辭題名 515 題，另有疑似題名 5 題。《樂府詩集》已收五代題名 9 題，題辭均存；《樂府詩集》未收而見於其他史料記載的五代題名 32 題，均題存辭佚。

從隋唐五代各時期的樂府詩題名數量看，隋代和五代題名數量較少，唐代題名數量則極為可觀。在有唐一代中，又以玄宗時期的題名數量最多。樂府詩題名數量在隋、唐、五代的分布呈現出兩邊低、中間高的山峰形狀態，這與樂府詩在唐代得到了充分發展且在玄宗時期臻於鼎盛的史實相符合。

全面考察和系統清理隋唐五代時期的樂府詩題名對未來的樂府學研究有著重要意義。樂府學作為專門之學直到二十一世紀以來才真正進入學者視野，在這一領域存在大量亟待研究的課題，如《樂府詩集》整理、《樂府詩集》補編、《樂府續集》編撰、樂府詩編年乃至於樂府詩史研究等都可進行更為深入的開拓，這些工作的開展和完成，都脫離不開具體的樂府詩題名，本書為此奠定了初步基礎。而未來這些後續課題的進一步展開和研究成果的陸續推出，必然會將樂府學研究推向新的階段。

參考文獻

一、基本古籍

1. 〔清〕阮元《十三經注疏》，中華書局，1980 年版。
2. 〔清〕皮錫瑞撰，周予同注釋《經學歷史》，中華書局，2004 年版。
3. 〔漢〕司馬遷《史記》，中華書局，1959 年版。
4. 〔漢〕班固《漢書》，中華書局，1962 年版。
5. 〔南朝．宋〕范曄《後漢書》，中華書局，1965 年版。
6. 〔晉〕陳壽《三國志》，中華書局，1982 年版。
7. 〔唐〕房玄齡《晉書》，中華書局，1974 年版。
8. 〔梁〕沈約《宋書》，中華書局，1974 年版。
9. 〔梁〕蕭子顯《南齊書》，中華書局，1972 年版。
10. 〔唐〕姚思廉《梁書》，中華書局，1973 年版。
11. 〔唐〕姚思廉《陳書》，中華書局，1972 年版。
12. 〔北齊〕魏收《魏書》，中華書局，2003 年版。
13. 〔唐〕令狐德棻《周書》，中華書局，2003 年版。
14. 〔唐〕魏徵《隋書》，中華書局，1999 年版。
15. 〔唐〕李延壽《北史》，中華書局，2003 年版。
16. 〔五代〕劉昫《舊唐書》，中華書局，1975 年版。
17. 〔宋〕歐陽修、宋祁《新唐書》，中華書局，1975 年版。
18. 〔宋〕薛居正《舊五代史》，中華書局，2003 年版。
19. 〔宋〕歐陽修、徐無黨《新五代史》，中華書局，1974 年版。

20.〔元〕脫脫《宋史》，中華書局，1977 年版。
21.〔宋〕司馬光《資治通鑒》，中華書局，1956 年版。
22.〔元〕辛文房撰，傅璇琮等校箋《唐才子傳校箋》，中華書局，1995 年版。
23.〔唐〕劉知幾《史通》，中華書局，2014 年版。
24.〔唐〕李林甫撰，陳仲夫點校《唐六典》，中華書局，1992 年版。
25.〔唐〕杜佑撰，王文錦等點校《通典》，中華書局，1988 年版。
26.〔宋〕王溥《唐會要》，上海古籍出版社，1991 年版。
27.〔元〕馬端臨撰，上海師範大學古籍研究所、華東師範大學古籍研究所點校《文獻通考》，中華書局，2011 年版。
28.〔宋〕晁公武撰，孫猛校證《郡齋讀書志校證》，上海古籍出版社，1987 年版。
29.〔宋〕陳振孫撰，徐小蠻、顧美華點校《直齋書錄解題》，上海古籍出版社，1987 年版。
30.〔宋〕鄭樵《通志二十略》，中華書局，1995 年版。
31.〔清〕永瑢等《四庫全書總目》，中華書局，1965 年版。
32.〔北齊〕顏之推撰，王利器集解《顏氏家訓集解》，中華書局，1993 年版。
33.〔唐〕丘光庭《兼明書》，《影印文淵閣四庫全書》第 850 冊，臺灣商務印書館，1986 年版。
34.〔唐〕鄭處誨撰，田廷柱點校《明皇雜錄》，中華書局，1994 年。
35.〔唐〕南卓《羯鼓錄》，上海古籍出版社，1988 年版。
36.〔唐〕段安節撰，亓娟莉校注《樂府雜錄校注》，上海古籍出版社，2015 年版。
37.〔唐〕崔令欽撰，任半塘箋訂《教坊記箋訂》，中華書局，1962 年版。
38.〔隋〕杜公瞻《編珠》，《影印文淵閣四庫全書》第 887 冊，臺灣商務印書館，1986 年版。
39.〔唐〕歐陽詢撰，汪紹楹校《藝文類聚》，上海古籍出版社，1999 年版。
40.〔唐〕徐堅《初學記》，中華書局，2004 年版。
41.〔唐〕白居易《白氏六帖事類集》，文物出版社，1987 年版。
42.〔宋〕李昉《太平御覽》，中華書局，1960 年版。
43.〔唐〕溫大雅《大唐創業起居注》，上海古籍出版社，1983 年版。
44.〔唐〕劉肅撰，許德楠、李鼎霞點校《大唐新語》，中華書局，1984 年版。

45.〔唐〕武平一撰，陶敏輯校《景龍文館記》，中華書局，2015 年版。
46.〔唐〕鄭綮撰，吳企明點校《開天傳信記》，中華書局，2012 年版。
47.〔唐〕杜寶撰，辛德勇輯校《大業雜記輯校　兩京新記輯校》，中華書局，2020 年版。
48.〔五代〕王定保撰，姜漢椿校注《唐摭言校注》，上海社會科學院出版社，2003 年版。
49.〔五代〕王仁裕撰，丁如明點校《開元天寶遺事十種》，上海古籍出版社，1985 年版。
50.〔宋〕孫光憲，賈二強點校《北夢瑣言》，中華書局，2002 年版。
51.〔宋〕王讜撰，周勳初校證《唐語林校證》，中華書局，1987 年版。
52.〔宋〕王灼撰，岳珍校正《碧雞漫志校正》，人民文學出版社，2015 年版。
53.〔宋〕李昉《太平廣記》，中華書局，1960 年版。
54. 上海古籍出版社編《漢魏六朝筆記小說大觀》，上海古籍出版社，1999 年版。
55. 上海古籍出版社編《唐五代筆記小說大觀》，上海古籍出版社，2000 年版。
56.〔南朝·梁〕蕭統編，〔唐〕李善注《文選》，上海古籍出版社，1986 年版。
57.〔南朝·梁〕徐陵《玉臺新詠》，上海古籍出版社，2007 年版。
58. 逯欽立《先秦漢魏晉南北朝詩》，中華書局，1983 年版。
59.〔明〕馮維訥《古詩紀》，《影印文淵閣四庫全書》第 1379 冊，臺灣商務印書館，1986 年版。
60.〔清〕彭定求《全唐詩》，中華書局，1960 年版。
61. 陳尚君《全唐詩補編》，中華書局，1992 年版。
62.〔清〕董誥《全唐文》，中華書局，1983 年版。
63. 陳尚君《全唐文補編》，中華書局，2005 年版。
64. 吳鋼《全唐文補遺》(1～8 輯)，三秦出版社，1994～2005 年版。
65. 周紹良《全唐文新編》，吉林文史出版社，2000 年版。
66.〔清〕沈德潛《古詩源》，中華書局，1963 年版。
67.〔清〕嚴可均編《全上古秦漢三國六朝文》，中華書局，1958 年版。
68.〔清〕杜文瀾撰，周紹良校點《古謠諺》，中華書局，1958 年版。

69. 任半塘、王昆吾《隋唐燕樂雜言歌辭集》，巴蜀書社，1990 年版。
70. 任半塘《敦煌歌辭總編》，上海古籍出版社，2004 年版。
71. 王利器、王慎之、王子今《歷代竹枝詞》，陝西人民出版社，2003 年版。
72. 〔宋〕郭茂倩編撰，聶世美、倉陽卿校點《樂府詩集》，上海古籍出版社，1998 年版。
73. 〔宋〕郭茂倩《樂府詩集》，中華書局，1979 年版。
74. 郭麗、吳相洲《樂府續集》，上海古籍出版社，2020 年版。
75. 〔元〕左克明《古樂府》，中華書局，2016 年版。
76. 〔三國·魏〕曹植撰，趙幼文校注《曹植集校注》，中華書局，2016 年版。
77. 俞紹初輯校《建安七子集》，中華書局，1989 年版。
78. 〔南朝·宋〕謝靈運撰，顧紹柏校注《謝靈運集校注》，中州古籍出版社，1987 年版。
79. 〔南朝·宋〕鮑照撰，錢仲聯集注《鮑參軍集注》，上海古籍出版社，1980 年版。
80. 〔南朝·齊〕謝朓撰，曹融南校注《謝宣城集校注》，上海古籍出版社，1991 年版。
81. 〔南朝·梁〕江淹《江文通集》，《影印文淵閣四庫全書》第 1063 冊，臺灣商務印書館，1986 年版。
82. 〔南朝·梁〕鍾嶸撰，王叔岷箋證《鍾嶸詩品箋證稿》，中華書局，2007 年版。
83. 〔南朝·梁〕王筠撰，黃大宏校注《王筠集校注》，中華書局，2013 年版。
84. 〔南朝·梁〕蕭統撰，俞紹初校注《昭明太子集校注》，中州古籍出版社，2001 年版。
85. 〔南朝·陳〕徐陵編，〔清〕吳兆宜注，程琰刪補，穆克宏點校《玉臺新詠箋注》，中華書局，1985 年版。
86. 〔北周〕庾信撰，〔清〕吳兆宜箋注《庾開府集箋注》，《影印文淵閣四庫全書》第 1064 冊，臺灣商務印書館，1986 年版。
87. 〔唐〕盧照鄰撰，李雲逸校注《盧照鄰集校注》，中華書局，1998 年版。
88. 〔唐〕張說撰，熊飛校注《張說集校注》，中華書局，2013 年版。
89. 〔唐〕孟浩然撰，佟培基箋注《孟浩然詩集箋注》，上海古籍出版社，2000 年版。

90.〔唐〕王維撰，〔清〕趙殿成箋注《王右丞集箋注》，上海古籍出版社，1984年版。
91.〔唐〕李白撰，〔清〕王琦注《李太白全集》，中華書局，1977年版。
92.〔唐〕高適撰，劉開揚箋注《高適詩集編年箋注》，中華書局，1981年版。
93.〔唐〕儲光義《儲光義詩集》，上海古籍出版社，1992年版。
94.〔唐〕劉長卿撰，儲仲君箋注《劉長卿詩編年箋注》，中華書局，1996年版。
95.〔唐〕元結《元次山集》，中華書局，1960年版。
96.〔唐〕元結撰，傅璇琮、陳尚君、徐俊編《篋中集》，中華書局，2014年版。
97.〔唐〕顧況《華陽集》，《影印文淵閣四庫全書》，第1072冊，臺灣商務印書館，1986年版。
98.〔唐〕孟郊撰，韓泉欣校注《孟郊集校注》，浙江古籍出版社，2012年版。
99.〔唐〕權德輿撰，蔣寅箋，唐元校，張靜注《權德輿詩文集編年校注》，遼海出版社，2013年版。
100.〔唐〕張籍撰，徐禮節、余恕誠校注《張籍集繫年校注》，中華書局，2011年版。
101.〔唐〕王建撰，尹占華校注《王建詩集校注》，巴蜀書社，2006年版。
102.〔唐〕令狐楚撰，傅璇琮、陳尚君、徐俊編《御覽詩》，中華書局，2014年版。
103.〔唐〕劉禹錫撰，《劉禹錫集》整理組點校，卞孝萱校訂《劉禹錫集》，中華書局，1990年版。
104.〔唐〕劉禹錫撰，陶敏、陶紅雨校注《劉禹錫全集編年校注》，中華書局，2019版。
105.〔唐〕李紳撰，盧燕平校注《李紳集校注》，中華書局，2009年版。
106.〔唐〕白居易撰，謝思煒校注《白居易詩集校注》，中華書局，2006年版。
107.〔唐〕元稹撰，冀勤點校《元稹集》，中華書局，2010年版。
108.〔唐〕姚合《姚少監詩集》，上海古籍出版社，1994年版。
109.〔唐〕李賀撰，吳企明箋注《李長吉歌詩編年箋注》，中華書局，2012年版。
110.〔唐〕溫庭筠撰，〔清〕曾益等箋注《溫飛卿詩集箋注》，中華書局，1980年版。

111. 〔唐〕溫庭筠撰，劉學鍇校注《溫庭筠全集校注》，中華書局，2007 年版。
112. 〔唐〕李商隱撰，劉學鍇、余恕誠集解《李商隱詩歌集解》，中華書局，2004 年版。
113. 〔唐〕曹鄴撰，梁超然、毛水清注《曹鄴詩注》，上海古籍出版社，1982 年版。
114. 〔唐〕曹鄴《曹祠部集》，《影印文淵閣四庫全書》，第 1083 冊，臺灣商務印書館，1986 年版。
115. 〔唐〕陸龜蒙撰，何錫光校注《唐甫里先生文集》，鳳凰出版社，2015 年版。
116. 〔唐〕釋貫休撰，陸永峰校注《禪月集校注》，巴蜀書社，2012 年版。
117. 〔宋〕計有功撰，王仲鏞校箋《唐詩紀事校箋》，中華書局，2007 年版。
118. 〔明〕徐獻忠《樂府原》，齊魯書社，1997 年版。
119. 〔清〕王先謙《漢鐃歌釋文箋正》，廣文書局，1978 年版。
120. 〔清〕凌廷堪《燕樂考原》，商務印書館，1971 年版。
121. 〔清〕朱乾《樂府正義》，株式會社同朋舍，1980 年版。
122. 〔南朝・梁〕劉勰撰，范文瀾注《文心雕龍注》，人民文學出版社，1958 年版。
123. 〔南朝・梁〕鍾嶸撰，曹旭集注《詩品集注》，上海古籍出版社，1994 年版。
124. 〔明〕胡震亨《唐音癸籤》，上海古籍出版社，1981 年版。
125. 〔清〕何文煥《歷代詩話》，中華書局，1981 年版。
126. 丁福保《歷代詩話續編》，中華書局，1983 年版。
127. 丁福保《清詩話》，上海古籍出版社，1963 年版。
128. 郭紹虞編選，富壽蓀點校《清詩話續編》，上海古籍出版社，1983 年版。
129. 蔡鎮楚《域外詩話珍本叢書》，北京圖書館出版社，2006 年版。
130. 唐圭璋《詞話叢編》，中華書局，1986 年版。
131. 鄧子勉《宋金元詞話全編》，鳳凰出版社，2008 年版。
132. 俞為民、孫蓉蓉《歷代曲話叢編》，黃山書社，2006 年版。

二、今人著作

1. 方寶璋、鄭俊暉《中國音樂文獻學》，福建教育出版社，2006 年版。
2. 郭麗《樂府詩史話》，社會科學文獻出版社，2014 年版。

3. 郭麗《樂府文獻考論》，鳳凰出版社，2020 年版。
4. 郭麗《漢唐樂府學典籍研究》，鳳凰出版社，2023 年版。
5. 吉聯抗《兩漢論樂文字輯譯》，上海文藝出版社，1980 年版。
6. 吉聯抗《魏晉南北朝音樂史料》，上海文藝出版社，1982 年版。
7. 吉聯抗《隋唐五代音樂史料》，上海文藝出版社，1986 年版。
8. 吉聯抗《琴操兩種》，人民音樂出版社，1990 年版。
9. 吉聯抗《古樂書佚文輯注》，人民音樂出版社，1990 年版。
10. 陸侃如《樂府古辭考》，商務印書館，1927 年版。
11. 陸侃如《樂府古辭考》，陳引馳、周興陸主編《民國詩歌史著集成》第 14 冊，南開大學出版社，2015 年版。
12. 林謙三《隋唐燕樂調研究》，鼎文書局，1974 年版。
13. 羅根澤《樂府文學史》，東方出版社，1996 年版。
14. 廖美雲《唐伎研究》，臺灣學生書局，1995 年版。
15. 劉芹《中國古代舞蹈》，商務印書館，1997 年版。
16. 劉躍進《中古文學文獻學》，鳳凰出版社，2023 年版。
17. 穆克宏《魏晉南北朝文學史料述略》，中華書局，1997 年版。
18. 毛水清《唐代樂人考述》，東方出版社，2006 年版。
19. 歐陽予倩《唐代舞蹈》，上海文藝出版社，1980 年版。
20. 丘瓊蓀《歷代樂志律志校釋》，人民音樂出版社，1995 年版。
21. 丘瓊蓀遺著，隗芾輯補《燕樂探微》，上海古籍出版社，1989 年版。
22. 錢志熙《漢魏樂府藝術研究》，學苑出版社，2011 年版。
23. 任二北《敦煌曲初探》，上海文藝聯合出版社，1954 年版。
24. 任半塘《唐聲詩》，上海古籍出版社，1982 年版。
25. 蘇晉仁、蕭煉子《宋書樂志校注》，齊魯書社，1982 年版。
26. 沈冬《唐代樂舞新論》，北京大學出版社，2004 年版。
27. 孫啟治、陳建華《中國古佚書輯本目錄解題》，中華書局，1997 年版。
28. 孫曉輝《兩唐書樂志研究》，上海音樂學院出版社，2005 年版。
29. 孫尚勇《樂府文學文獻研究》，人民文學出版社，2007 年版。
30. 王運熙《樂府詩述論》，上海古籍出版社，2012 年版。
31. 王小盾《中國音樂文獻學初階》，北京大學出版社，2013 年版。
32. 王昆吾《隋唐五代燕樂雜言歌辭研究》，中華書局，1992 年版。

33. 王昆吾《唐代酒令藝術》，知識出版社，1995 年版。
34. 王克芬《中國古代舞蹈史話》，人民音樂出版社，1980 年版。
35. 王克芬《中國舞蹈發展史》，上海人民出版社，1989 年版。
36. 吳釗《中國音樂史略》，人民音樂出版社，1983 年版。
37. 吳玉貴《唐書輯校》，中華書局，2008 年版。
38. 吳相洲《中國詩歌通史・唐五代卷》，人民文學出版社，2012 年版。
39. 吳相洲《樂府歌詩論集》，商務印書館，2013 年版。
40. 吳相洲《樂府學概論》，人民文學出版社，2015 年版。
41. 向達《唐代長安與西域文明》，商務印書館，2015 年版。
42. 楊蔭瀏《中國古代音樂史稿》，人民音樂出版社，1981 年。
43. 楊生枝《樂府詩史》，青海人民出版社，1985 年版。
44. 喻意志《〈樂府詩集〉成書研究》，湖南文藝出版社，2012 年。
45. 朱易安《唐詩與音樂》，灕江出版社，1998 年版。
46. 朱謙之《中國音樂文學史》，上海人民出版社，2006 年。
47. 張煜《樂府詩題名研究》，北京大學出版社，2013 年版。

附　錄

一、先秦樂府詩題名統計表

類　別		出　處	題　名
《樂府詩集》已收題名（45 題）	確考題名（有辭，44 題）	琴曲歌辭（21 題）	《神人暢》《思親操》《南風歌》《襄陵操》《箕子操》《別鶴操》《拘幽操》《文王操》《克商操》《傷殷操》《越裳操》《神鳳操》《采薇操》《履霜操》《士失志操》《雉朝飛操》《猗蘭操》《將歸操》《處女吟》《琴歌》《渡易水》
		雜歌謠辭（23 題）	《擊壤歌》《堯時康衢童謠》《卿雲歌》《塗山歌》《夏人歌》《黃澤謠》《白雲謠》《穆天子謠》《周末時童謠》《商歌》《師乙歌》《獲麟歌》《河激歌》《越人歌》《徐人歌》《漁父歌》《采葛婦歌》《紫玉歌》《晉獻公時童謠》《晉惠公時童謠》《魯國童謠》《楚昭王時童謠》《鄴民歌》
	確考題名（無辭，1 題）	《樂府詩集》解題（1 題）	《獨處吟》
《樂府詩集》未收題名（58 題）	確考題名（有辭，13 題）	《琴操》（12 題）	《龜山操》《水仙操》《列女引》《思歸引》《霹靂引》《箕山操》《周太伯》《芑梁妻歌》《信立退怨歌》《曾子歸耕》《諫不違歌》《莊周獨處吟》
		《藝文類聚》（1 題）	《步玄曲》

	確考題名（無辭，45題）	《晉書》（1題）	《雲門》
		《隋書》（3題）	《五莖》《六英》《咸池》
		《魏書》（5題）	《大韶》《大夏》《大濩》《承雲》《大章》
		《元次山集》（3題）	《網罟》《豐年》《九淵》
		《漢書》（1題）	《勺》
		《周禮》（10題）	《王夏》《肆夏》《昭夏》《納夏》《章夏》《齊夏》《族夏》《祴夏》《鷔夏》《采薺》
		《宋書》（2題）	《房中之樂》《武宿夜》
		《琴操》（17題）	《岐山操》《文王思士》《周金滕》《殘形操》《懷陵操》《伯姬引》《楚引》《崔子渡河操》《楚明光》《梁山操》《孔子戹》《三士窮》《聶政刺韓王曲》《走馬引》《箜篌引》《雙燕離》《流澌咽》
		《通典》（1題）	《白雪》
		《初學記》（1題）	《秋竹積雪之曲》
		《藝文類聚》（1題）	《玄雲曲》

二、秦代樂府詩題名統計表

類別		出處	題名
《樂府詩集》已收題名（2題）	確考題名（有辭，2題）	琴曲歌辭（1題）	《採芝操》
		雜歌謠辭（1題）	《秦始皇歌》
《樂府詩集》未收題名（4題）	確考題名（有辭，1題）	《琴操》（1題）	《琴引》
	確考題名（無辭，3題）	《舊五代史》（1題）	《韶》
		《魏書》（1題）	《五行舞》
		《通典》（1題）	《壽人》

三、漢代樂府詩題名統計表

類別		出處	題名	備註
《樂府詩集》已收題名（177題）	確考題名（有辭，160題）	郊廟歌辭（21題）	《練時日》《帝臨》《青陽》《朱明》《西顥》《玄冥》《惟泰元》《天地》《日出入》《天馬》《天門》《景星》《齊房》《后皇》《華曄曄》《五神》《朝隴首》《象載瑜》《赤蛟》《靈芝歌》《漢安世房中歌》	

		鼓吹曲辭（18 題）	《朱鷺》《君馬黃》《芳樹》《有所思》《雉子班》《聖人出》《上邪》《臨高臺》《遠如期》《石留》《思悲翁》《艾如張》《上之回》《翁離》《戰城南》《巫山高》《上陵》《將進酒》	
		橫吹曲辭（1 題）	《出塞》	
		相和歌辭（30 題）	《江南》《東光》《雞鳴》《烏生》《平陵東》《陌上桑》《董逃行》《善哉行》《折楊柳行》《雁門太守行》《豔歌何嘗行》《白頭吟》《薤露》《蒿里》《王子喬》《長歌行》《君子行》《豫章行》《相逢行》《長安有狹斜行》《隴西行》《步出夏門行》《西門行》《東門行》《飲馬長城窟行》《婦病行》《孤兒行》《豔歌行》《滿歌行》《怨歌行》	
		舞曲歌辭（4 題）	《聖人制禮樂篇》《巾舞歌詩》《俳歌辭》《後漢武德舞歌詩》	
		琴曲歌辭（7 題）	《力拔山操》《大風起》《八公操》《琴歌》《琴歌》《昭君怨》《胡笳十八拍》	《琴歌》二題來源不同
		雜曲歌辭（18 題）	《蛺蝶行》《驅車上東門行》《傷歌行》《悲歌行》《前緩聲歌》《東飛伯勞歌》《長干曲》《焦仲卿妻》《枯魚過河泣》《冉冉孤生竹》《樂府》《阿那瓌》《羽林郎》《董嬌饒》《武溪深行》《澤雉》《同聲歌》《定情詩》	
		雜歌謠辭（61 題）	《驪駒歌》《越謠歌》《雞鳴歌》《平城歌》《楚歌》《戚夫人歌》《畫一歌》《趙幽王歌》《淮南王歌》《鄭白渠歌》《秋風辭》《潁川歌》《衛皇后歌》《李延年歌》《李夫人歌》《烏孫公主歌》《匈奴歌》《瓠子歌》《李陵歌》《廣川王歌》《黃鵠歌》《燕王歌》《華容夫人歌》《廣陵王歌》《牢石歌》《鮑司隸歌》《漢元帝時童謠》《黃門倡歌》《五侯歌》《上郡歌》《長安謠》《漢成帝時燕燕童謠》《漢成帝時歌謠》《王莽時汝南童	

			謠》《更始時南陽童謠》《董少平歌》《張君歌》《郭喬卿歌》《五噫歌》《廉叔度歌》《朱暉歌》《城中謠》《會稽童謠》《岑君歌》《洛陽令歌》《後漢順帝末京都童謠》《范史雲歌》《劉君歌》《後漢桓帝初小麥童謠》《後漢桓帝初城上烏童謠》《後漢桓帝初京都童謠》《後漢桓帝末京都童謠》《賈父歌》《後漢靈帝末京都童謠》《後漢桓靈時謠》《後漢獻帝初童謠》《後漢獻帝初京都童謠》《皇甫嵩歌》《二郡謠》《京兆謠》《後漢時蜀中童謠》	
	確考題名（無辭，14 題）	《樂府詩集》解題（14 題）	《務成》《玄雲》《黃爵》《釣竿》《黃鵠》《隴頭》《出關》《入關》《入塞》《折楊柳》《黃覃子》《赤之揚》《望行人》《睢陽曲》	
	待考題名（有辭，3 題）	相和歌辭（1 題）	《怨詩行》	
		琴曲歌辭（1 題）	《項王歌》	
		雜歌謠辭（1 題）	《雜離歌》	
《樂府詩集》未收題名（64 題）	確考題名（無辭，57 題）	《魏書》（3 題）	《韶》《雲翹》《育命》	
		《漢書》（13 題）	《嘉至》《永至》《登歌》《休成》《永安》《五行舞》《武德舞》《文始舞》《昭容樂》《禮容樂》《四時舞》《昭德舞》《盛德舞》	
		《宋書》（17 題）	《承元氣》《思齊皇姚》《六騏驎》《蝎肅雍》《陟叱根》《重來》《惟天之命》《天之曆數》《初造》《俠安》《歸來》《遠期》《明星》《清涼》《涉大海》《大置酒》《海淡淡》	
		《通典》（4 題）	《四會曲》《槃舞》《明君》《鳳將雛》	
		《隋書》（1 題）	《皇夏》	

		《晉書》（11 題）	《矛渝本歌曲》《安弩渝本歌曲》《安臺本歌曲》《行辭本歌曲》《關東有賢女》《章和二年中》《樂久長》《四方皇》《殿前生桂樹》《明之君》《摩訶兜勒》	
		《漢書》（1 題）	《盛唐樅陽之歌》	
		《樂府古題要解》（4 題）	《日重光》《月重輪》《星重輝》《海重潤》	
		《初學記》（3 題）	《歸風送遠之操》《雙鳳離鸞之曲》《清吳春波之曲》	
	疑似題名（無辭，7 題）	《樂府古題要解》（5 題）	《出郭西門》《陸地行車》《夾鍾》《朱堂寢》《奉法》	
		《編珠》（1 題）	《飛龍引》	
		《白孔六帖》（1 題）	《落梅曲》	

四、魏晉樂府詩題名統計表

類　別			出　處	題　名
曹魏樂府詩題名	《樂府詩集》已收題名（126 題）	確考題名（有辭，116 題）	鼓吹曲辭（26 題）	《楚之平》《戰滎陽》《獲呂布》《克官渡》《舊邦》《定武功》《屠柳城》《平南荊》《平關中》《應帝期》《邕熙》《太和》《炎精缺》《漢之季》《攄武師》《烏林》《秋風》《克皖城》《關背德》《通荊州》《章洪德》《順曆數》《承天命》《玄化》《臨高臺》《釣竿》
			橫吹曲辭（1 題）	《出塞》
			相和歌辭（48 題）	《氣出唱》《精列》《度關山》《十五》《薤露》《惟漢行》《蒿里》《輓歌》《對酒》《平陵東》《陌上桑》《長歌行》《鰕䱇篇》《短歌行》《猛虎行》《燕歌行》《從軍行》《苦寒行》《吁嗟篇》《豫章行》《塘上行》《蒲生行浮萍篇》《秋胡行》《善哉行》《當來日大難》《步出夏門行》《丹霞蔽日行》《折楊柳行》《卻東西門行》《飲馬長城窟行》《上留田行》《大牆上蒿行》《野田黃雀行》《豔

				歌何嘗行》《煌煌京洛行》《門有萬里客行》《月重輪行》《棹歌行》《梁甫吟》《泰山梁甫行》《怨詩行》《怨詩》《怨歌行》《江南》《東光》《雞鳴》《烏生》《王子喬》
			舞曲歌辭（9 題）	《矛俞新福歌》《弩俞新福歌》《安臺新福歌》《行辭新福歌》《聖皇篇》《靈芝篇》《大魏篇》《精微篇》《孟冬篇》
			琴曲歌辭（2 題）	《琴歌》《雉朝飛操》
			雜曲歌辭（22 題）	《駕出北郭門行》《秦女休行》《桂之樹行》《當牆欲高行》《當欲遊南山行》《當事君行》《當車已駕行》《妾薄命》《名都篇》《美女篇》《白馬篇》《苦思行》《升天行》《五遊》《遠遊篇》《仙人篇》《飛龍篇》《鬥雞篇》《磐石篇》《驅車篇》《種葛篇》《樂府》
			雜歌謠辭（8 題）	《王世容歌》《吳謠》《魏明帝景初中童謠》《魏齊王嘉平中謠》《吳孫亮初童謠》《吳孫亮初白鼉鳴童謠》《吳孫皓初童謠》《吳孫皓天紀中童謠》
		確考題名（無辭，10 題）	《樂府詩集》解題（10 題）	《黃鵠》《隴頭》《出關》《入關》《入塞》《折楊柳》《黃覃子》《赤之揚》《望行人》《悲哉行》
	《樂府詩集》未收題名（52 題）	確考題名（有辭，2 題）	《建安七子集》（2 題）	《鬥雞詩》《鬥雞》
		確考題名（無辭，50 題）	《宋書》（29 題）	《鳳翔舞》《靈應舞》《迎靈樂》《武頌樂》《昭業樂》《武頌舞》《大韶舞》《大武舞》《武始之樂》《咸熙之舞》《章斌之舞》《羽觴行》《於穆》《昭昭》《華華》《朝宴》《盛德》《綏萬邦》《朝朝》《順天》《陟天庭》《參兩儀》《嘉會》《明明魏皇帝》《太和有聖帝》《魏歷長》《天生烝民》《為君既不易》《太和時》
			《南齊書》（2 題）	《饗神歌》《宴樂篇》

			《晉書》（3 題）	《於赫篇》《巍巍篇》《洋洋篇》
			《通典》（1 題）	《白鳩》
			《編珠》（1 題）	《妍歌篇》
			《樂府古題要解》（14 題）	《博陵王宮俠曲》《上仙籙》《神遊》《胡君》《吾生作安樂》《少年行》《日與月》《只翼》《東嶽姘歌》《結客》《大南寺》《嗟佳人》《尺蠖》《惟漢》
晉代樂府詩題名	《樂府詩集》已收題名（226 題）	確考題名（有辭，209 題）	郊廟歌辭（4 題）	《晉郊祀歌》《晉天地郊明堂歌》《晉宗廟歌》《晉江左宗廟歌》
			燕射歌辭（5 題）	《晉四廂樂歌》《晉冬至初歲小會歌》《晉宴會歌》《晉中宮所歌》《晉宗親會歌》
			鼓吹曲辭（24 題）	《靈之祥》《宣受命》《征遼東》《宣輔政》《時運多難》《景龍飛》《平玉衡》《文皇統百揆》《因時運》《惟庸蜀》《天序》《大晉承運期》《金靈運》《於穆我皇》《仲春振旅》《夏苗田》《仲秋獮田》《順天道》《唐堯》《玄雲》《伯益》《釣竿》《命將出征歌》《勞還師歌》
			橫吹曲辭（1 題）	《出塞》
			相和歌辭（67 題）	《惟漢行》《豔歌行》《豫章行苦相篇》《董逃行歷九秋篇》《鴻雁生塞北行》《放歌行》《豔歌行有女篇》《牆上難為趨》《白楊行》《怨歌行朝時篇》《長歌行》《短歌行》《秋胡行》《飲馬長城窟行》《大雅吟》《王明君》《楚妃歎》《日出東南隅行》《猛虎行》《君子行》《燕歌行》《從軍行》《鞠歌行》《苦寒行》《豫章行》《董逃行》《長安有狹斜行》《塘上行》《隴西行》《折楊柳行》《順東西門行》《上留田行》《門有車馬客行》《日重光行》《月重輪行》《棹歌行》《泰山吟》《梁甫吟》《東武吟

				行》《班婕妤》《輓歌》《怨詩》《怨詩行》《薤露》《東門行》《氣出唱》《精列》《江南》《東光》《十五》《雞鳴》《烏生》《平陵東》《陌上桑》《王子喬》《相逢行》《善哉行》《步出夏門行》《西門行》《卻東西門行》《野田黃雀行》《雁門太守行》《豔歌何嘗行》《煌煌京洛行》《白頭吟》《怨歌行》《滿歌行》
			清商曲辭（13 題）	《子夜歌》《子夜四時歌》《上聲歌》《歡聞歌》《歡聞變歌》《前溪歌》《阿子歌》《團扇郎》《長史變歌》《碧玉歌》《桃葉歌》《懊儂歌》《月節折楊柳歌》
			舞曲歌辭（21 題）	《惟聖皇篇　矛俞第一》《短兵篇　劍俞第二》《軍鎮篇　弩俞第三》《窮武篇安臺行亂第四》《羽龠舞歌》《羽鐸舞歌》《正德舞歌》《大豫舞歌》《洪業篇》《天命篇》《景皇篇》《大晉篇》《明君篇》《雲門篇》《白鳩篇》《濟濟篇》《獨祿篇》《碣石篇》《淮南王篇》《晉白紵舞歌詩》《晉杯槃舞歌詩》
			琴曲歌辭（3 題）	《思歸引》《宛轉歌》《琴歌》
			雜曲歌辭（25 題）	《秦女休行》《美女篇》《雲中白子高行》《秋蘭篇》《飛塵篇》《西長安行》《明月篇》《前有一樽酒行》《昔思君》《何當行》《駕言出北闕行》《君子有所思行》《悲哉行》《齊謳行》《吳趨行》《前緩聲歌》《飲酒樂》《輕薄篇》《遊俠篇》《博陵王宮俠曲》《遊獵篇》《壯士篇》《胡姬年十五》《大道曲》《合歡詩》
			雜歌謠辭（46 題）	《吳楚歌》《扶風歌》《滎陽令歌》《徐聖通歌》《晉高祖歌》《徐州歌》《東晳歌》《豫州歌》《應詹歌》《吳人歌》《并州歌》《隴上歌》《襄陽童兒歌》《巴東三峽歌》《庾公歌》《御路楊歌》《鳳皇歌》《歷陽歌》《苻堅時長安歌》《晉泰

				始中謠》《閣道謠》《南土謠》《晉武帝太康後童謠》《晉惠帝永熙中童謠》《晉惠帝元康中京洛童謠》《晉元康中洛中童謠》《晉惠帝時洛陽童謠》《晉惠帝太安中童謠》《晉懷帝永嘉初謠》《晉懷帝永嘉中童謠》《晉永嘉中童謠》《晉明帝太寧初童謠》《晉哀帝隆和初童謠》《晉太和末童謠》《晉孝武太元末京口謠》《晉安帝元興初童謠》《晉安帝元興中童謠》《晉安帝義熙初童謠》《晉安帝義熙初謠》《晉吳中童謠》《晉荊州童謠》《晉京口謠》《晉京口民間謠》《苻堅時長安謠》《苻堅初童謠》《苻堅時童謠》
		確考題名（無辭，9題）	《樂府詩集》解題（9題）	《黃鵠》《隴頭》《出關》《入關》《入塞》《折楊柳》《黃覃子》《赤之揚》《望行人》
		待考題名（有辭，8題）	清商曲辭（8題）	《大子夜歌》《子夜警歌》《子夜變歌》《七日夜女歌》《黃生曲》《黃鵠曲》《長樂佳》《歡好曲》
	《樂府詩集》未收題名（14題）	確考題名（有辭，3題）	《詩品》（2題）	《擬明月何皎皎》《擬今日良宴會》
			《古詩紀》（1題）	《上巳篇》
		確考題名（無辭，10題）	《南齊書》（3題）	《祀先農先蠶夕牲歌詩》《迎送神》《公莫舞》
			《通典》（3題）	《幡舞》《鼓舞伎》《文康樂》
			《鮑參軍集》（1題）	《龜鶴篇》
			《樂府古題要解》（1題）	《車遙遙》
			《初學記》（2題）	《蔡歌行》《陳歌行》
		疑似題名（無辭，1題）	《藝文類聚》（1題）	《百年歌》

五、南北朝樂府詩題名統計表

類別			出處	題名	備註
南朝宋樂府詩題名	《樂府詩集》已收題名（152題）	確考題名（有辭，150題）	郊廟歌辭（5題）	《宋南郊登歌》《宋明堂歌》《宋宗廟登歌》《宋章廟樂舞歌》《宋世祖廟歌》	
			燕射歌辭（1題）	《宋四廂樂歌》	
			鼓吹曲辭（17題）	《上邪曲》《晚芝曲》《艾如張曲》《朱路篇》《思悲公篇》《雍離篇》《戰城南篇》《巫山高篇》《上陵者篇》《將進酒篇》《君馬篇》《芳樹篇》《有所思篇》《雉子游原澤篇》《臨高臺篇》《遠期篇》《石流篇》	
			橫吹曲辭（1題）	《梅花落》	
			相和歌辭（39題）	《日出東南隅行》《長歌行》《苦寒行》《善哉行》《折楊柳行》《上留田行》《泰山吟》《猛虎行》《相逢行》《塘上行》《卻東西門行》《燕歌行》《鞠歌行》《豫章行》《隴西行》《順東西門行》《蒿里》《輓歌》《採桑》《王昭君》《東門行》《放歌行》《煌煌京洛行》《門有車馬客行》《白頭吟》《東武吟行》《江南思》《楚妃歎》《置酒高堂上》《從軍行》《相逢狹路間》《長安有狹斜行》《三婦豔詩》《秋胡行》《青青河畔草》《飛來雙白鵠》《豔歌行》《棹歌行》《怨詩行》	
			清商曲辭（27題）	《吳歌》《丁督護歌》《華山畿》《讀曲歌》《宿阿曲》《道君曲》《聖郎曲》《嬌女詩》《白石郎曲》《青溪小姑曲》《湖就姑曲》《姑恩曲》《採	

				菱童曲》《明下童曲》《同生曲》《石城樂》《烏夜啼》《莫愁樂》《襄陽樂》《壽陽樂》《西烏夜飛》《採菱歌》《陽春歌》《簫史曲》《子夜歌》《子夜四時歌》《上聲歌》	
			舞曲歌辭（19 題）	《前舞歌》《後舞歌》《皇業頌》《聖祖頌》《明君大雅》《通國風》《天符頌》《明德頌》《帝圖頌》《龍躍大雅》《淮祥風》《宋世大雅》《治兵大雅》《白紵篇大雅》《淮南王》《宋白紵舞歌詩》《白紵曲》《白紵歌》《宋鳳凰銜書伎辭》	
			琴曲歌辭（7 題）	《雉朝飛操》《幽蘭》《別鶴操》《楚朝曲》《楚明妃曲》《胡笳曲》《秋風》	
			雜曲歌辭（27 題）	《出自薊北門行》《君子有所思行》《悲哉行》《白馬篇》《升天行》《松柏篇》《會吟行》《北風行》《苦熱行》《春日行》《朗月行》《堂上歌行》《前緩聲歌》《緩歌行》《結客少年場行》《游子移》《鳴雁行》《空城雀》《自君之出矣》《長相思》《行路難》《長別離》《杞梁妻》《冉冉孤生竹》《淫思古意》《夜坐吟》《楊花曲》	
			雜歌謠辭（7 題）	《扶風歌》《中興歌》《勞歌》《王子年歌》《宋時謠》《宋大明中謠》《宋元嘉中魏帝童謠》	
		確考題名（無辭，2 題）	《樂府詩集》解題（2 題）	《懊儂歌》《後緩聲歌》	
	《樂府詩集》未收題名（18 題）	確考題名（有辭，6 題）	《鮑參軍集注》（5 題）	《代少年時至衰老行》《代陽春登荊山行》《代貧賤苦愁行》《代邊居行》《代邽街行》	

			《初學記》（1題）	《七廟迎神辭》	
		確考題名（無辭，12題）	《宋書》（5題）	《肆夏》《永至》《永安》《鞞舞》《舞馬歌》	
			《南齊書》（2題）	《饗地神辭》《先農饗神詩》	
			《樂府古題要解》（5題）	《前有樽酒行》《陳歌行》《越謠行》《前後聲歌》《代後移歌》	
南朝齊樂府詩題名	《樂府詩集》已收題名（90題）	確考題名（有辭，88題）	郊廟歌辭（6題）	《齊南郊樂歌》《齊北郊樂歌》《齊明堂樂歌》《齊雩祭樂歌》《齊籍田樂歌》《齊太廟樂歌》	
			燕射歌辭（1題）	《齊四廂樂歌》	
			鼓吹曲辭（14題）	《元會曲》《郊祀曲》《鈞天曲》《入朝曲》《出藩曲》《校獵曲》《從戎曲》《送遠曲》《登山曲》《泛水曲》《有所思》《臨高臺》《巫山高》《芳樹》	
			相和歌辭（7題）	《銅雀妓》《三婦豔詩》《蒲生行》《秋胡行》《青青河畔草》《蒲坂行》《玉階怨》	
			清商曲辭（6題）	《估客樂》《楊叛兒》《陽春歌》《簫史曲》《子夜歌》《子夜四時歌》	
			舞曲歌辭（24題）	《前舞階步歌》《前舞凱容歌》《後舞階步歌》《後舞凱容歌》《明君辭》《聖主曲辭》《齊鐸舞歌》《齊公莫舞辭》《白鳩辭》《濟濟辭》《獨祿辭》《碣石辭》《淮南王辭》《齊白紵辭》《齊世昌辭》《明王曲》《聖君曲》《淥水曲》《採菱曲》《清楚引》《長歌引》《散曲》《俳歌辭》《齊鳳凰銜書伎辭》	

			琴曲歌辭（2題）	《白雪歌》《淥水曲》	
			雜曲歌辭（21題）	《白馬篇》《仙人覽六著篇》《神仙篇》《齊歌行》《少年子》《望城行》《自君之出矣》《行路難》《南郡歌》《邯鄲才人嫁為廝養卒婦》《思公子》《王孫遊》《陽翟新聲》《曲池水》《永明樂》《邯鄲行》《秋夜長》《憂旦吟》《江上曲》《江皋曲》《法壽樂》	
			雜歌謠辭（7題）	《京兆歌》《左馮翊歌》《李夫人及貴人歌》《中山孺子妾歌》《臨江王節士歌》《蘇小小歌》《白日歌》	
		確考題名（無辭，1題）	《樂府詩集》解題（1題）	《中朝曲》	
		待考題名（有辭，1題）	雜曲歌辭（1題）	《吳趨行》	
	《樂府詩集》未收題名（3題）	確考題名（有辭，3題）	《江文通集》（3題）	《牲出入歌》《薦豆呈毛血歌辭》《奏宣列之樂歌舞》	
南朝梁樂府詩題名	《樂府詩集》已收題名（355題）	確考題名（有辭，303題）	郊廟歌辭（6題）	《梁雅樂歌》《梁南郊登歌》《梁北郊登歌》《梁宗廟登歌》《梁明堂登歌》《梁小廟樂歌》	
			燕射歌辭（1題）	《梁三朝雅樂歌》	
			鼓吹曲辭（25題）	《木紀謝》《賢首山》《桐柏山》《道亡》《忱威》《漢東流》《鶴樓峻》《昏主恣淫慝》《石首局》《期運集》《於穆》《惟大梁》《朱鷺》《上之回》《戰城南》《巫山高》《將進酒》《芳樹》《有所思》《雉子班》《臨高臺》《遠期》《玄雲》《釣竿》《釣竿篇》	

			橫吹曲辭（34題）	《企喻歌辭》《琅琊王歌辭》《鉅鹿公主歌辭》《紫騮馬歌辭》《黃淡思歌辭》《地驅歌樂辭》《雀勞利歌辭》《慕容垂歌辭》《隴頭流水歌辭》《隔谷歌》《淳于王歌》《地驅樂歌》《東平劉生歌》《紫騮馬歌》《捉搦歌》《折楊柳歌辭》《幽州馬客吟歌辭》《折楊柳枝歌》《慕容家自魯企由谷歌》《隴頭歌辭》《高陽樂人歌》《雍臺》《隴頭水》《入關》《出塞》《折楊柳》《關山月》《洛陽道》《長安道》《梅花落》《紫騮馬》《驄馬》《驄馬驅》《劉生》	
			相和歌辭（69題）	《公無渡河》《宮引》《商引》《角引》《徵引》《羽引》《江南思》《江南曲》《江南可採蓮》《度關山》《對酒》《雞鳴篇》《雞鳴高樹巔》《烏生八九子》《城上烏》《陌上桑》《採桑》《羅敷行》《日出東南隅行》《王昭君》《明君詞》《昭君歎》《楚王吟》《楚妃歎》《楚妃吟》《楚妃曲》《王子喬》《蜀國弦》《長歌行》《短歌行》《銅雀妓》《當置酒》《雙桐生空井》《君子行》《燕歌行》《從軍行》《豫章行》《相逢行》《相逢狹路間》《長安有狹斜行》《三婦豔詩》《中婦織流黃》《塘上行苦辛篇》《江蘺生幽渚》《善哉行》《隴西行》《東西門行》《卻東西門行》《飲馬長城窟行》《青青河畔草》《泛舟橫大江》《上留田行》《新城安樂宮》《雁門太守行》《飛來雙白鶴》《豔歌行》《煌煌京洛行》《月重輪行》《蜀道難》《棹歌行》《蒲坂行》《胡	

				無人行》《梁甫吟》《東武吟行》《怨詩》《怨歌行》《明月照高樓》《長門怨》《班婕妤》	
			清商曲辭（42 題）	《子夜四時歌》《子夜變歌》《上聲歌》《歡聞歌》《歡聞變歌》《前溪歌》《阿子歌》《丁督護歌》《團扇郎》《烏夜啼》《烏棲曲》《雍州曲》《襄陽蹋銅蹄》《攀楊枝》《白附鳩》《白浮鳩》《楊叛兒》《江南弄》《龍笛曲》《採蓮曲》《鳳笙曲》《採菱曲》《游女曲》《朝雲曲》《江南曲》《趙瑟曲》《秦箏曲》《陽春曲》《陽春歌》《鳳臺曲》《桐柏曲》《方丈曲》《方諸曲》《玉龜曲》《金丹曲》《金陵曲》《上雲樂》《應王受圖曲》《臣道曲》《積惡篇》《積善篇》《宴酒篇》	
			舞曲歌辭（12 題）	《大壯舞歌》《大觀舞歌》《明之君》《明主曲》《明君曲》《梁鐸舞歌》《梁拂舞歌》《臨碣石》《小臨海》《梁白紵辭》《白紵歌》《四時白紵歌》	
			琴曲歌辭（16 題）	《白雪歌》《湘夫人》《霹靂引》《雉朝飛操》《思歸引》《雙燕離》《貞女引》《別鶴》《走馬引》《龍丘引》《渡易水》《昭君怨》《淥水曲》《胡笳曲》《秋風》《綠竹》	
			雜曲歌辭（81 題）	《蛺蝶行》《君子有所思行》《悲哉行》《妾薄命》《當壚曲》《美女篇》《白馬篇》《升天行》《神仙篇》《升仙篇》《鬥雞篇》《採菊篇》《閶闔篇》《齊謳行》《吳趨行》《苦熱行》《前緩聲歌》《結客少年場行》《少年子》《長安少年行》《輕薄篇》	

				《俠客篇》《行行遊且獵篇》《東飛伯勞歌》《晨風行》《滄海雀》《雀乳空井中》《車遙遙》《自君之出矣》《長相思》《行路難》《古別離》《生別離》《荊州樂》《茱萸女》《秦王卷衣》《愛妾換馬》《棗下何纂纂》《薄暮動絃歌》《羽觴飛上苑》《桂楫泛河中》《武溪深行》《半渡溪》《半路溪》《妾安所居》《思公子》《金樂歌》《樂未央》《南征曲》《發白馬》《濟黃河》《短簫》《伍子胥》《清涼》《陵雲臺》《建興苑》《採荷調》《永明樂》《起夜來》《獨不見》《攜手曲》《邯鄲歌》《大垂手》《小垂手》《夜夜曲》《遙夜吟》《寒夜怨》《獨處愁》《春江行》《桃花曲》《映水曲》《登樓曲》《迎客曲》《送客曲》《送歸曲》《芳林篇》《上林》《夾樹》《樹中草》《城上麻》《雜曲》	
			雜歌謠辭（17 題）	《百里奚歌》《未央才人歌》《行幸甘泉宮》《河中之水歌》《雲歌》《淫豫歌》《挾琴歌》《鄱陽歌》《北軍歌》《雍州歌》《始興王歌》《夏侯歌》《山陰謠》《梁時童謠》《梁武帝時謠》《梁大同中童謠》《梁末童謠》	
		確考題名（無辭，28 題）	《樂府詩集》敘論和解題（28 題）	《大白淨皇太子》《小白淨皇太子》《掄臺》《胡遵》《利丘女》《單迪歷》《魯爽》《半和企喻》《比敦》《胡度來》《巾舞》《陽陵》《白露》《朝日》《魚麗》《白水》《駕辯》《下里》《巴人》《雅歌行》《勞歌行》《緩歌行》《放歌行》《浩歌行》《相思曲》《莫愁樂》《襄陽樂》《壽陽樂》	

		待考題名（有辭，24題）	清商曲辭（21題）	《三洲歌》《採桑度》《江陵樂》《共戲樂》《安東平》《那呵灘》《孟珠》《翳樂》《青陽度》《青驄白馬》《女兒子》《來羅》《夜黃》《夜度娘》《長松標》《雙行纏》《黃督》《平西樂》《尋陽樂》《拔蒲》《作蠶絲》	
			雜曲歌辭（1題）	《越城曲》	
			雜歌謠辭（2題）	《一旦歌》《箜篌謠》	
	《樂府詩集》未收題名（19題）	確考題名（有辭，1題）	《藝文類聚》（1題）	《登高臺》	
		確考題名（無辭，18題）	《隋書》（11題）	《元貞》《善哉》《大樂》《大歡》《天道》《仙道》《神王》《龍王》《滅過惡》《除愛水》《斷苦輪》	
			《通典》（4題）	《別江南》《江南歌》《商旅行》《常林歡》	
			《樂府古題要解》（3題）	《獨垂手》《華陰山》《老年行》	
南朝陳樂府詩題名	《樂府詩集》已收題名（93題）	確考題名（有辭，91題）	郊廟歌辭（1題）	《陳太廟舞辭》	
			鼓吹曲辭（11題）	《朱鷺》《艾如張》《上之回》《戰城南》《巫山高》《君馬黃》《芳樹》《有所思》《雉子班》《臨高臺》《釣竿篇》	
			橫吹曲辭（13題）	《隴頭》《隴頭水》《折楊柳》《關山月》《洛陽道》《長安道》《梅花落》《紫騮馬》《驄馬驅》《雨雪》《雨雪曲》《劉生》《橫吹曲》	
			相和歌辭（29題）	《公無渡河》《度關山》《對酒》《晨雞高樹鳴》《採桑》《豔歌行》《羅敷行》《日出東南隅行》《明君詞》《銅雀	

				臺》《從軍行》《從軍五更轉》《長安有狹斜行》《三婦豔詩》《中婦織流黃》《飲馬長城窟行》《泛舟橫大江》《婦病行》《置酒高殿上》《飛來雙白鶴》《今日樂相樂》《豔歌行》《煌煌京洛行》《門有車馬客行》《蜀道難》《白頭吟》《梁甫吟》《怨詩》《班婕妤》	
			清商曲辭（11 題）	《玉樹後庭花》《烏棲曲》《棲烏曲》《估客樂》《三洲歌》《楊叛兒》《採蓮曲》《陽春歌》《簫史曲》《方諸曲》《桃葉歌》	
			琴曲歌辭（4 題）	《天馬引》《荊軻歌》《昭君怨》《宛轉歌》	
			雜曲歌辭（17 題）	《出自薊北門行》《神仙篇》《應龍篇》《明月子》《前有一樽酒行》《長安少年行》《輕薄篇》《東飛伯勞歌》《自君之出矣》《長相思》《舞媚娘》《內殿賦新詩》《濟黃河》《還臺樂》《燕燕于飛》《雜曲》《古曲》	
			雜歌謠辭（5 題）	《齊雲觀歌》《獨酌謠》《羈謠》《陳初童謠》《陳初時謠》	
		待考題名（有辭，2 題）	雜曲歌辭（2 題）	《西洲曲》《長干曲》	
	《樂府詩集》未收題名（31 題）	確考題名（無辭，31 題）	《隋書》（27 題）	《懋韶》《通韶》《潔韶》《穆韶》《嘉韶》《報韶》《七德》《九序》《宮引》《商引》《角引》《徵引》《羽引》《俊雅》《皇雅》《胤雅》《寅雅》《介雅》《需雅》《雍雅》《大壯》《大觀》《康韶》《變韶》《綏韶》《侑韶》《單交路》	
			《通典》（4 題）	《散華樂》《堂堂》《黃鸝留》《金釵兩臂垂》	

北魏樂府詩題名	《樂府詩集》已收題名（19題）	確考題名（有辭，16題）	鼓吹曲辭（1題）	《有所思》	東魏題名
			橫吹曲辭（1題）	《白鼻䯄》	
			相和歌辭（2題）	《羅敷行》《王子喬》	
			雜曲歌辭（6題）	《空城雀》《千里思》《楊白花》《結襪子》《安定侯曲》《敦煌樂》	
			雜歌謠辭（6題）	《咸陽王歌》《曲堤謠》《趙郡謠》《後魏宣武孝明時謠》《後魏末童謠》《東魏童謠》	《東魏童謠》為東魏題名。
		待考題名（有辭，3題）	橫吹曲辭（1題）	《木蘭詩》	
			雜曲歌辭（1題）	《沐浴子》	
			雜歌謠辭（1題）	《淫豫歌》	
	《樂府詩集》未收題名（41題）	確考題名（無辭，41題）	《魏書》（19題）	《皇始舞》《王夏》《神祚》《陛步》《總章》《八佾舞》《雲和舞》《大武舞》《皇矣》《維皇》《天祚》《真人代歌》《肆夏》《文始》《五行》《勺舞》《崇德》《章烈》《中山王樂》	
			《隋書》（1題）	《簸邏回歌》	
			《通典》（6題）	《慕容可汗》《吐谷渾》《部落稽》《鉅鹿公主》《白淨王太子》《企俞》	
			《隋書》（15題）	《皇夏》《肆夏》《昭夏》《納夏》《章夏》《深夏》《族夏》《陔夏》《驁夏》《雲門》《大咸》《大韶》《大夏》《大護》《狸首》	此為西魏用樂
北齊樂府詩題名	《樂府詩集》已收題名（28題）	確考題名（有辭，28題）	郊廟歌辭（5題）	《北齊南郊樂歌》《北齊北郊樂歌》《北齊五郊樂歌》《北齊明堂樂歌》《北齊享廟樂辭》	

			燕射歌辭（1題）	《北齊元會大饗歌》	
			相和歌辭（3題）	《輓歌》《棹歌行》《中婦織流黃》	
			舞曲歌辭（4題）	《文舞階步辭》《武舞階步辭》《文舞辭》《武舞辭》	
			雜曲歌辭（3題）	《美女篇》《思公子》《永世樂》	
			雜歌謠辭（12題）	《挾瑟歌》《鄭公歌》《敕勒歌》《邯鄲郭公歌》《北齊太上時童謠》《北齊鄴都童謠》《北齊武定中童謠》《北齊文宣時謠》《北齊後主武平初童謠》《北齊後主武平中童謠》《北齊後主武平末童謠》《北齊末鄴中童謠》	
	《樂府詩集》未收題名（24題）	確考題名（無辭，24題）	《隋書》（21題）	《水德謝》《出山東》《戰韓陵》《殄關隴》《滅山胡》《立武定》《戰芒山》《擒蕭明》《破侯景》《定汝潁》《克淮南》《嗣丕基》《聖道洽》《受魏禪》《平瀚海》《服江南》《刑罰中》《遠夷至》《嘉瑞臻》《成禮樂》《無愁曲》	
			《舊唐書》（2題）	《伴侶曲》《蘭陵王入陣曲》	
			《教坊記》（1題）	《踏謠娘》	
北周樂府詩題名	《樂府詩集》已收題名（40題）	確考題名（有辭，40題）	郊廟歌辭（5題）	《周祀圜丘歌》《周祀方澤歌》《周祀五帝歌》《周宗廟歌》《周大袷歌》	
			燕射歌辭（1題）	《周五聲調曲》	
			橫吹曲辭（4題）	《出塞》《入塞》《關山月》《長安道》	
			相和歌辭（14題）	《對酒》《日出東南隅行》《日出行》《王昭君》《明君詞》《昭君詞》《短歌行》《燕歌	

				行》《從軍行》《遠征人》《長安有狹斜行》《飲馬長城窟行》《牆上難為趨》《怨歌行》	
			清商曲辭（2 題）	《烏夜啼》《賈客詞》	
			雜曲歌辭（11 題）	《輕舉篇》《遊俠篇》《陵雲臺》《古曲》《高句麗》《出自薊北門行》《苦熱行》《結客少年場行》《舞媚娘》《步虛詞》《霜婦吟》	
			雜歌謠辭（3 題）	《勞歌》《裴公歌》《周宣帝歌》	
	《樂府詩集》未收題名（12 題）	確考題名（有辭，1 題）	《庾開府集箋注》（1 題）	《楊柳歌》	
		確考題名（無辭，11 題）	《隋書》（10 題）	《大夏》《大護》《正德》《武德》《山雲》《肆夏》《驁夏》《納夏》《族夏》《深夏》	
			《通典》（1 題）	《城舞》	

六、隋代樂府詩題名統計表

類　別		出　處	題　名
《樂府詩集》已收題名（79 題）	確考題名（有辭，75 題）	郊廟歌辭（12 題）	《隋圜丘歌》《隋五郊歌》《隋感帝歌》《隋雩祭歌》《隋蠟祭歌》《隋朝日夕月歌》《隋方丘歌》《隋神州歌》《隋社稷歌》《隋先農歌》《隋先聖先師歌》《隋太廟歌》
		燕射歌辭（4 題）	《隋元會大饗歌》《隋宴群臣登歌》《隋皇后房內歌》《隋大射登歌》
		鼓吹曲辭（6 題）	《述帝德》《述諸軍用命》《述天下太平》《上之回》《有所思》《臨高臺》
		橫吹曲辭（5 題）	《出塞》《入塞》《長安道》《驄馬》《劉生》
		相和歌辭（11 題）	《日出東南隅行》《昭君詞》《蜀國弦》《短歌行》《從軍行》《豫章行》《相逢狹路間》《飲馬長城窟行》《野田黃雀行》《門有車馬客行》《棹歌行》

		清商曲辭（4題）	《春江花月夜》《泛龍舟》《採蓮曲》《陽春歌》
		舞曲歌辭（2題）	《隋文武舞歌》《四時白紵歌》
		琴曲歌辭（4題）	《霹靂引》《猗蘭操》《飛龍引》《成連》
		雜曲歌辭（19題）	《美女篇》《白馬篇》《升天行》《神仙篇》《結客少年場行》《遊俠篇》《東飛伯勞歌》《鳴雁行》《自君之出矣》《棗下何纂纂》《濟黃河》《芙蓉花》《浮遊花》《錦石搗流黃》《河曲遊》《城南隅宴》《喜春遊歌》《敦煌樂》《步虛詞》
		近代曲辭（4題）	《紀遼東》《昔昔鹽》《江都宮樂歌》《十索》
		雜歌謠辭（4題）	《長白山歌》《東征歌》《玉漿泉謠》《隋煬帝大業中童謠》
	確考題名（無辭，1題）	《樂府詩集》解題（1題）	《水調河傳》
	待考題名（有辭，3題）	雜曲歌辭（3題）	《長相思》《于闐採花》《飲酒樂》
《樂府詩集》未收題名（43題）	確考題名（無辭，43題）	《隋書》（40題）	《高祖廟歌》《並契》《神白馬》《萬世豐》《于闐佛曲》《萬歲樂》《藏鉤樂》《七夕相逢樂》《投壺樂》《舞席同心髻》《玉女行觴》《神仙留客》《擲磚續命》《鬥雞子》《鬥百草》《還舊宮》《長樂花》《十二時》《聖明樂》《善善摩尼》《婆伽兒》《小天》《疏勒鹽》《沙石疆》《天曲》《戢殿農和正》《賀蘭缽鼻始》《末奚波地》《農惠缽鼻始》《前拔地惠地》《亢利死讓樂》《遠服》《鹽曲》《附薩單時》《末奚》《居和祇》《芝棲》《歌芝棲》《單交路》《散花》
		《舊唐書》（2題）	《白淨皇太子》《踏謠娘》
		《樂府雜錄校注》（1題）	《安公子》

七、唐代樂府詩題名統計表

類　別		出　處	題　名	備註
《樂府詩集》已收題名（745 題）	確考題名（有辭，730 題）	郊廟歌辭（47 題）	《唐郊天樂章》《唐享孔子廟樂章》《唐祀圜丘樂章》《唐祈穀樂章》《唐明堂樂章》《唐雩祀樂章》《唐五郊樂章》《唐朝日樂章》《唐夕月樂章》《唐蠟百神樂章》《唐祭方丘樂章》《唐祭神州樂章》《唐祭太社樂章》《唐享先農樂章》《唐享太廟樂章》《唐享隱太子廟樂章》《唐享先蠶樂章》《唐享昊天樂》《唐明堂樂章》《唐大享拜洛樂章》《唐武后享清廟樂章》《唐武氏享先廟樂章》《唐享章懷太子廟樂章》《唐享懿德太子廟樂章》《唐韋氏褒德廟樂章》《唐祀昊天樂章》《唐儀坤廟樂章》《唐享節愍太子廟樂章》《唐祭五方樂章》《唐享龍池樂章》《唐祭汾陰樂章》《唐祀圜丘樂章》《唐封泰山樂章》《唐禪社首樂章》《唐釋奠文宣王樂章》《唐讓皇帝廟樂章》《唐太清宮樂章》《唐德明興聖廟樂章》《唐祀九宮貴神樂章》《唐祀風師樂章》《唐祀雨師樂章》《唐釋奠武成王樂章》《唐昭德皇后廟樂章》《唐享文敬太子廟樂章》《唐享惠昭太子廟樂章》《天馬歌》《天馬辭》	《唐享太廟樂章》在太宗、高宗、中宗、玄宗以及玄宗朝之後均使用，以 1 題計。
		鼓吹曲辭（19 題）	《唐凱樂歌辭》《唐凱歌》《唐鼓吹鐃歌》《朱鷺》《艾如張》《上之回》《戰城南》《巫山高》《將進酒》《君馬黃》《芳樹》《有所思》《雉子班》《臨高臺》《黃雀行》《釣竿篇》《入朝曲》《送遠曲》《泛水曲》	
		橫吹曲辭（28 題）	《隴頭》《隴頭吟》《隴頭水》《出關》《入關》《出塞》《前出塞》《後出塞》《出塞》《出塞曲》《入塞》《入塞曲》《折楊柳》《望行人》《關山月》《洛陽道》《洛陽陌》《長安道》《梅花落》《紫騮馬》《驄馬》《驄馬曲》《雨雪曲》《劉生》《雍	《出塞》2 題不同。

			臺歌》《捉搦歌》《幽州胡馬客歌》《白鼻騧》	
		相和歌辭（81 題）	《箜篌引》《公無渡河》《江南曲》《度關山》《關山曲》《登高丘而望遠》《蒿里》《輓歌》《對酒》《陌上桑》《採桑》《日出行》《王昭君》《明君詞》《昭君詞》《楚妃歎》《楚妃怨》《王子喬》《蜀國弦》《長歌行》《短歌行》《銅雀臺》《銅雀妓》《雀臺怨》《置酒行》《長歌續短歌》《猛虎行》《君子行》《燕歌行》《從軍行》《從軍有苦樂行》《苦哉遠征人》《苦哉行》《鞠歌行》《前苦寒行》《後苦寒行》《苦寒行》《北上行》《豫章行》《董逃行》《相逢行》《三婦豔詩》《中婦織流黃》《難忘曲》《塘上行》《苦辛行》《秋胡行》《善哉行》《來日大難》《當來日大難》《隴西行》《東門行》《飲馬長城窟行》《上留田行》《新城安樂宮》《安樂宮》《放歌行》《野田黃雀行》《雁門太守行》《飛來雙白鶴》《門有車馬客行》《蜀道難》《棹歌行》《胡無人行》《白頭吟》《反白頭吟》《決絕詞》《梁甫吟》《東武吟》《怨詩》《怨歌行》《明月照高樓》《長門怨》《阿嬌怨》《班婕妤》《婕妤怨》《長信怨》《蛾眉怨》《玉階怨》《宮怨》《雜怨》	
		清商曲辭（51 題）	《子夜春歌》《子夜冬歌》《子夜四時歌》《丁督護歌》《團扇郎》《碧玉歌》《懊惱曲》《讀曲歌》《春江花月夜》《玉樹後庭花》《堂堂》《三閣詞》《黃竹子歌》《江陵女歌》《神弦曲》《神弦別曲》《祠漁山神女歌》《祠神歌》《烏夜啼》《烏棲曲》《棲烏曲》《莫愁樂》《莫愁曲》《估客樂》《賈客樂》《賈客詞》《襄陽樂》《襄陽曲》《大堤曲》《大堤行》《三洲歌》《拔蒲歌》《楊叛兒》《常林歡》《江南弄》《採蓮曲》《採蓮歸》《採蓮女》《湖邊採蓮婦》《張	

			靜婉採蓮曲》《鳳笙曲》《鳳吹笙曲》《採菱曲》《採菱行》《陽春歌》《陽春曲》《朝雲引》《上雲樂》《鳳臺曲》《鳳凰曲》《君道曲》	
		舞曲歌辭（18 題）	《劍俞》《矛俞》《弩俞》《東海有勇婦》《章和二年中》《公莫舞歌》《拂舞辭》《白鳩辭》《獨漉篇》《獨漉歌》《白紵辭》《白紵歌》《冬白紵歌》《唐功成慶善樂舞辭》《唐中和樂舞辭》《霓裳辭》《柘枝詞》《屈柘詞》	
		琴曲歌辭（51 題）	《白雪曲》《湘妃》《湘妃怨》《湘妃列女操》《湘夫人》《霹靂引》《拘幽操》《越裳操》《岐山操》《履霜操》《雉朝飛操》《思歸引》《猗蘭操》《幽蘭》《將歸操》《龜山操》《殘形操》《雙燕離》《列女操》《別鶴操》《別鶴》《走馬引》《四皓歌》《昭君怨》《明妃怨》《遊春曲》《遊春辭》《淥水曲》《淥水辭》《幽居弄》《秋思》《胡笳十八拍》《飛龍引》《烏夜啼引》《宛轉歌》《宛轉行》《王敬伯歌》《三峽流泉歌》《風入松歌》《秋風引》《明月引》《明月歌》《綠竹引》《山人勸酒》《幽澗泉》《龍宮操》《飛鳶操》《升仙操》《司馬相如琴歌》《霍將軍》《琴歌》	
		雜曲歌辭（123 題）	《秦女休行》《出門行》《出自薊北門行》《薊門行》《君子有所思行》《傷歌行》《傷哉行》《悲歌行》《悲哉行》《妾薄命》《羽林行》《白馬篇》《升天行》《神仙曲》《北風行》《苦熱行》《太行苦熱行》《春日行》《朗月行》《前有一樽酒行》《緩歌行》《結客少年場行》《少年子》《少年樂》《少年行》《漢宮少年行》《長樂少年行》《長安少年行》《渭城少年行》《邯鄲少年行》《輕薄篇》《輕薄行》《灞上輕薄行》《遊俠篇》《遊俠行》《俠客行》《行行遊且獵篇》《游子吟》《壯士吟》《壯	

			士行》《浩歌》《浩歌行》《歸去來引》《麗人曲》《麗人行》《東飛伯勞歌》《鳴雁行》《空城雀》《車遙遙》《自君之出矣》《長相思》《千里思》《行路難》《從軍中行路難》《變行路難》《古別離》《古離別》《生別離》《遠別離》《久別離》《新別離》《今別離》《暗別離》《潛別離》《別離曲》《西洲曲》《荊州歌》《荊州泊》《紀南歌》《宜城歌》《長干曲》《長干行》《小長干曲》《杞梁妻》《盧女曲》《盧姬篇》《邯鄲才人嫁為廝養卒婦》《楊白花》《茱萸女》《于闐採花》《秦女卷衣》《愛妾換馬》《枯魚過河泣》《飲酒樂》《王孫遊》《發白馬》《結襪子》《沐浴子》《三臺》《突厥三臺》《宮中三臺》《江南三臺》《築城曲》《湖陰曲》《無愁果有愁曲》《起夜來》《起夜半》《獨不見》《攜手曲》《大垂手》《夜夜曲》《秋夜長》《秋夜曲》《夜坐吟》《寒夜吟》《定情篇》《定情樂》《春江曲》《江上曲》《桃花曲》《樹中草》《春遊吟》《春遊樂》《春遊曲》《樂府》《雜曲》《古曲》《高句麗》《舍利弗》《摩多樓子》《步虛詞》《步虛引》《舞媚娘》	
		近代曲辭（68 題）	《昔昔鹽》《水調》《堂堂》《涼州》《涼州詞》《伊州》《蓋羅縫》《崑崙子》《祓禊曲》《上巳樂》《金殿樂》《胡渭州》《戎渾》《牆頭花》《採桑》《楊下採桑》《破陣樂》《劍南臣》《微步郎》《歎疆場》《婆羅門》《鎮西》《長命女》《醉公子》《甘州》《濮陽女》《相府蓮》《簇拍相府蓮》《離別難》《山鷓鴣》《鷓鴣詞》《樂世》《急樂世》《何滿子》《清平調》《回波樂》《聖明樂》《大酺樂》《千秋樂》《火鳳辭》《熱戲樂》《春鶯囀》《達磨支》《如意娘》《雨霖鈴》《桂華曲》《渭城曲》《竹枝》《楊柳枝》《浪淘沙》《紇那曲》	

			《瀟湘神》《抛球樂》《太平樂》《升平樂》《金縷衣》《鳳歸雲》《拜新月》《憶江南》《宮中調笑》《轉應詞》《宮中行樂辭》《宮中樂》《踏歌詞》《踏歌行》《天長地久詞》《欸乃曲》《十二月樂辭》	
		雜歌謠辭（46 題）	《漁父歌》《雞鳴曲》《吳楚歌》《李夫人歌》《中山王孺子妾歌》《臨江王節士歌》《司馬將軍歌》《鄭櫻桃歌》《襄陽歌》《襄陽曲》《蘇小小歌》《挾瑟歌》《敕勒歌》《薛將軍歌》《顏有道歌》《新河歌》《田使君歌》《黃獐歌》《得體歌》《得寶歌》《黃臺瓜辭》《古歌》《黃曇子歌》《邯鄲郭公辭》《箜篌謠》《鄴城童子謠》《唐天寶中京師謠》《大麥行》《白鼉鳴》《唐武德初童謠》《唐貞觀中高昌國童謠》《唐永淳初童謠》《唐高宗永淳中童謠》《唐武后時童謠》《唐神龍中謠》《唐中宗時童謠》《唐景龍中謠》《唐天寶中童謠》《唐天寶中幽州謠》《唐德宗時童謠》《唐元和初童謠》《唐咸通中童謠》《唐咸通末成都童謠》《唐僖宗時童謠》《唐乾符中童謠》《唐中和初童謠》	
		新樂府辭（198 題）	《新曲》《湘川新曲》《小曲新辭》《公子行》《將軍行》《老將行》《燕支行》《桃源行》《春女行》《洛陽女兒行》《扶南曲》《笑歌行》《江夏行》《橫江詞》《靜夜思》《黃葛篇》《采葛行》《祖龍行》《鄴都引》《孟門行》《邯鄲宮人怨》《吳宮怨》《青樓曲》《中流曲》《聖壽無疆詞》《朝元引》《平蕃曲》《悲陳陶》《悲青阪》《哀江頭》《哀王孫》《兵車行》《來從竇車騎》《憶長安曲》《九曲詞》《情人玉清歌》《湘中弦》《湘弦怨》《湘弦曲》《促促曲》《促促詞》《樓上女兒曲》《青青水中蒲》《塞上曲》《塞上行》《塞上》《塞下曲》《塞下》《交河塞下曲》《汾	

			陰行》《大梁行》《洛陽行》《永嘉行》《田家行》《思遠人》《憶遠曲》《望遠曲》《夫遠征》《寄遠曲》《征婦怨》《織婦詞》《織錦曲》《織錦詞》《當窗織》《搗衣曲》《送衣曲》《寄衣曲》《淮陰行》《泰娘歌》《更衣曲》《視刀環歌》《堤上行》《競渡曲》《沓潮歌》《北邙行》《野田行》《斜路行》《雉將雛》《長安羇旅行》《羇旅行》《求仙曲》《求仙行》《結愛》《節婦吟》《楚宮行》《山頭鹿》《各東西》《湘江曲》《雀飛多》《夢上天》《君莫非》《田頭狐兔行》《人道短》《苦樂相倚曲》《捉捕歌》《採珠行》《平戎辭》《望春辭》《思君恩》《漢苑行》《燒香曲》《房中曲》《樓上曲》《湖中曲》《春懷引》《靜女春曙曲》《白虎行》《月漉漉篇》《黃頭郎》《倚瑟行》《江南別》《系樂府》《補樂歌》《補九夏歌》《上陽白髮人》《華原磬》《五弦彈》《西涼伎》《法曲》《馴犀》《立部伎》《驃國樂》《胡旋女》《蠻子朝》《縛戎人》《陰山道》《八駿圖》《七德舞》《二王後》《海漫漫》《新豐折臂翁》《太行路》《司天臺》《捕蝗》《昆明春水滿》《城鹽州》《道州民》《驪宮高》《百鍊鏡》《青石》《兩朱閣》《澗底松》《牡丹芳》《紅線毯》《杜陵叟》《繚綾》《賣炭翁》《母別子》《時世妝》《李夫人》《陵園妾》《鹽商婦》《杏為梁》《井底引銀瓶》《官牛》《紫毫筆》《隋堤柳》《草茫茫》《古冢狐》《黑潭龍》《天可度》《秦吉了》《鵶九劍》《采詩官》《漢皇迎春辭》《夜宴謠》《蓮浦謠》《遐水謠》《曉仙謠》《水仙謠》《東峰歌》《罩魚歌》《生禖屏風歌》《湘宮人歌》《太液池歌》《雞鳴埭歌》《雉場歌》《東郊行》《春野行》《吳苑行》《塞寒行》《臺城曉朝曲》《走馬樓三更曲》《春曉曲》《惜春詞》

			《春愁曲》《春洲曲》《晚歸曲》《湘東宴曲》《照影曲》《舞衣曲》《故城曲》《蘭塘辭》《碌碌古辭》《昆明池水戰辭》《獵騎辭》《樂府雜詠》《正樂府十篇》	
	待考題名（有辭，15 題）	橫吹曲辭（1 題）	《木蘭詩》	
		雜曲歌辭（1 題）	《上皇三臺》	
		近代曲辭（13 題）	《大和》《陸州》《簇拍陸州》《石州》《雙帶子》《穆護砂》《思歸樂》《戰勝樂》《塞姑》《水鼓子》《浣沙女》《回紇》《一片子》	
《樂府詩集》未收題名（635 題）	確考題名（有辭，115 題）	《盧照鄰集》（1 題）	《中和樂》	
		《張說集》（1 題）	《舞馬千秋萬歲樂府詞》	
		《李太白全集》（4 題）	《擬古》《春思》《搗衣篇》《去婦詞》	
		《儲光羲集》（1 題）	《明妃曲》	
		《王建詩集》（2 題）	《古從軍》《涼州行》	
		《高適詩集》（1 題）	《古樂府飛龍曲》	
		《劉禹錫全集》（29 題）	《順陽歌》《馬嵬行》《莫傜歌》《蠻子歌》《洞庭秋月行》《華清詞》《魏宮詞》《九華山》《送春曲》《初夏曲》《柳花詞》《送春詞》《秋詞》《秋扇詞》《七夕》《龍陽縣歌》《度桂嶺歌》《插田歌》《佘田作》《蒲桃歌》《鵾鳩吟》《牆陰歌》《觀雲篇》《百花行》《春有情篇》《路傍曲》《白鷺兒》《邊風行》《代靖安佳人怨》	
		《孟東野詩集》（29 題）	《送遠吟》《靜女吟》《歸信吟》《山老吟》《小隱吟》《苦寒吟》《猛將吟》《楚竹吟酬盧虔端公見和湘弦怨》《遠愁曲》《貧女詞寄從叔先簡輩》《邊城吟》《新平歌送許問》	

			《殺氣不在邊》《絃歌行》《覆巢行》《楚怨》《塘下行》《臨池曲》《閒怨》《古意》《黃雀吟》《嬋娟篇》《南浦篇》《清東曲》《和丁助教塞上吟》《古怨別》《勸善吟》《望夫石》《寒江吟》	
		《元稹集》（23題）	《連昌宮詞》《望雲騅馬歌》《有鳥》《有酒》《華之巫》《廟之神》《村花晚》《紫躑躅》《山枇杷》《樹上烏》《琵琶歌》《小胡笳引》《去杭州》《南家桃》《志堅師》《答子蒙》《辛夷花》《廳前柏》《夜別筵》《三泉驛》《何滿子歌》《通州丁溪館夜別李景信》《酬鄭從事四年九月宴望海亭次用舊韻》	
		《曹鄴詩注》（2題）	《薊北門行》《薄命妾》	
		《禪月集》（4題）	《讀離騷經》《洛陽塵》《夢遊仙》《富貴曲》	
		《唐甫里先生文集》（1題）	《大堤》	
		《御覽詩》（1題）	《新樂府》	
		《教坊記》（13題）	《泛龍舟》《柳青娘》《感皇恩》《皇帝感》《憶漢月》《定風波》《獻忠心》《送征衣》《西江月》《望月婆羅門》《竹枝子》《破陣子》《贊普子》	
		《初學記》（2題）	《太廟裸地歌辭》《宗廟九德之歌辭》	
	確考題名（無辭，515題）	《舊唐書》（23題）	《安樂》《承天樂》《白雪歌》《六合還淳》《聖壽樂》《側堂堂》《英王石州》《神宮大樂》《越古長年樂》《長壽樂》《天授樂》《鳥歌萬歲樂》《桑條歌》《靈夔吼》《雕鶚爭》《石墜崖》《壯士怒》《光聖樂》《小破陣樂》《廣平樂》《定難曲》《繼天誕聖樂》《奉聖樂舞》	

		《新唐書》（41題）	《治康》《化康》《元和》《休和》《正和》《傾杯曲》《樂社樂曲》《英雄樂曲》《黃驄疊曲》《上元》《二儀》《三才》《四時》《五行》《六律》《七政》《八風》《九宮》《十洲》《得一》《慶雲》《夷來賓》《夜半樂》《還京樂》《文成曲》《玄真道曲》《大羅天曲》《紫清上聖道曲》《景雲》《九真》《小長壽》《承天》《順天樂》《君臣相遇樂》《荔枝香》《寶應長寧樂》《廣平太一樂》《順聖樂》《萬斯年曲》《播皇猷》《蔥嶺西曲》	
		《樂府雜錄》（19題）	《打球樂》《北庭》《摴蒱》《火祆》《阿連》《劍器》《胡旋》《胡騰》《蘇合香》《團圓旋》《落梅花》《勒部羝曲》《文敘子》《賜緋調》《新傾杯樂》《道調子》《雍熙》《缽頭》《康老子》	
		《教坊記》（266題）	《五天》《垂手羅》《蘭陵王》《半社渠》《借席》《黃鸎》《拂林》《大渭州》《踏謠娘》《獻天花》《和風柳》《美唐風》《透碧空》《巫山女》《度春江》《眾仙樂》《龍飛樂》《慶雲樂》《繞殿樂》《泛舟樂》《清平樂》《放鷹樂》《天下樂》《同心樂》《賀聖朝》《奉聖樂》《泛玉池》《春光好》《迎春花》《鳳樓春》《負陽春》《帝臺春》《繞池春》《滿園春》《杜韋娘》《柳含煙》《簪楊柳》《倒垂柳》《浣溪沙》《撒金沙》《紗窗恨》《金蓑嶺》《隔簾聽》《恨無媒》《望梅花》《好郎君》《別趙十》《憶趙十》《念家山》《紅羅襖》《摘得新》《北門西》《煮羊頭》《河瀆神》《二郎神》《醉鄉遊》《醉花間》《燈下見》《泰邊陲》《太白星》《剪春羅》《會嘉賓》《當庭月》《思帝鄉》《醉思鄉》《歸國遙》《戀皇恩》《戀情深》《憶先皇》《聖無憂》《木蘭花》《更漏長》《菩薩蠻》《破南蠻》《八拍蠻》《芳草洞》《守陵宮》《臨	《火祆》《阿連》《劍器》《胡旋》《胡騰》《蘇合香》《團圓旋》已見《樂府雜錄》，不再重複計入。

			江仙》《虞美人》《映山紅》《臥沙堆》《怨黃沙》《遐方怨》《怨胡天》《送行人》《望梅愁》《阮郎迷》《牧羊怨》《掃市舞》《羅裙帶》《同心結》《一撚鹽》《阿也黃》《劫家雞》《綠頭鴨》《下水船》《留客住》《喜長新》《羌心怨》《女王國》《繚踏歌》《天外聞》《賀皇化》《五雲仙》《滿堂花》《南天竺》《定西蕃》《荷葉杯》《感庭秋》《月遮樓》《感恩多》《上行杯》《喜春鶯》《大獻壽》《鵲踏枝》《萬年歡》《曲玉管》《謁金門》《巫山一段雲》《西河師子》《西河劍器》《怨陵三臺》《儒士謁金門》《武士朝金闕》《摻弄》《麥秀兩歧》《金雀兒》《滻水吟》《玉搔頭》《鸚鵡杯》《路逢花》《初漏歸》《相見歡》《遊春苑》《黃鍾樂》《訴衷情》《折紅蓮》《洞仙歌》《長慶樂》《喜回鑾》《漁父引》《喜秋天》《大郎神》《夢江南》《靜戎煙》《上韻》《中韻》《下韻》《普恩光》《戀情歡》《七星管》《朝天樂》《木笪》《看月宮》《宮人怨》《拂霓裳》《駐徵遊》《泛濤溪》《胡相問》《廣陵散》《帝歸京》《喜還京》《遊春夢》《柘枝引》《留諸錯》《黃羊兒》《蘭陵王》《小秦王》《花王發》《大明樂》《望遠行》《思友人》《唐四姐》《放鶻樂》《南歌子》《八拍子》《魚歌子》《七夕子》《十拍子》《措大子》《風流子》《吳吟子》《朱查子》《胡醉子》《山花子》《水仙子》《綠鈿子》《金錢子》《天仙子》《赤棗子》《千秋子》《心事子》《胡蝶子》《沙磧子》《酒泉子》《迷神子》《剉碓子》《麻婆子》《紅娘子》《甘州子》《刺曆子》《鎮西子》《北庭子》《採蓮子》《劍器子》《師子》《女冠子》《仙鶴子》《穆護子》《蕃將子》《回戈子》《帶竿子》《摸魚子》《南鄉子》《大呂子》《南浦子》《撥棹子》《曹大子》《引角子》《隊	

			踏子》《水沽子》《化生子》《金娥子》《拾麥子》《多利子》《毗砂子》《上元子》《西溪子》《劍閣子》《嵇琴子》《奠壁子》《胡攢子》《唧唧子》《玩花子》《西國朝天》《踏金蓮》《薄媚》《賀聖樂》《伴侶》《胡僧破》《平蕃》《相駝逼》《呂太后》《大寶》《一斗鹽》《羊頭神》《大姊》《舞大姊》《急月記》《斷弓弦》《碧霄吟》《穿心蠻》《羅步底》《千春樂》《龜茲樂》《醉渾脫》《映山雞》《昊破》《四會子》《舞春風》《迎春風》《看江波》《寒雁子》《又中春》《玩中秋》《迎仙客》	
		《通典》（11 題）	《行天》《大定樂》《上林》《鳳雛》《平調》《清調》《瑟調》《平摺》《命嘯》《巴渝》《驍壺》	
		《唐會要》（155 題）	《勝蠻奴》《寶慶》《聖主還京樂》《五更轉樂》《萬歲長生樂》《飲酒樂》《鬥百草樂》《雲韶樂》《混成》《太一》《金華洞真》《歸聖曲》《欽明引》《燕山騎》《寶倫光》《紫雲騰》《歸真》《白蛤鹽》《合浦明珠》《無疆壽》《玉京春》《元昭慶》《急金華洞真》《萬宇清》《仙雲升》《九仙》《天冊》《永昌樂》《永代樂》《冬樂》《萬國歡》《封禪曜日光》《九野歡》《泛金波》《慶惟新》《司晨寶雞》《神鵲鹽》《布陽春》《懷思引》《歡心樂》《山香樂》《年年樂》《武成升平樂》《興明樂》《人天雲》《卷白雲》《遼帝釋》《萬歲樂》《芳桂林》《大仙都》《躍泉魚》《日重輪》《未央年》《芳林苑》《瓊臺花》《寶廷引》《太和萬壽樂》《天統九勝樂》《元妃》《真元妃樂》《急元妃》《太監女採樂》《真女採樂》《山水白鷴》《春楊柳》《天禽寶引》《大同樂》《六合來庭》《安平樂》《戎服來賓》《紅藍花》《神仙》《舞鶴鹽》《道曲》《垂拱樂》《九仙步虛》《飛仙》《欽明引》《玉京	

			寶輪光》《曜日光》《來賓引》《儀鳳》《升朝陽》《芳苑墟》《北戎還淳》《金風》《慶淳風》《天地大寶》《迎天歡心樂》《凌波神》《九成樂》《月殿蟬曲》《山香會》《羅仙迎祥》《翊聖》《長歡》《玉關引》《祥雲飛》《真火鳳》《媚娘長命》《西河》《三臺監（鹽）》《急行天》《濮陽女神》《白馬》《春臺東》《文明新造》《荷來蘇》《綠沉杯》《赤白桃李花》《大白紵》《封山樂》《蘭山吹》《天長寶壽》《來賓引》《靜邊引》《金方引》《三輔安》《無為》《文武九華》《急九華》《大疊瑞蟬曲》《北雒歸淳》《春鶯轉吹》《急蘭山》《洞靈章》《天統》《明鳳樂》《真明鳳》《阿濫堆》《紫府洞真》《迎天樂》《蟬曲》《山香月殿》《同昌還城樂》《神雀鹽》《歡心樂》《流水芳菲》《上雲曲》《自然真仙曲》《明明曲》《難思曲》《平珠曲》《有道曲》《調元曲》《立政曲》《獻壽曲》《高明曲》《開天曲》《閒雅曲》《多稼曲》《金鏡曲》《聖朝萬歲樂》《歎百年舞曲》《贊成功》	
		《樂府詩集》解題（5題）	《祴和》《豐和》《長生樂》《望瀛》《獻仙音》	
		《宣室志》（1題）	《紫雲曲》	
	疑似題名（有辭，5題）	《張籍集》（1題）	《憶遠》	
		《白居易詩集》（1題）	《慈烏夜啼》	
		《李長吉歌詩》（1題）	《神弦》	
		《曹鄴詩注》（1題）	《樂府體》	
		《初學記》（1題）	《置酒坐飛閣詩》	

八、五代樂府詩題名統計表

類別		出處	題名	備注
《樂府詩集》已收題名（9題）	確考題名（有辭，9題）	郊廟歌辭（6題）	《梁郊祀樂章》《梁太廟樂舞辭》《後唐宗廟樂舞辭》《漢宗廟樂舞辭》《周郊祀樂章》《周宗廟樂舞辭》	
		燕射歌辭（2題）	《晉朝饗樂章》《周朝饗樂章》	
		舞曲歌辭（1題）	《晉昭德成功舞歌》	
《樂府詩集》未收題名（32題）	確考題名（無辭，32題）	《舊五代史》（32題）	《崇德之舞》《咸和之舞》《元同之樂》《文同之樂》《霓裳法曲》《治安之舞》《振德之舞》《觀象之舞》《講功之舞》《禋成》《順成》《裕成》《肅成》《政成》《弼成》《德成》《騂成》《允成》《慶成》《壽成》《師雅之樂》《政和之舞》《善勝之舞》《崇德之舞》《象成之舞》《昭順之樂》《寧順之樂》《感順之樂》《康順之樂》《雍順之樂》《溫順之樂》《禮順之樂》	《騂成》重出，按1題計。

後　記

本項研究萌芽於十一年前我著手編撰意在接續宋人郭茂倩《樂府詩集》的《樂府續集》。《樂府續集》的編撰工作包括宋遼金元卷、明清卷和海外卷三個階段，已經出版的宋遼金元卷是《樂府續集》編撰第一階段的成果。宋遼金元卷作為整個《樂府續集》的開端，首先面臨樂府詩的認定問題。樂府詩與其他詩歌不同的顯著特徵就是題名相對固定，題名也因此成為認定樂府詩的首要標誌。而認定樂府詩的重要依據就是與《樂府詩集》所收詩作同題，因郭茂倩編撰《樂府詩集》的主要文獻來源是宮廷歌錄，其中所收題名的樂府性質毋庸置疑。此外，還有一些題名見載於其他史料，可確認曾用於樂府，這些題名在後世的同題擬作也應屬於樂府詩。有鑑於此，全面考察宋前樂府詩題名便成為編撰《樂府續集》的必要前提，本書也因此被我列入研究計劃之中。

在《樂府續集·宋遼金元卷》編撰之初，我就對《樂府詩集》所收題名和《樂府詩集》未收而見載於其他史料的宋前樂府詩題名進行了全面普查，形成了初步結論。按照我最初的計劃，稍後將出版的《漢魏六朝樂府詩題名的文獻考察》和這部小書的完成應該是第一步，在此基礎上再進行《樂府續集·宋遼金元卷》的編撰。但因《樂府續集·宋遼金元卷》體量龐大，需要花費的時間更長，故而在對宋前樂府詩題名的基本情況了然於胸並形成初步結論後我就很快投入到《樂府續集·宋遼金元卷》的編撰之中。經過近十年的努力，《樂府續集·宋遼金元卷》終於在 2020 年出版，我這才得以回頭整理舊稿，本書也直至今日方才面世。

本書旨在全面考察隋唐五代的樂府詩題名，凡見於現存史料記載者，無論有無歌辭，均在考察範圍之內。同時，努力考定所見題名的創製或首出時間及在後代的留存情況，並對所見各代題名分《樂府詩集》已收和未收、有辭和無辭、確考和待考等諸種情形加以區分並作出量化統計，以期盡可能清晰地呈現隋唐五代時期樂府詩題名的存在樣貌。量化的優點在於一目了然，缺點則是容易出現疏漏，但數量反映出的隋唐五代樂府詩題名存在的總體狀況應該是大致不差的。需要說明的是，儘管我在目力所及範圍內廣示搜羅，力求竭澤，但因隋唐五代樂府鼎盛，題名眾多，遺珠之憾在所難免，祈請讀者諒察！

感謝臺灣花木蘭文化事業有限公司和楊嘉樂副總編輯！2022 年，我的另一部著作《漢唐樂府學典籍研究》原定在花木蘭文化事業有限公司出版，後因疫情影響未能如願，但在審稿和對接過程中，楊嘉樂副總編輯的熱情耐心和寬厚包容卻讓我印象深刻且頗感愧疚，如今本書的出版終於彌補了這一遺憾。

感謝臺灣逢甲大學廖美玉教授！這是廖老師第二次惠賜大序，第一次也是為《漢唐樂府學典籍研究》。記得去年春節剛過沒多久廖老師就已寫好了序，且在序中給予了我最溫暖的肯定和鼓勵，但在臨近印刷時突發不可預知的狀況，以致序文未能收入書中。此次承蒙廖老師再度賜序，也在一定程度上彌補了去年的遺憾。

一本小書，同時彌補了兩個遺憾，這不能不說是一種奇遇和幸運。

郭麗
2023 年 8 月於北京寓所